Trevallars carambole: Korsa hörn diagonala mönster

Från professionella mästerskapsturneringar

Testa dig mot professionella spelare

Allan P. Sand
PBIA Certifierad Biljardinstruktör

ISBN 978-1-62505-351-0
PRINT 7x10

ISBN 978-1-62505-515-6
PRINT 8.5xx11

First edition

Copyright © 2019 Allan P. Sand

All rights reserved under International and Pan-American Copyright Conventions.

Published by Billiard Gods Productions.
Santa Clara, CA 95051
U.S.A.

For the latest information about books and videos, go to: http://www.billiardgods.com

Acknowledgements
Wei Chao created the software that was used to create these graphics.

Innehållsförteckning

Introduktion **1**
  Om bordslayouten 1
  Tabellinställningsanvisningar 2
  Syftet med layouterna 2
A: Enkel diagonal **3**
  A: Grupp 1 3
  A: Grupp 2 8
  A: Grupp 3 13
  A: Grupp 4 18
  A: Grupp 5 23
  A: Grupp 6 28
B: Enkel diagonal (modifierad) **33**
  B: Grupp 1 33
  B: Grupp 2 38
  B: Grupp 3 43
C: Parallell diagonal **48**
  C: Grupp 1 48
  C: Grupp 2 53
  C: Grupp 3 58
  C: Grupp 4 63
  C: Grupp 5 68
D: Dubbeldiagonal **73**
  D: Grupp 1 73
  D: Grupp 2 78
  D: Grupp 3 83
  D: Grupp 4 88
  D: Grupp 5 93
  D: Grupp 6 98
  D: Grupp 7 103
E: Dubbeldiagonal (modifierad) **108**
  E: Grupp 1 108
  E: Grupp 2 113
  E: Grupp 3 118
  E: Grupp 4 123
  E: Grupp 5 128
  E: Grupp 6 133
F: Trippel diagonal **138**
  F: Grupp 1 138
  F: Grupp 2 143
  F: Grupp 3 148

Other books by the author ...

- 3 Cushion Billiards Championship Shots (a series)
- Carom Billiards: Some Riddles & Puzzles
- Carom Billiards: MORE Riddles & Puzzles
- Why Pool Hustlers Win
- Table Map Library
- Safety Toolbox
- Cue Ball Control Cheat Sheets
- Advanced Cue Ball Control Self-Testing Program
- Drills & Exercises for Pool & Pocket Billiards
- The Art of War versus The Art of Pool
- The Psychology of Losing – Tricks, Traps & Sharks
- The Art of Team Coaching
- The Art of Personal Competition
- The Art of Politics & Campaigning
- The Art of Marketing & Promotion
- Kitchen God's Guide for Single Guys

Introduktion

Detta är en av en serie Carom Biljardböcker som visar hur professionella spelare fattar beslut, baserat på bordslayouten. Alla dessa layouter är från internationella tävlingar.

Dessa layouter sätter dig inuti spelarens huvud, börjar med bollarnas positioner (visas i första tabellen). Den andra tabellen layout visar vad spelaren bestämde sig för att göra.

Om bordslayouten

Det här är de tre bollarna på bordet:

Ⓐ (CB) (din biljardboll)

⊙ (OB) (motståndare biljardboll)

● (OB) (röd biljardboll)

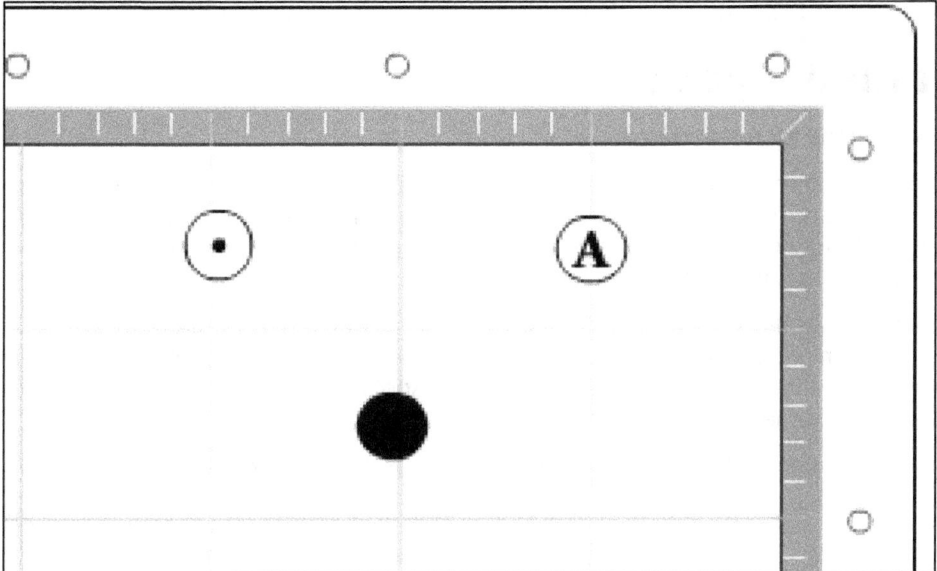

Varje konfiguration har två tabelllayouter. Den första tabellen är bollpositionerna. Den andra tabellen är hur bollarna rör sig på bordet.

Tabellinställningsanvisningar

Använd pappersbindningsringar för att markera kulans positioner (köp på vilken som helst kontorsleveransbutik).

Placera ett mynt vid varje bordsduk som (CB) kommer att röra.

Jämför din (CB) -väg med den andra tabellkonfigurationen. För att lära dig kan du behöva flera försök. Efter varje misslyckande, gör justering och försök igen tills du lyckas.

Syftet med layouterna

Dessa layouter finns för två ändamål.

- Din analys - Hemma kan du överväga hur du spelar konfigurationen på den första tabellen. Jämför dina idéer med det faktiska mönstret på den andra tabellen. Tänk på din lösning och överväga alternativ. Från den andra tabellen kan du också analysera hur man följer mönstret. Mentalt spela skottet och bestämma hur du kan lyckas.

- Öva bordkonfigurationen - Placera bollarna i position enligt den första tabellen konfigurationen. Försök att skjuta på samma sätt som det andra bordsmönstret. Du kan behöva många försök innan du hittar rätt sätt att spela. Så här kan du lära dig och spela dessa skott under tävlingar och turneringar.

Kombinationen av mental analys och praktisk praxis gör dig till en smartare spelare.

A: Enkel diagonal

Dessa är en uppsättning bollvägar som reser från ett hörn mot det motsatta hörnet. (CB) reser över bordet från ett hörn till det motsatta hörnet.

(A) (CB) (din biljardboll) - ⊙ (OB) (motståndare biljardboll) - ● (OB) (röd biljardboll)

A: Grupp 1

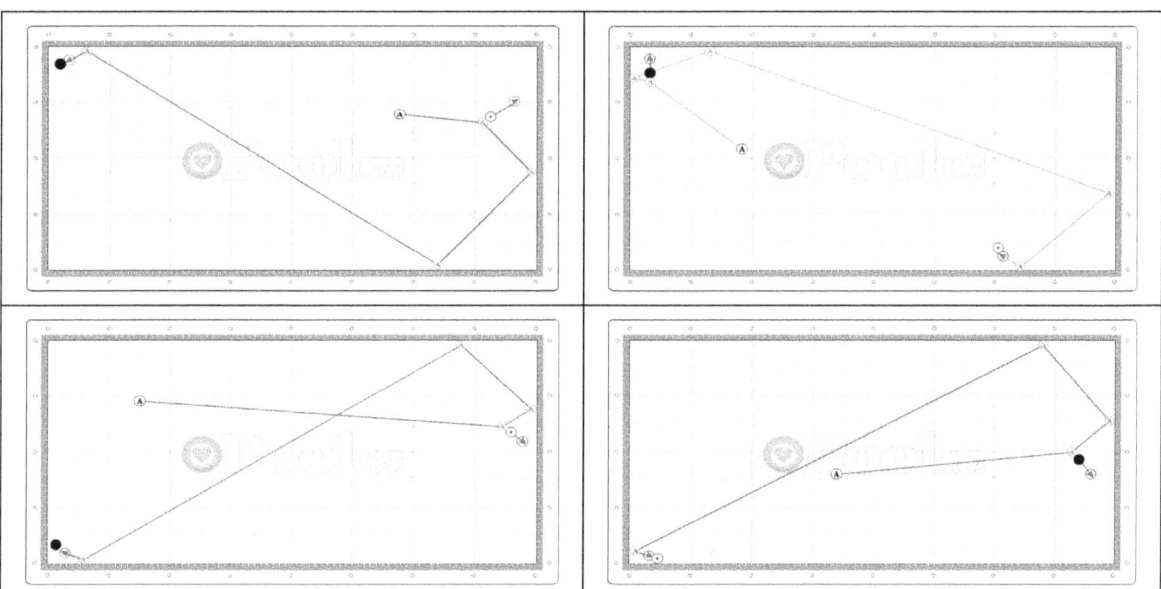

Analys:

A:1a. _____

A:1b. _____

A:1c. _____

A:1d. _____

A:1a – Inrätta

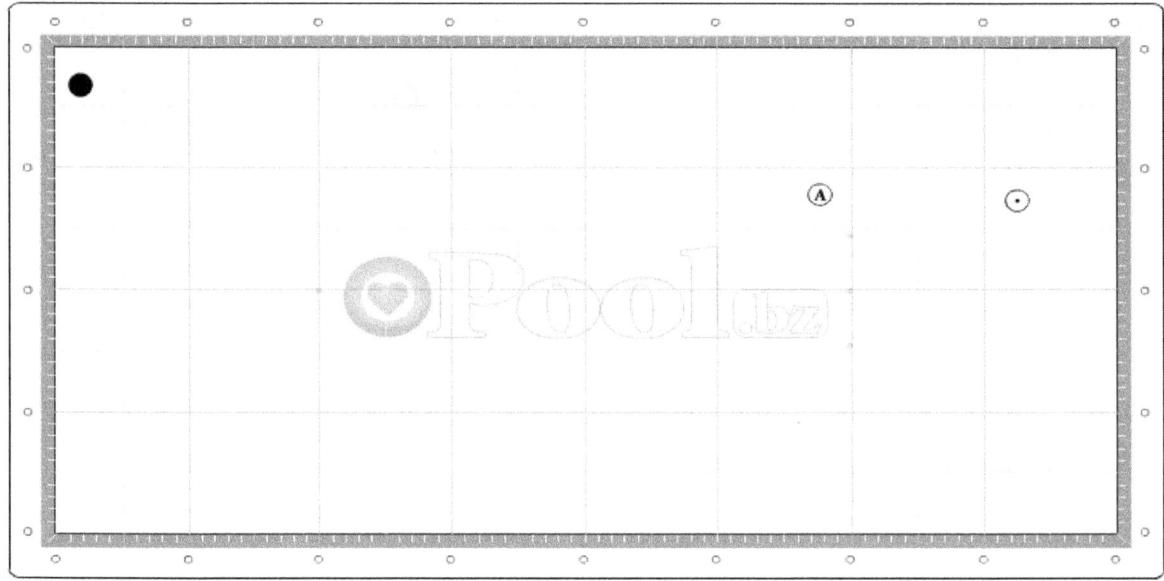

Anteckningar och idéer:

Skottmönster

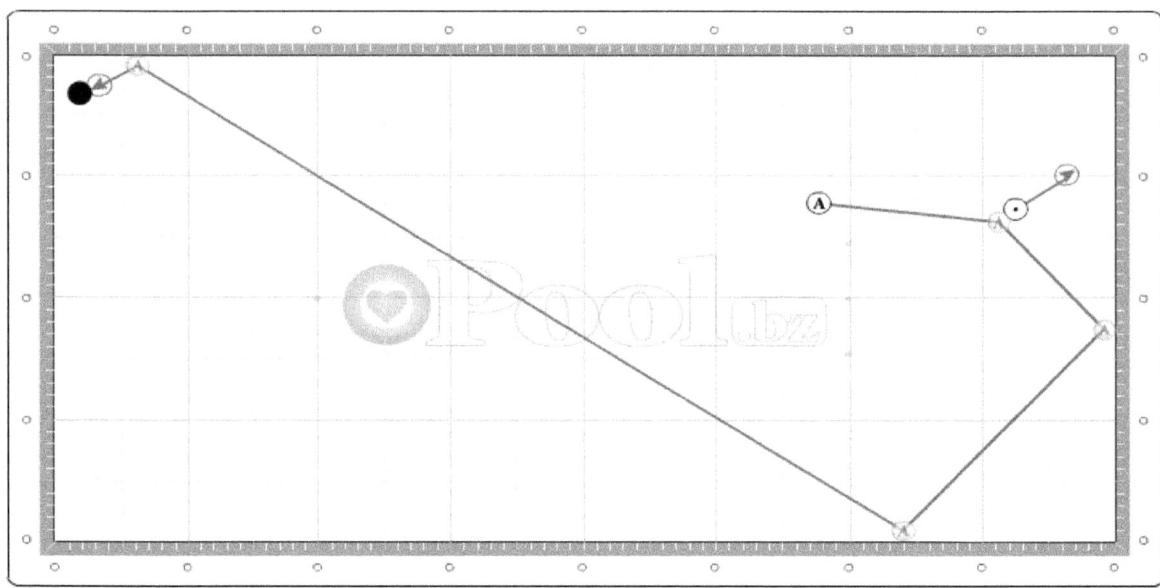

A:1b – Inrätta

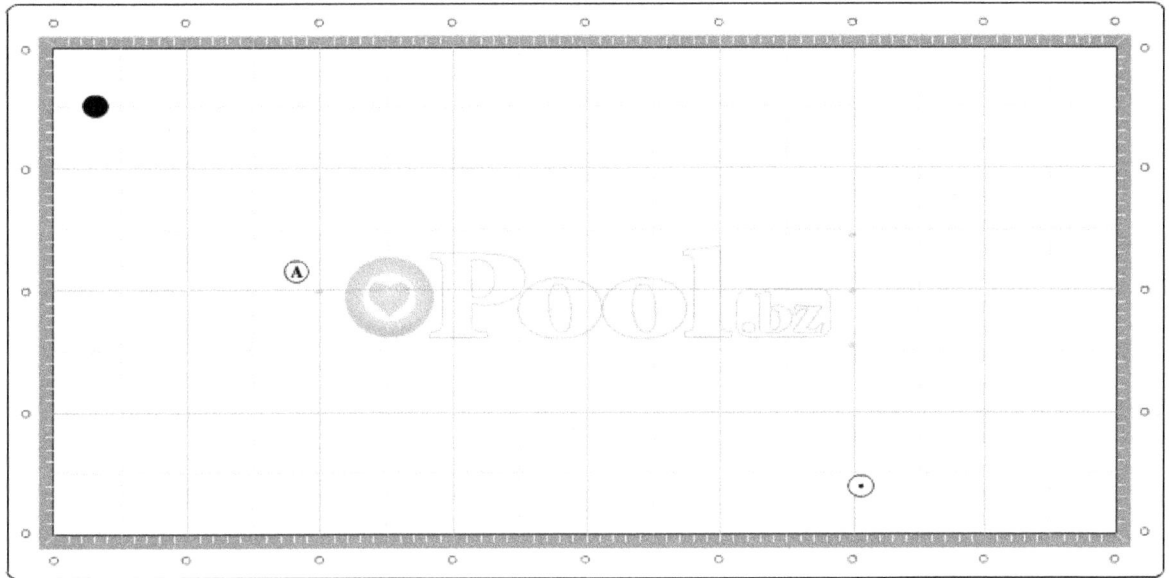

Anteckningar och idéer:

Skottmönster

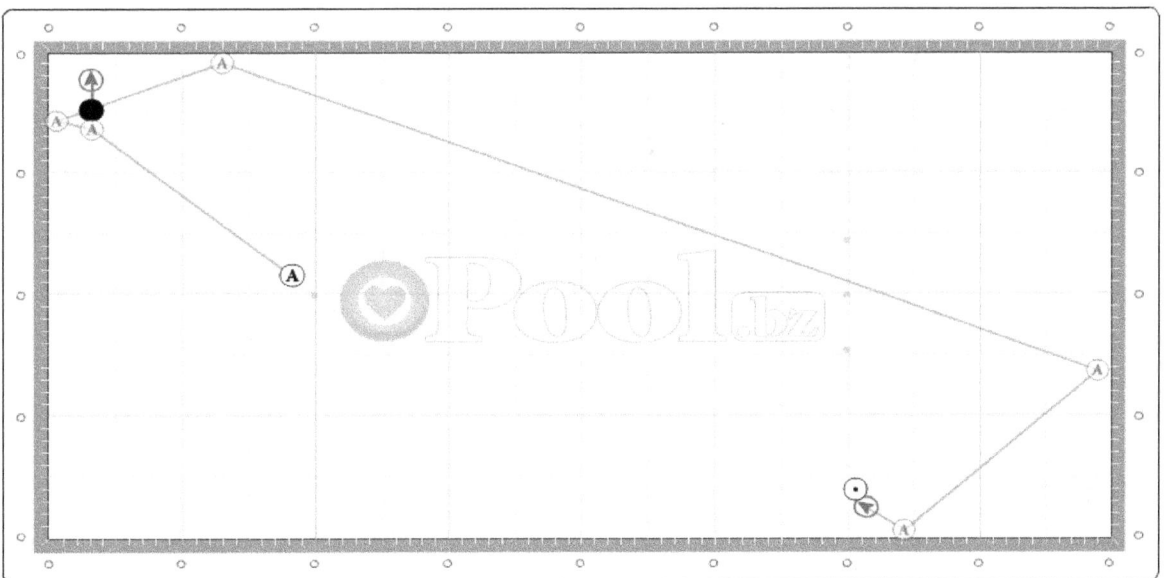

A:1c – Inrätta

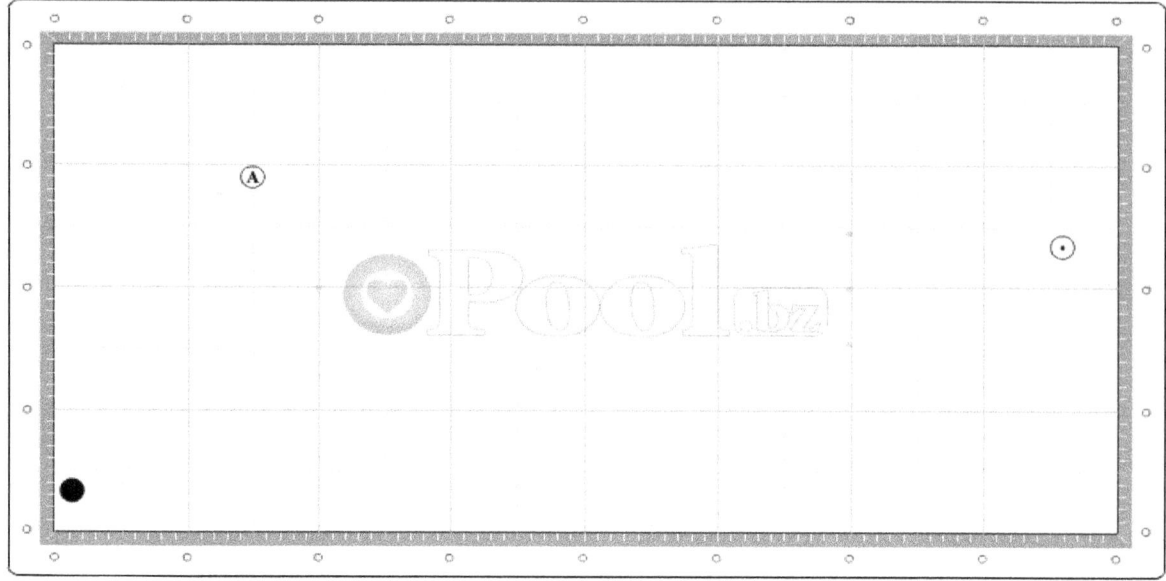

Anteckningar och idéer:

Skottmönster

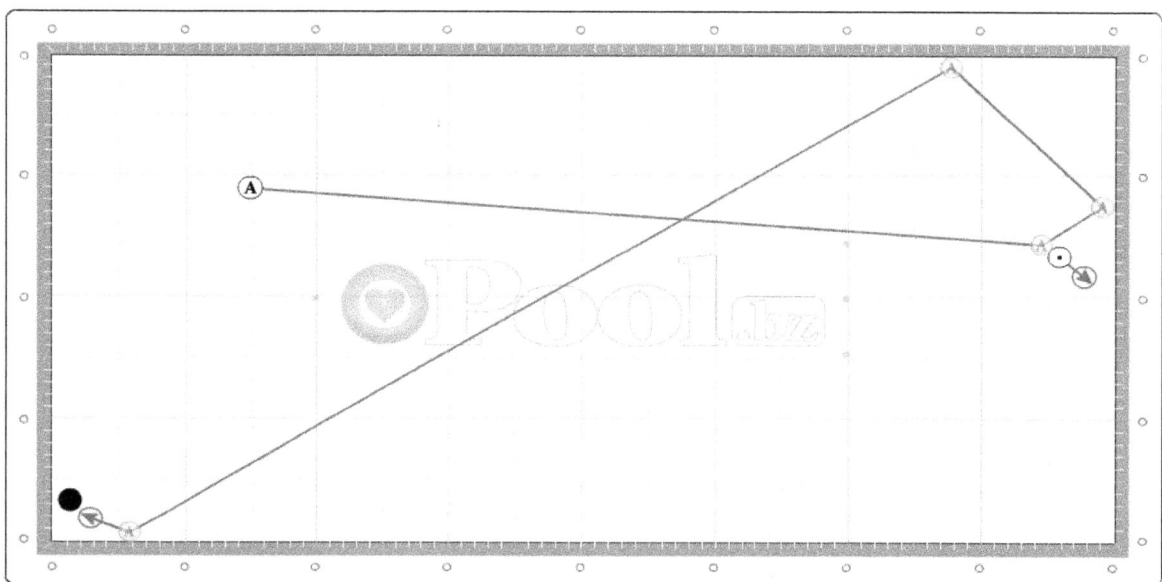

A:1d – Inrätta

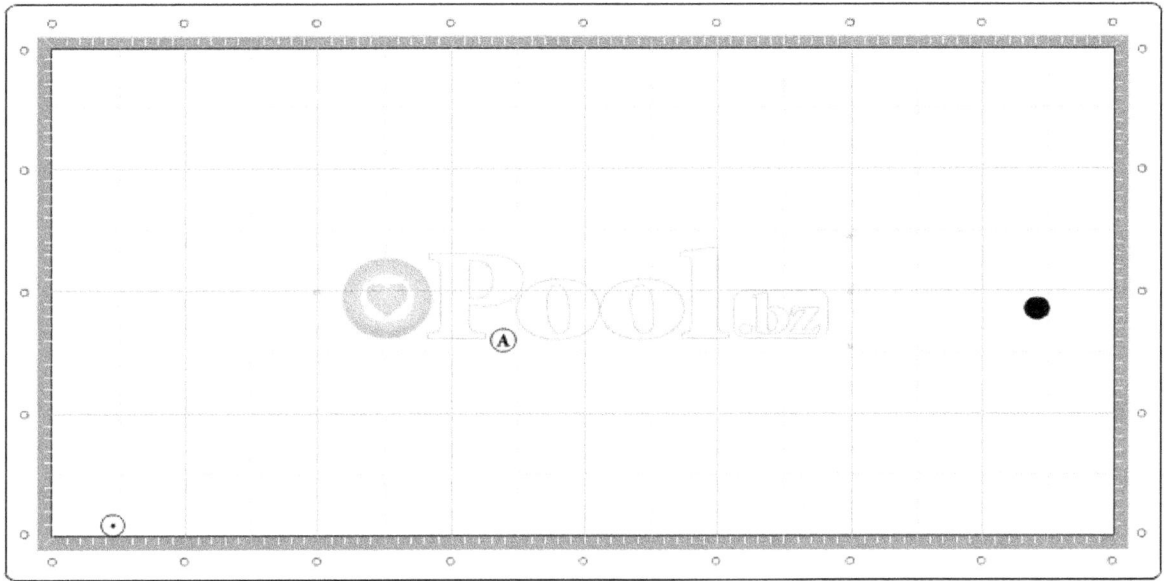

Anteckningar och idéer:

Skottmönster

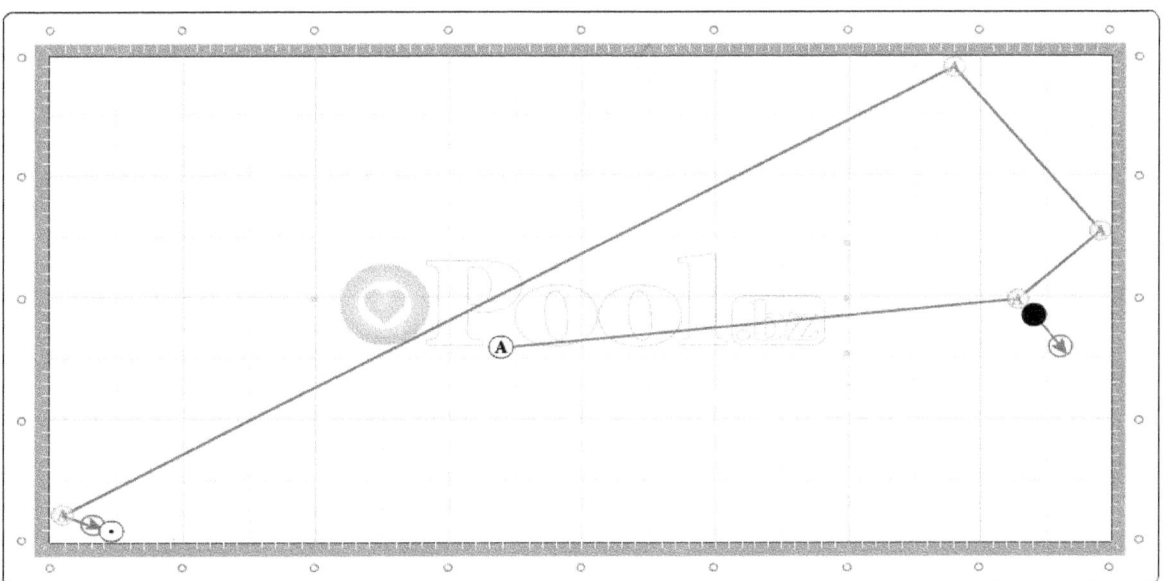

A: Grupp 2

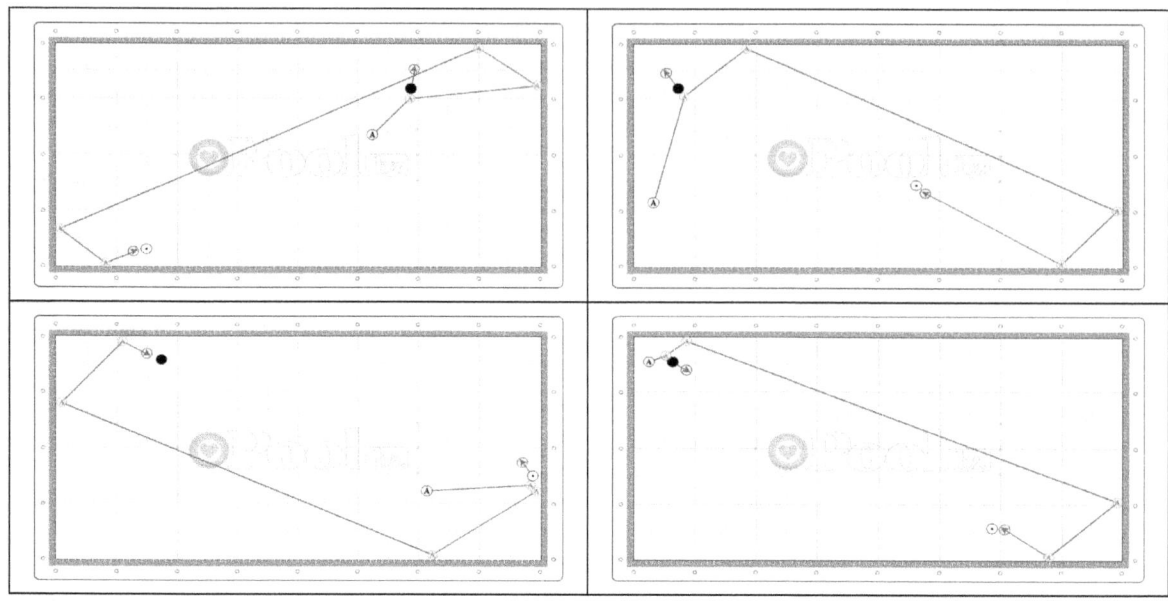

Analys:

A:2a. _____

A:2b. _____

A:2c. _____

A:2d. _____

A:2a – Inrätta

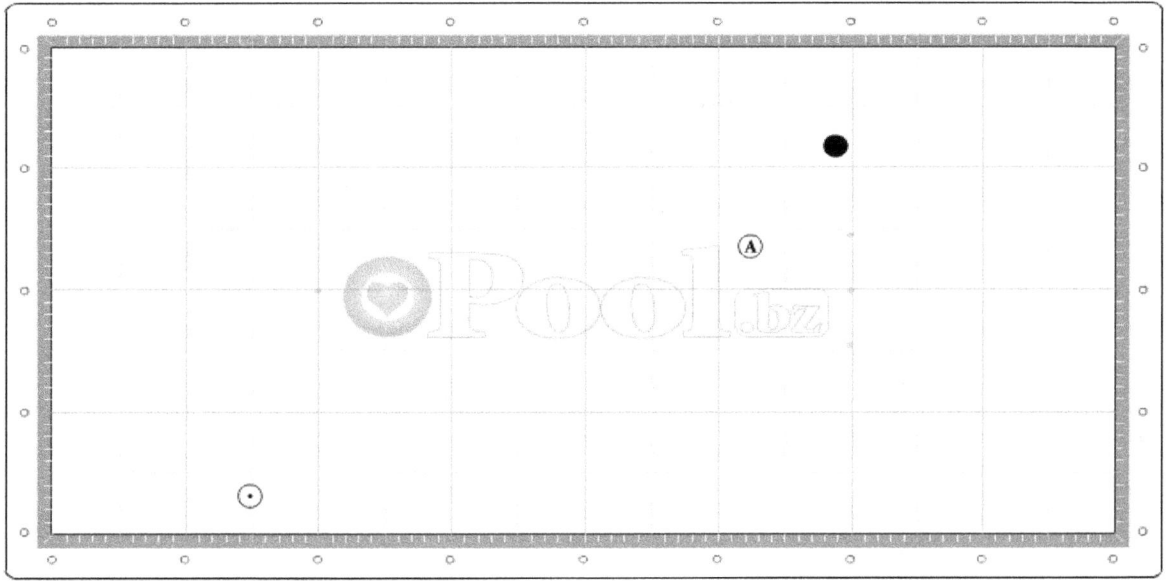

Anteckningar och idéer:

Skottmönster

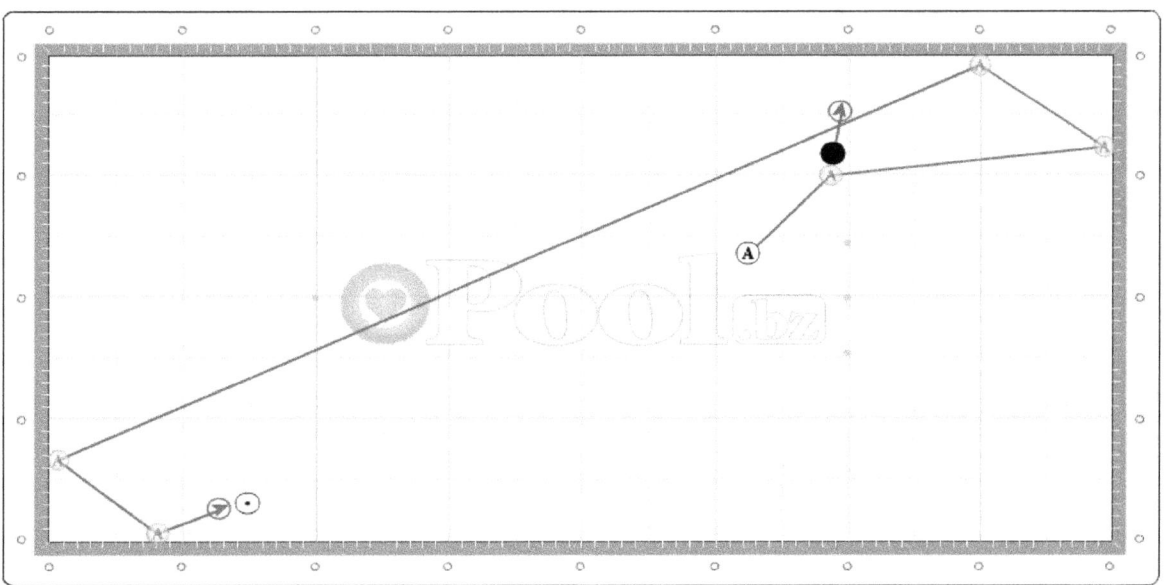

A:2b – Inrätta

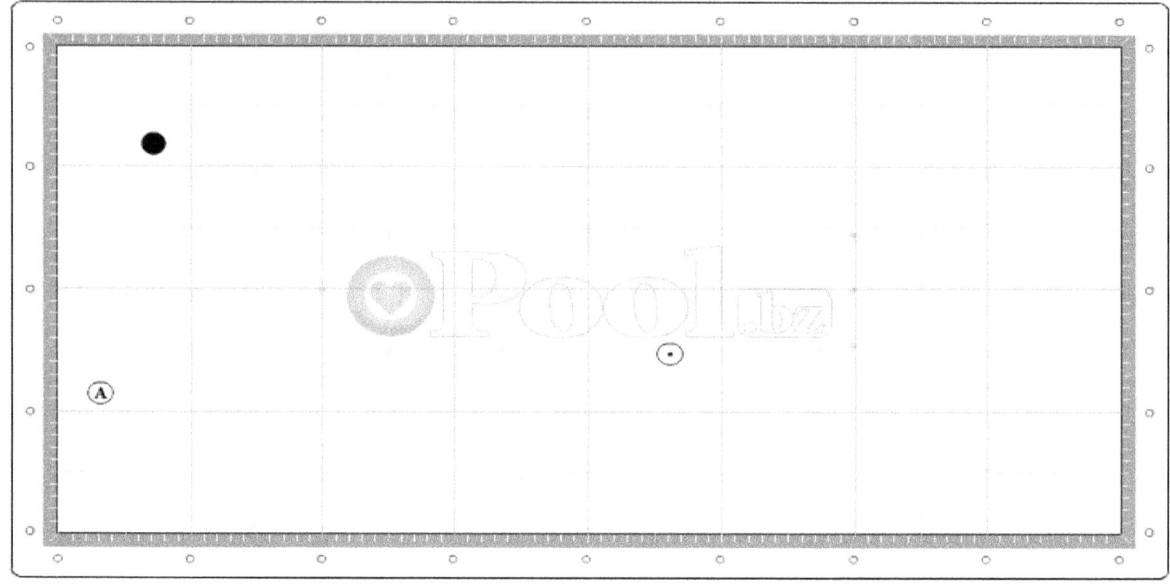

Anteckningar och idéer:

Skottmönster

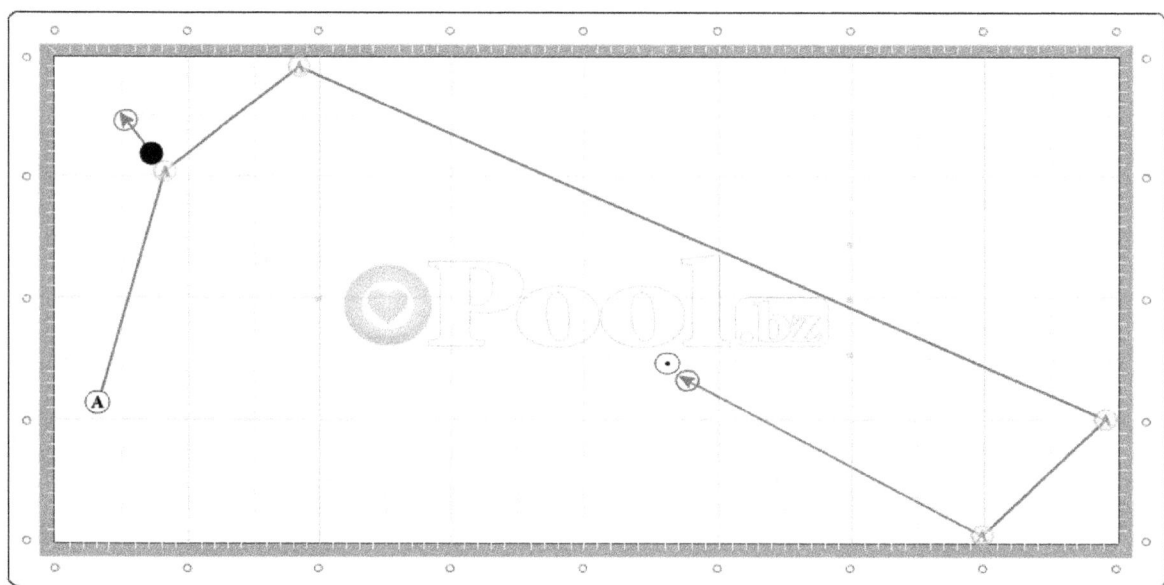

A:2c – Inrätta

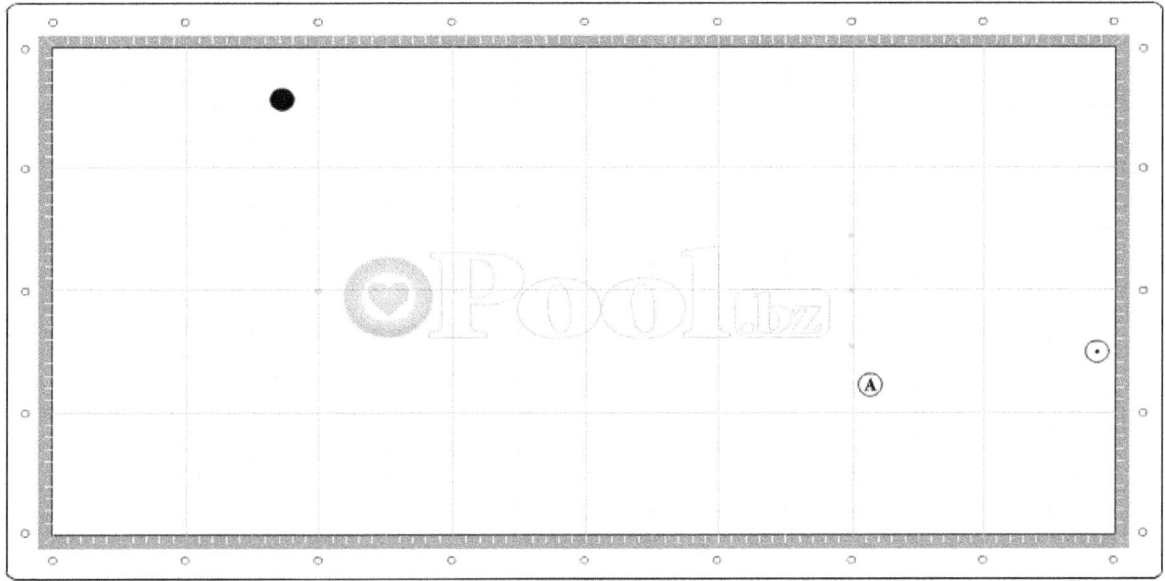

Anteckningar och idéer:

Skottmönster

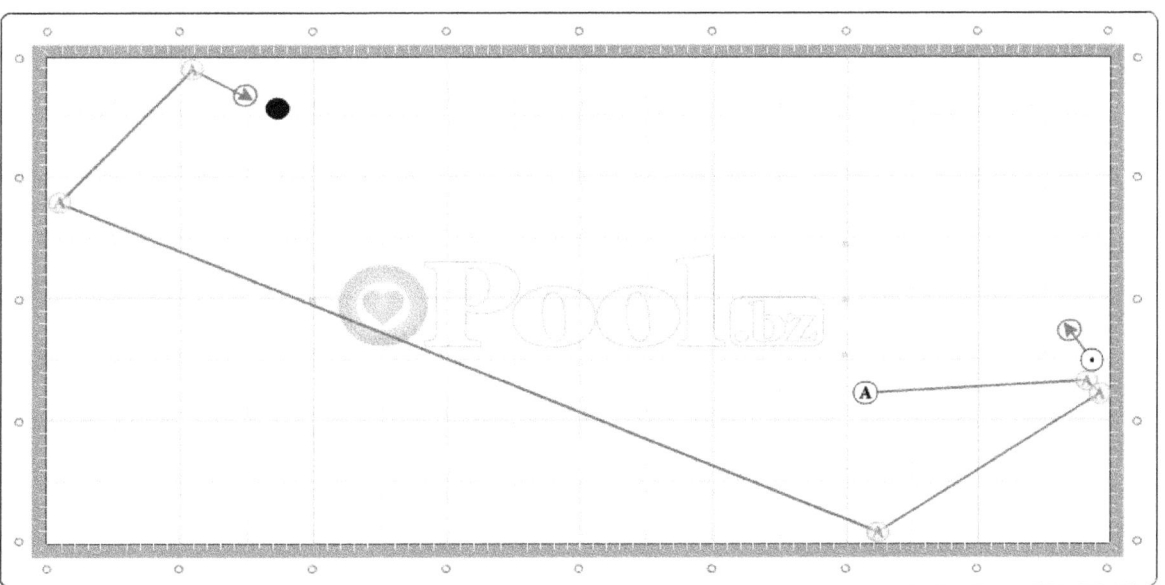

A:2d – Inrätta

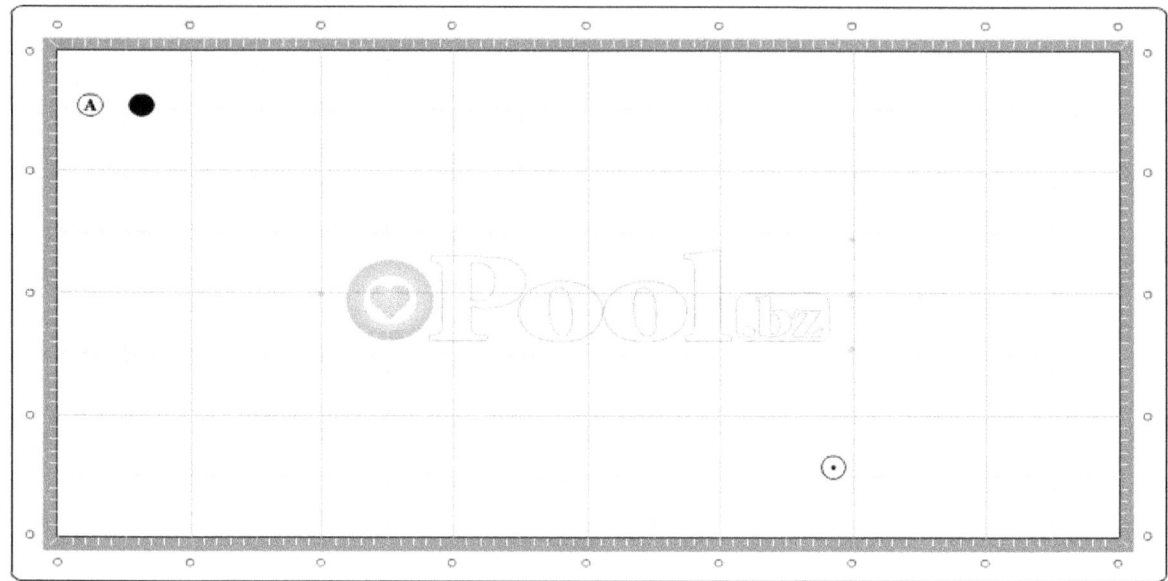

Anteckningar och idéer:

Skottmönster

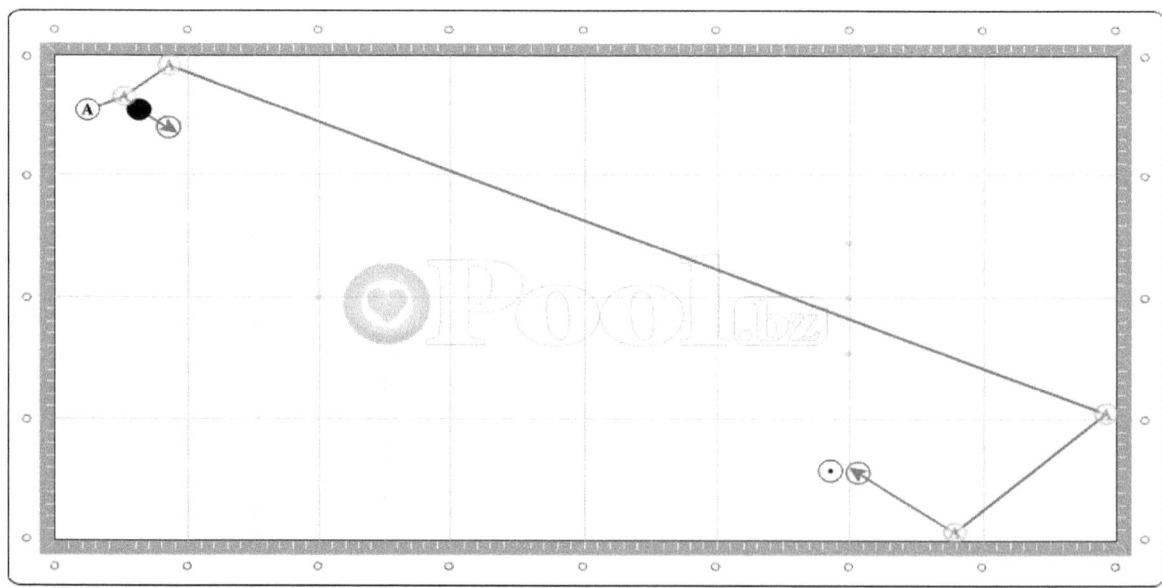

A: Grupp 3

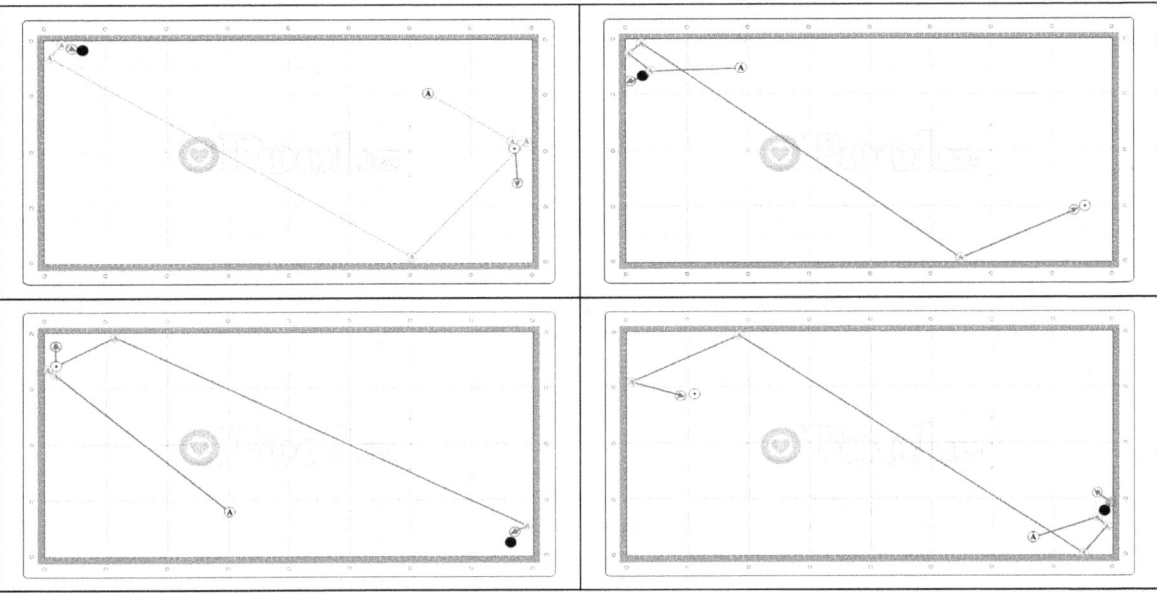

Analys:

A:3a. _____

A:3b. _____

A:3c. _____

A:3d. _____

A:3a – Inrätta

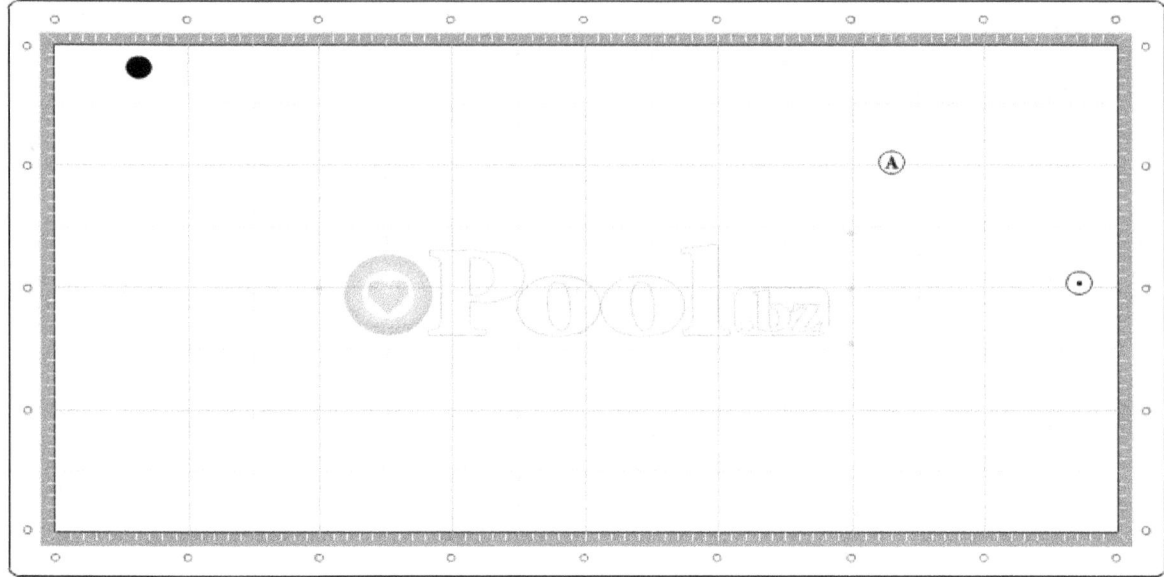

Anteckningar och idéer:

Skottmönster

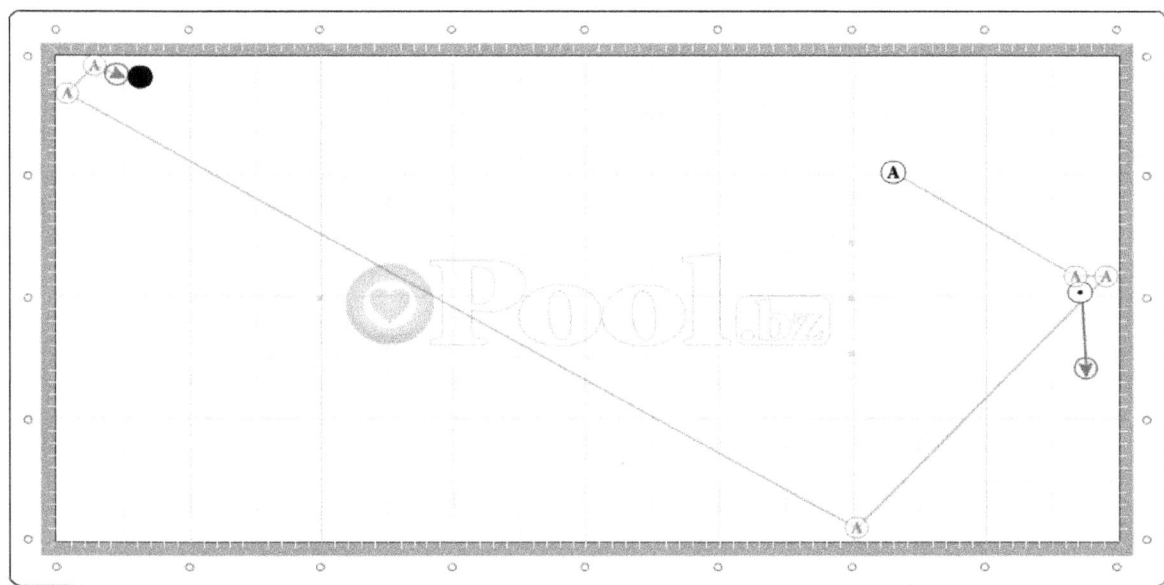

A:3b – Inrätta

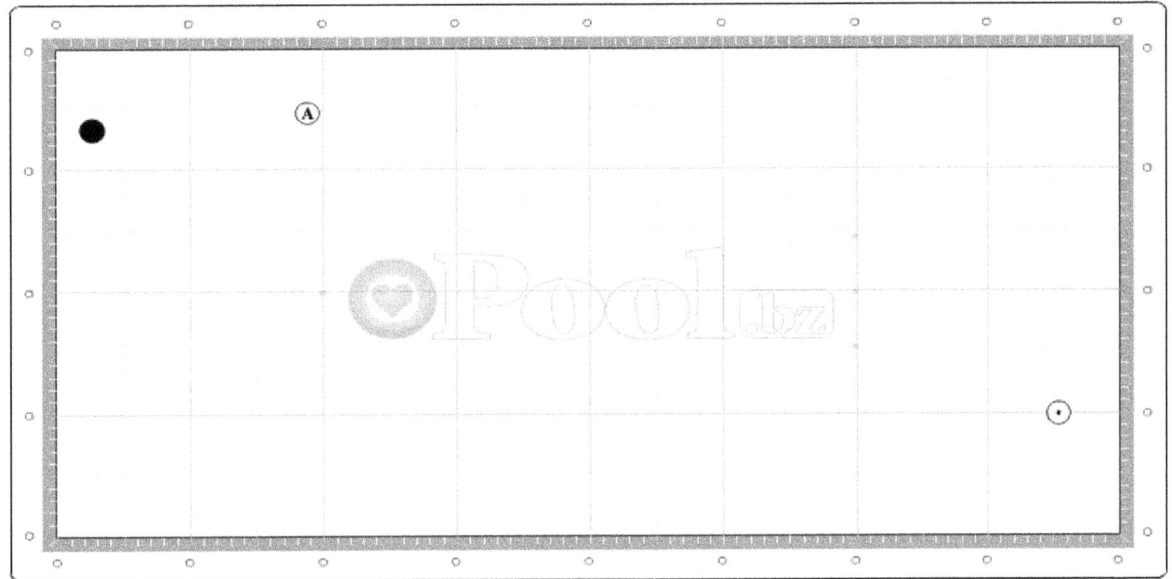

Anteckningar och idéer:

Skottmönster

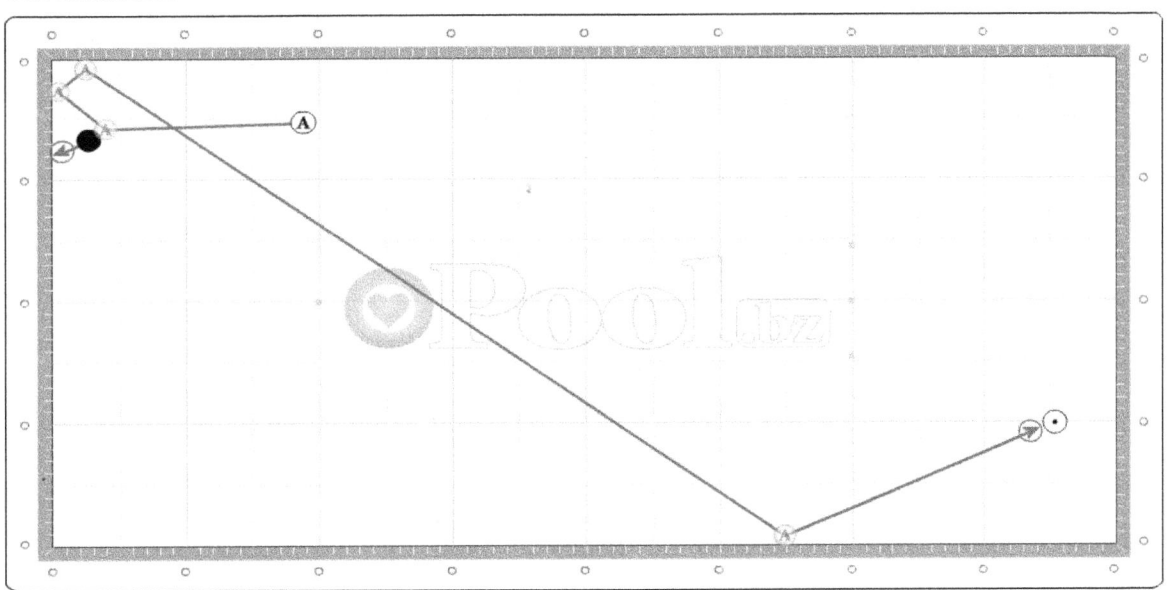

A:3c – Inrätta

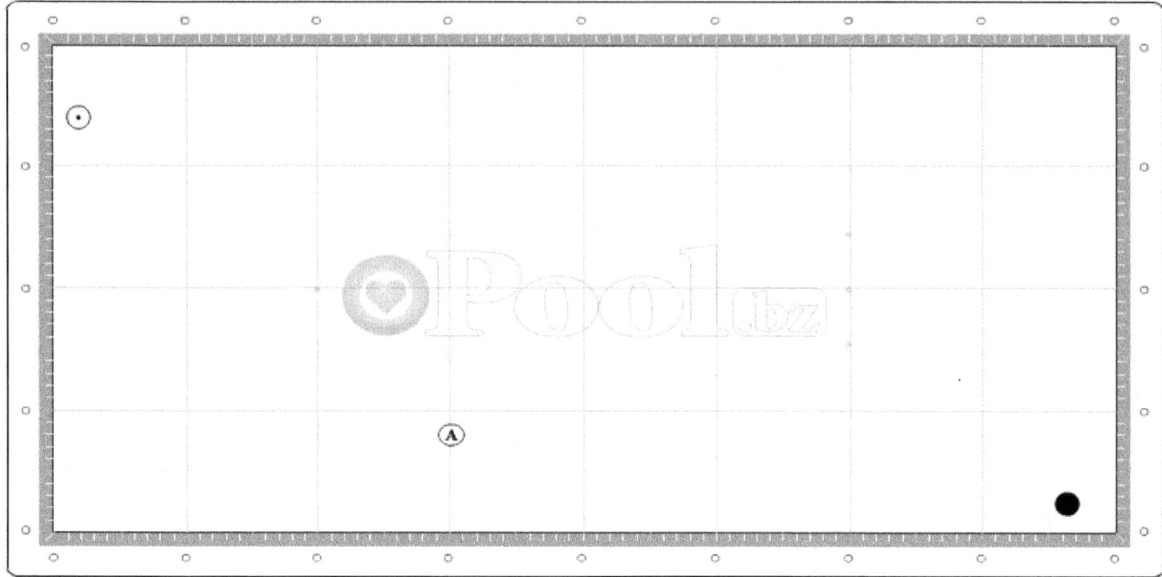

Anteckningar och idéer:

Skottmönster

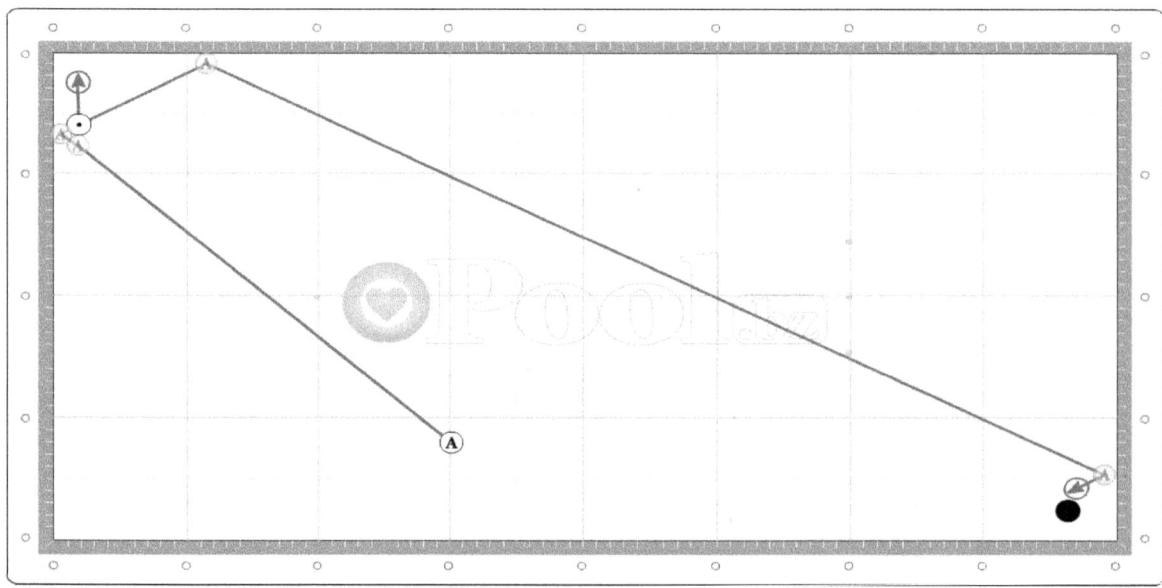

A:3d – Inrätta

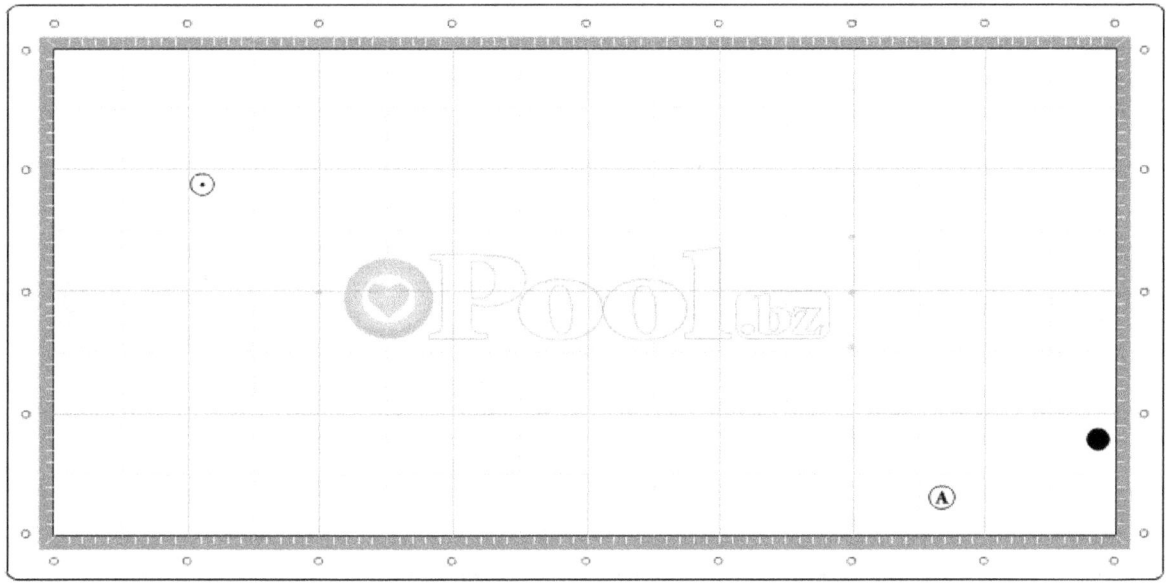

Anteckningar och idéer:

Skottmönster

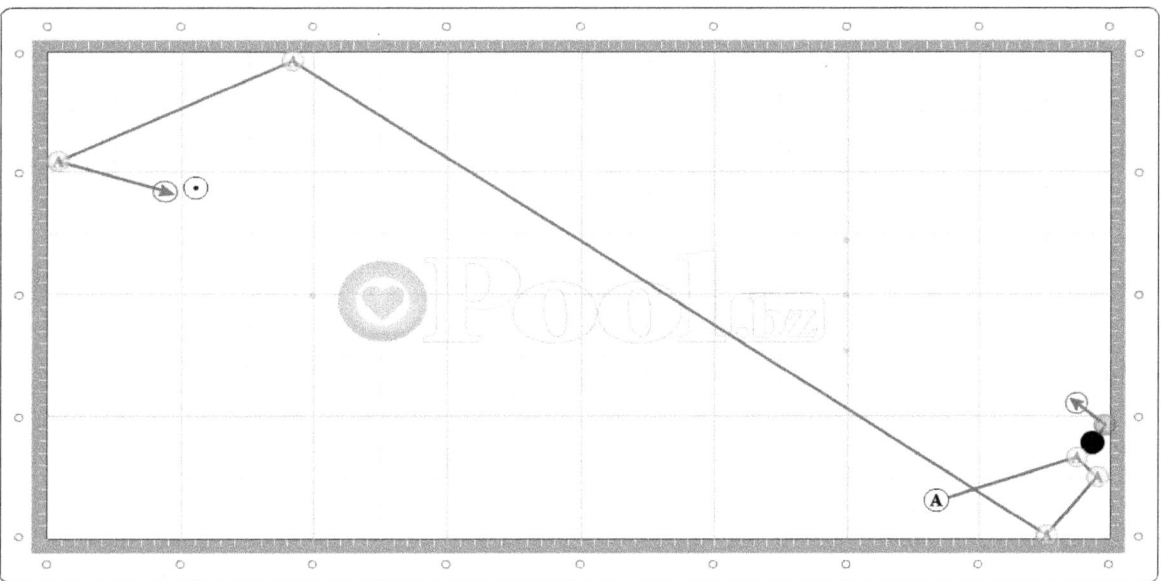

A: Grupp 4

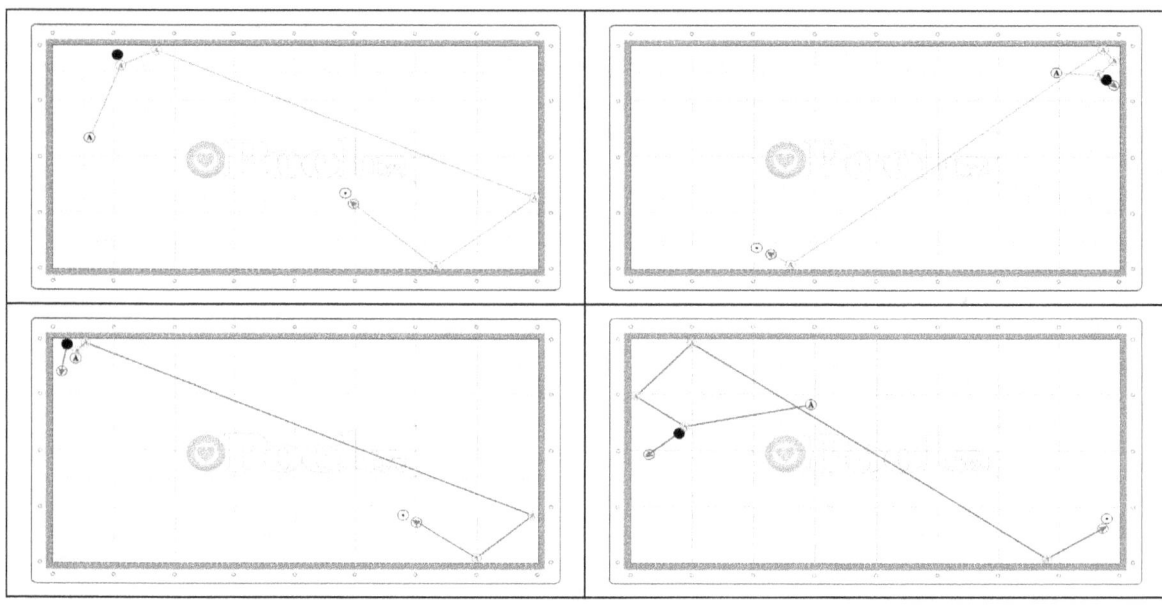

Analys:

A:4a. _____

A:4b. _____

A:4c. _____

A:4d. _____

A:4a – Inrätta

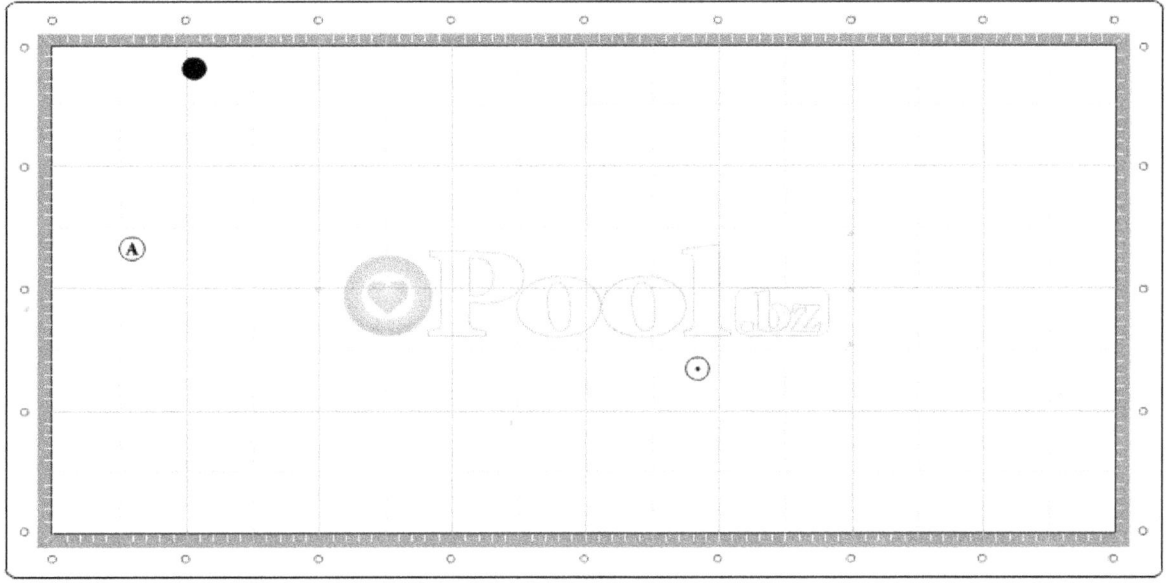

Anteckningar och idéer:

Skottmönster

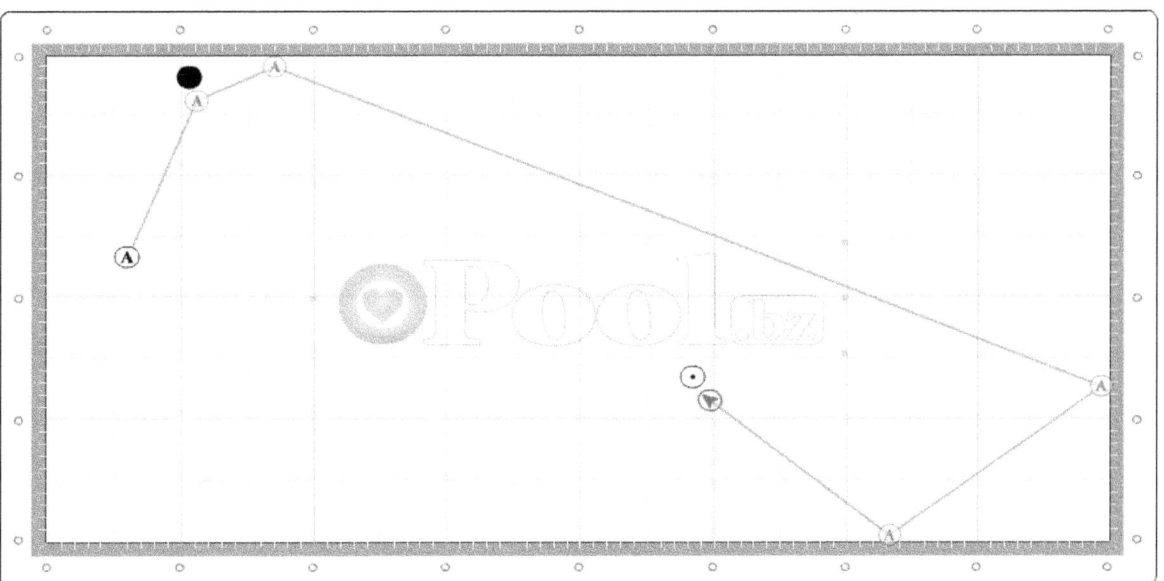

A:4b – Inrätta

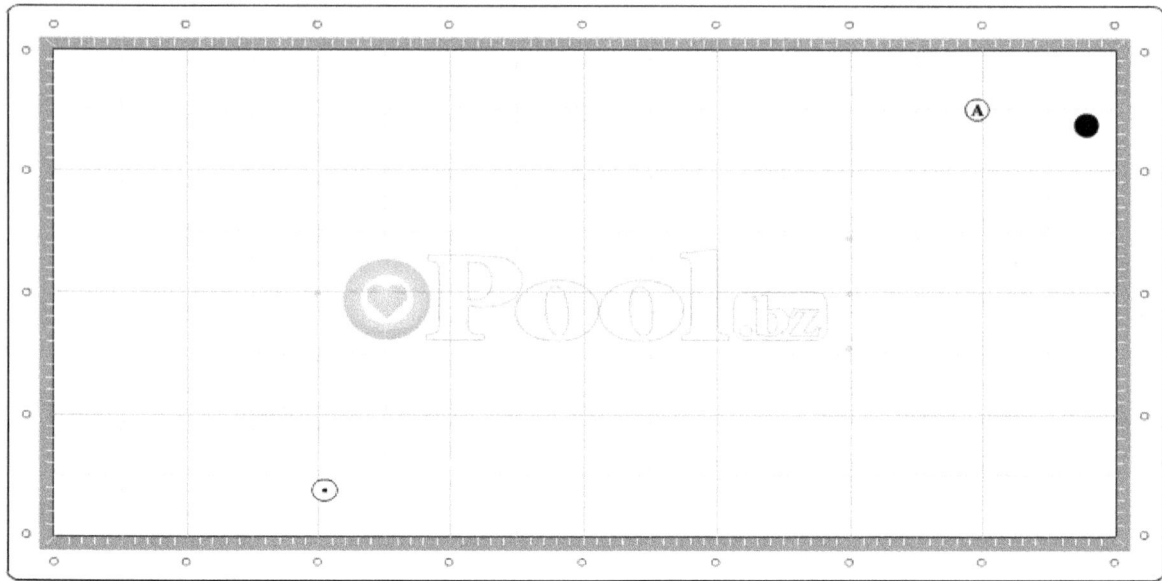

Anteckningar och idéer:

Skottmönster

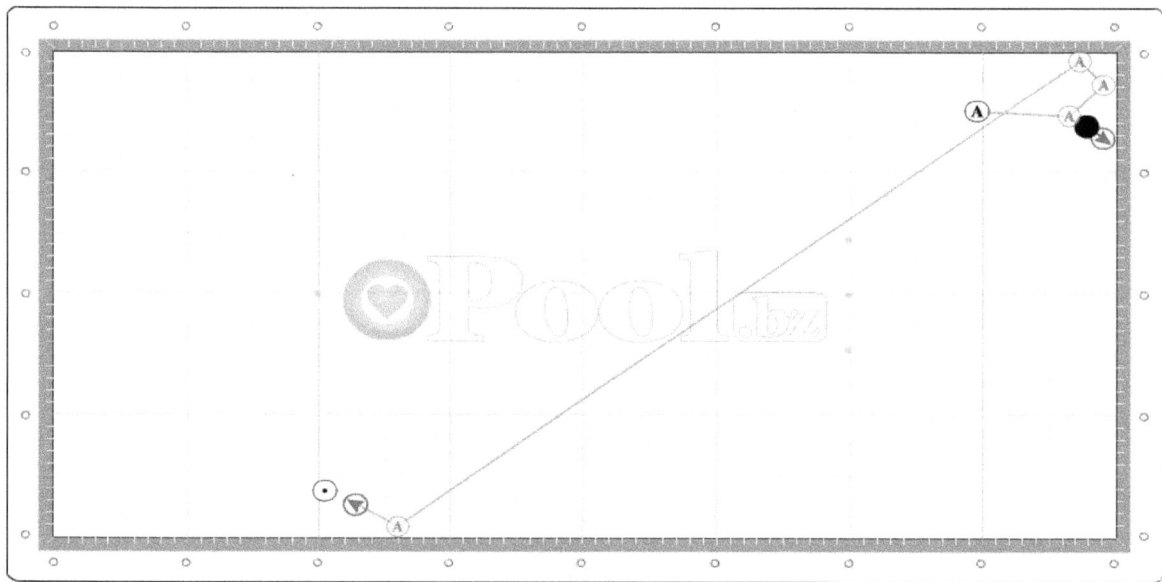

A:4c – Inrätta

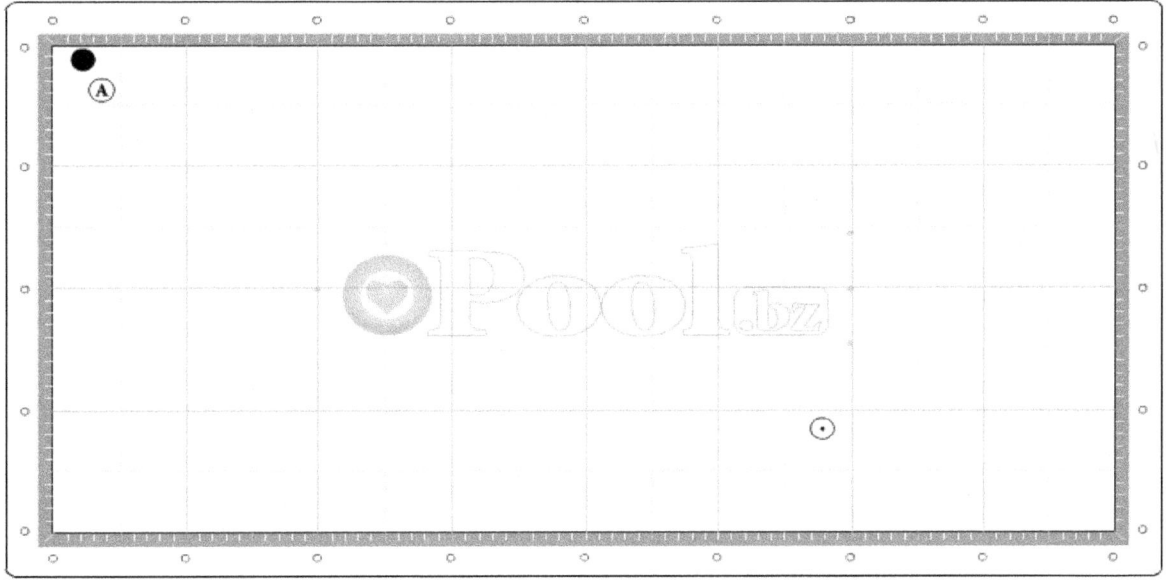

Anteckningar och idéer:

Skottmönster

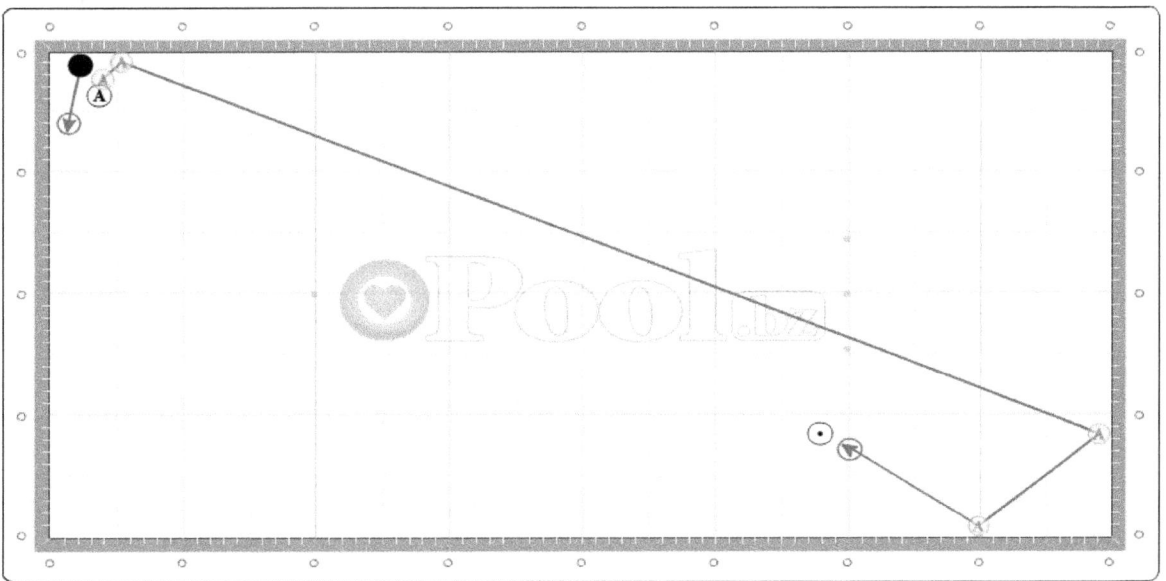

A:4d – Inrätta

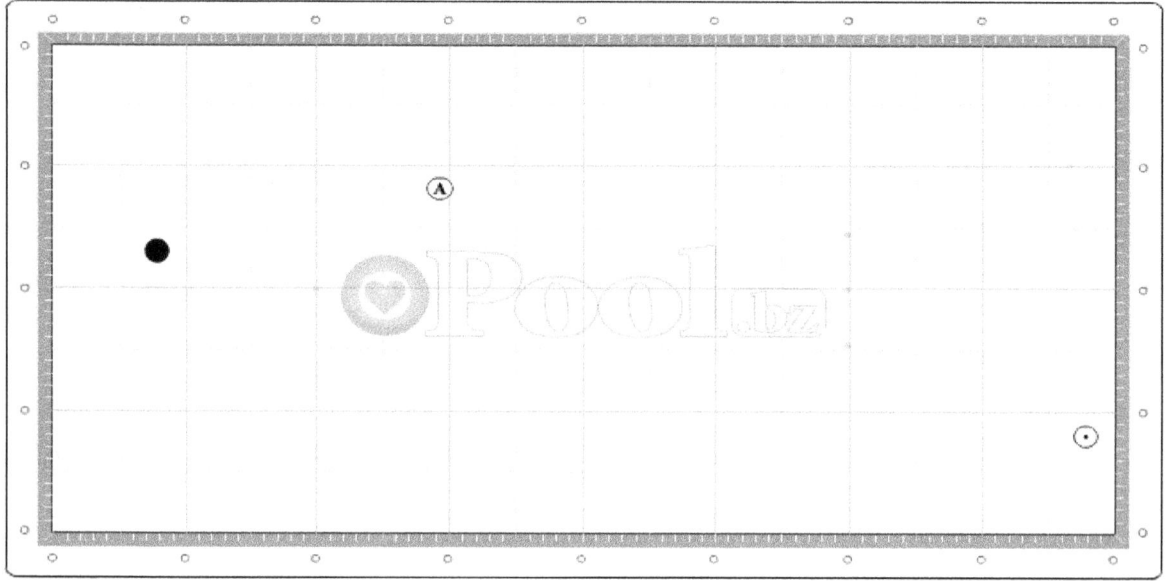

Anteckningar och idéer:

Skottmönster

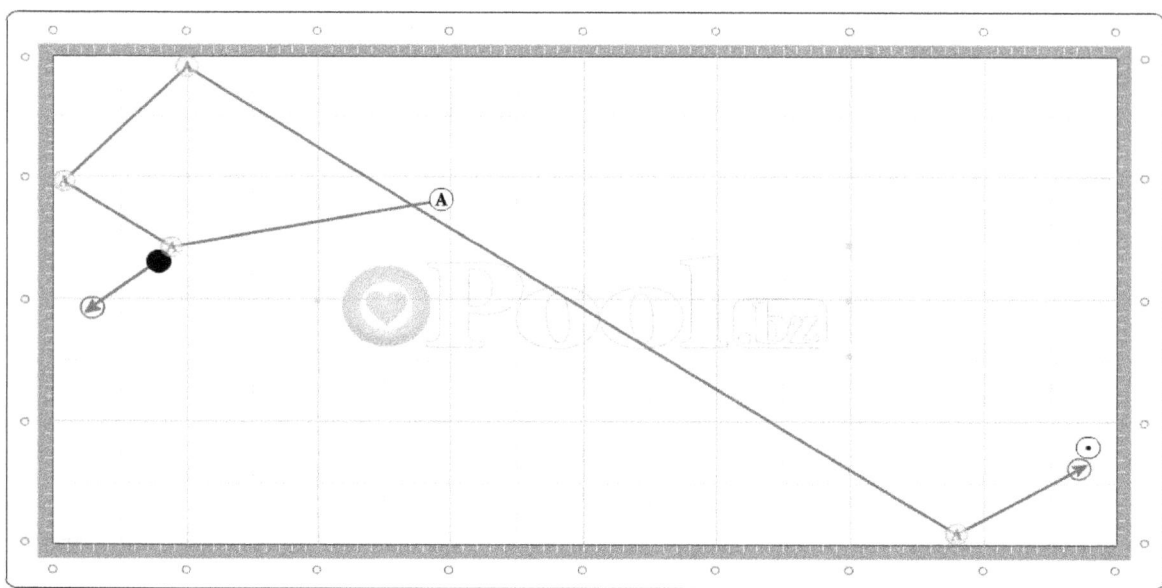

A: Grupp 5

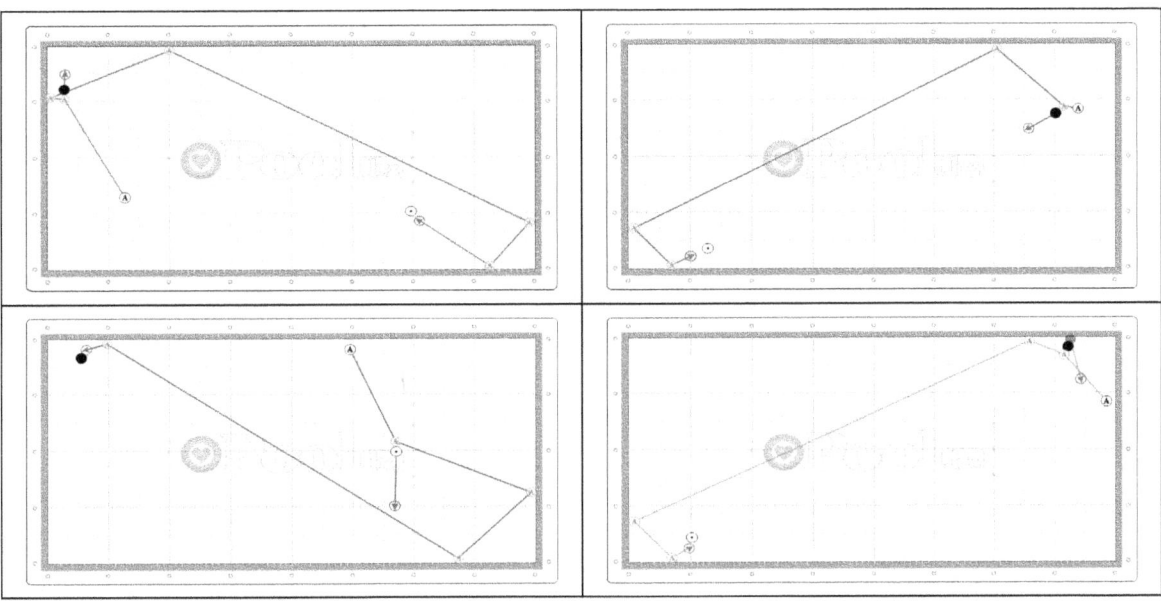

Analys:

A:5a. _____

A:5b. _____

A:5c. _____

A:5d. _____

A:5a – Inrätta

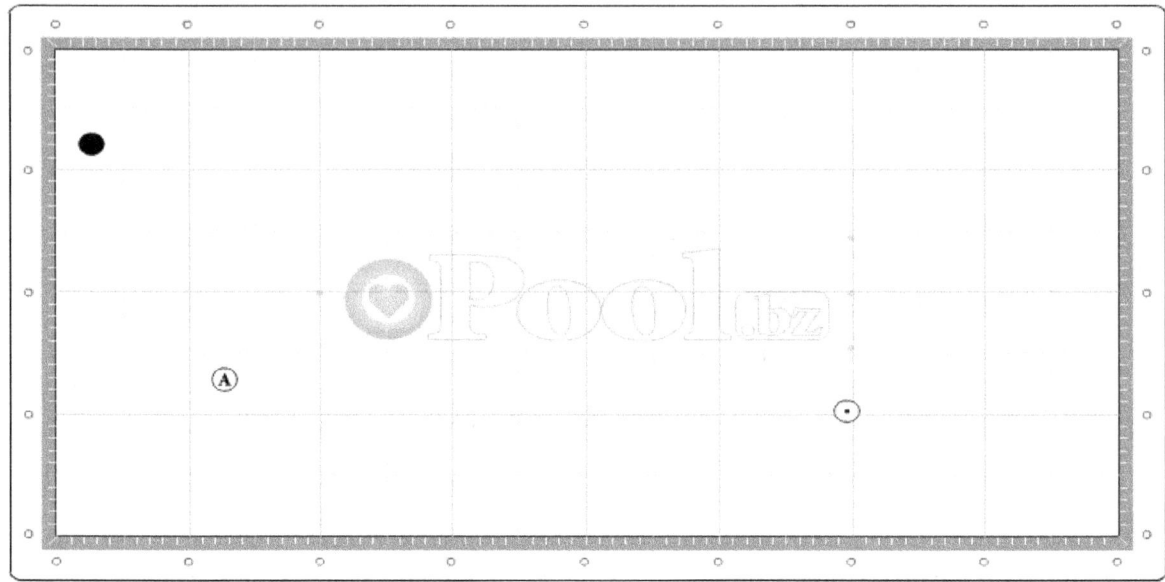

Anteckningar och idéer:

Skottmönster

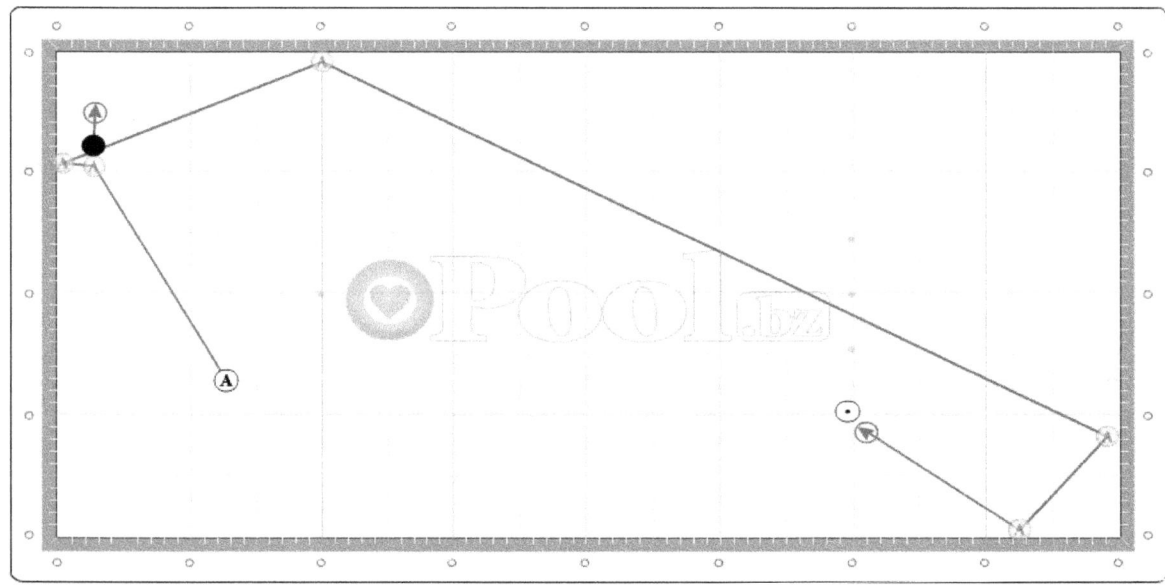

A:5b – Inrätta

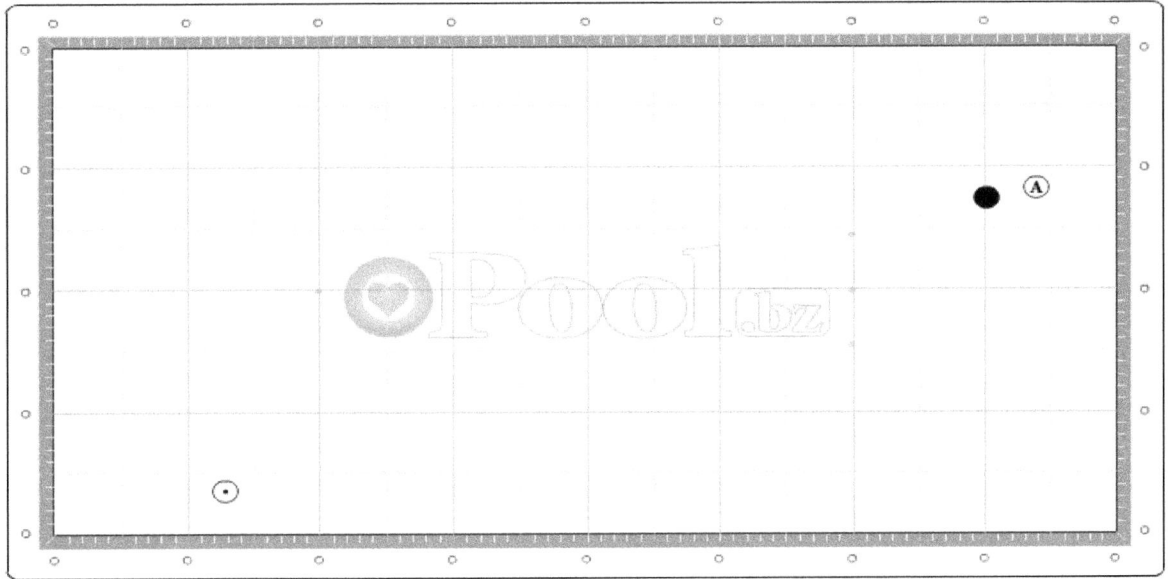

Anteckningar och idéer:

Skottmönster

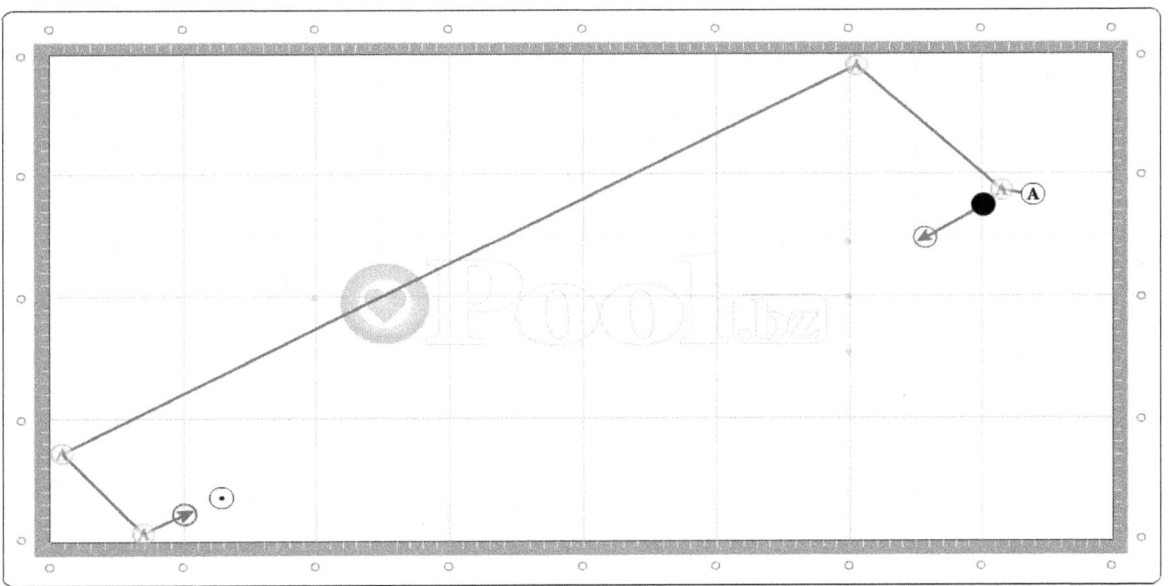

A:5c – Inrätta

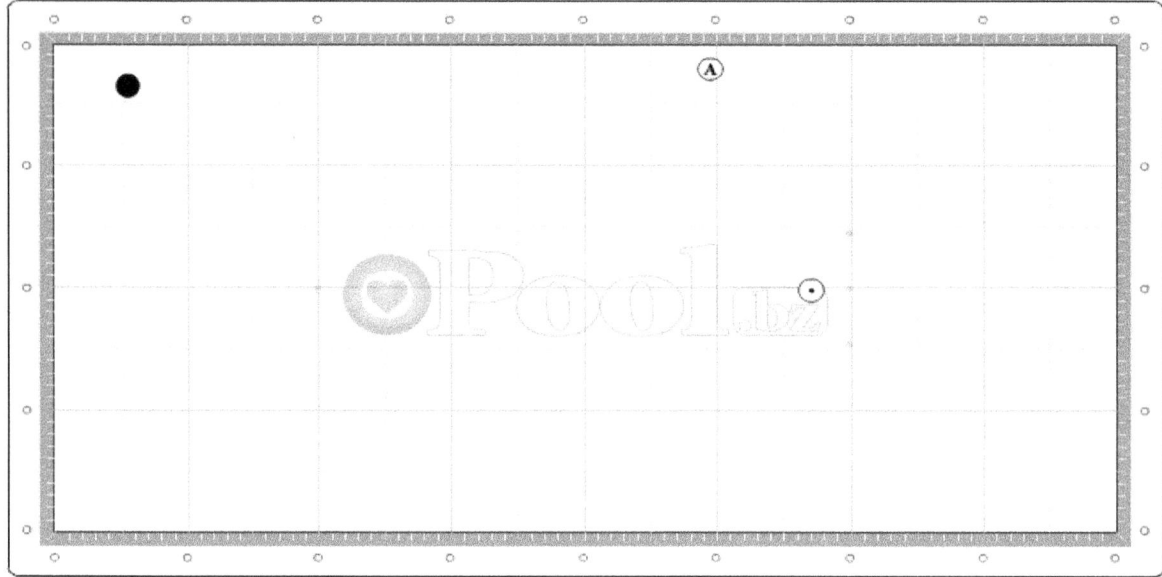

Anteckningar och idéer:

Skottmönster

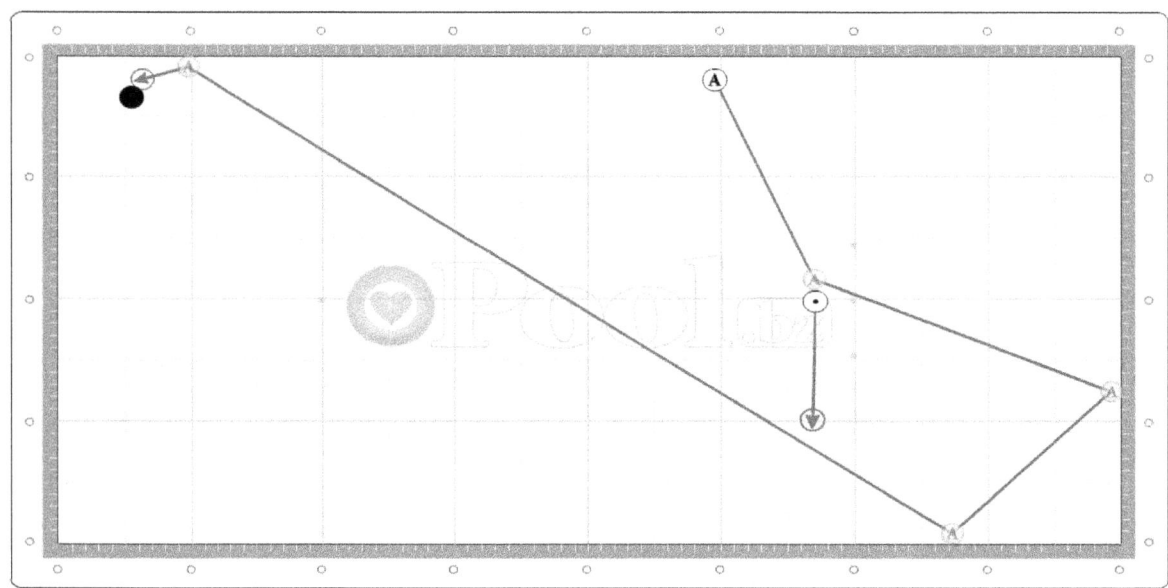

A:5d – Inrätta

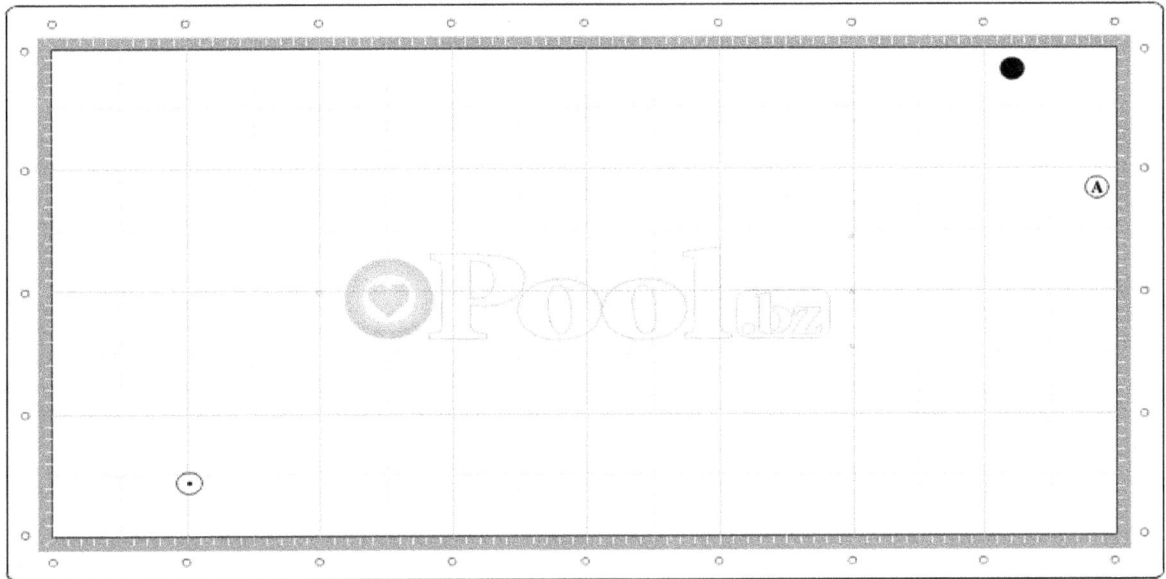

Anteckningar och idéer:

Skottmönster

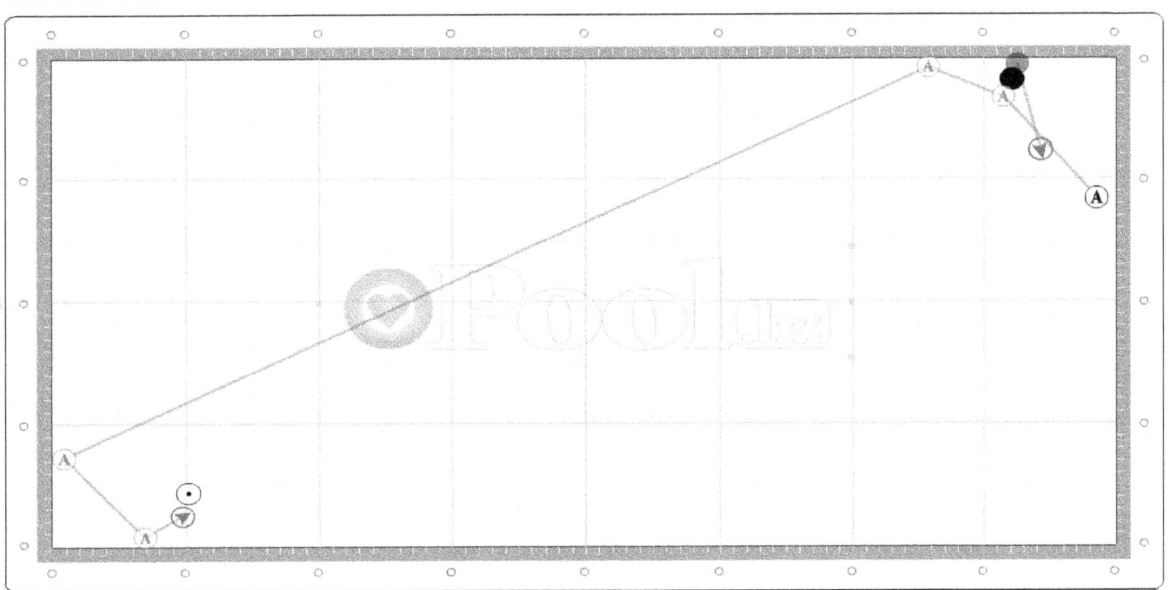

A: Grupp 6

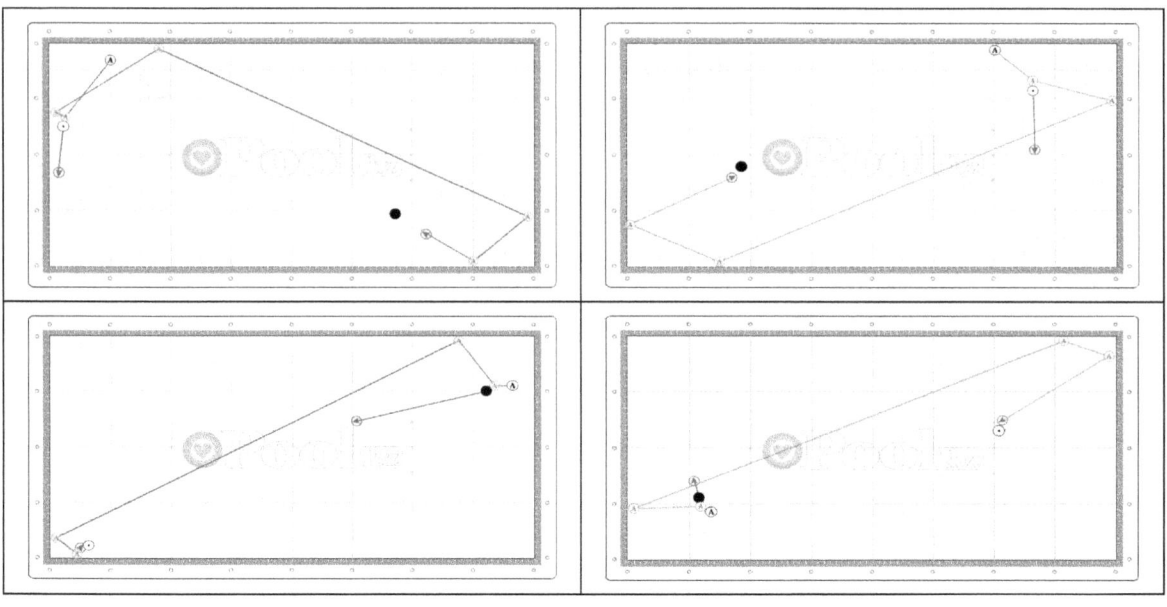

Analys:

A:6a. _____

A:6b. _____

A:6c. _____

A:6d. _____

A:6a – Inrätta

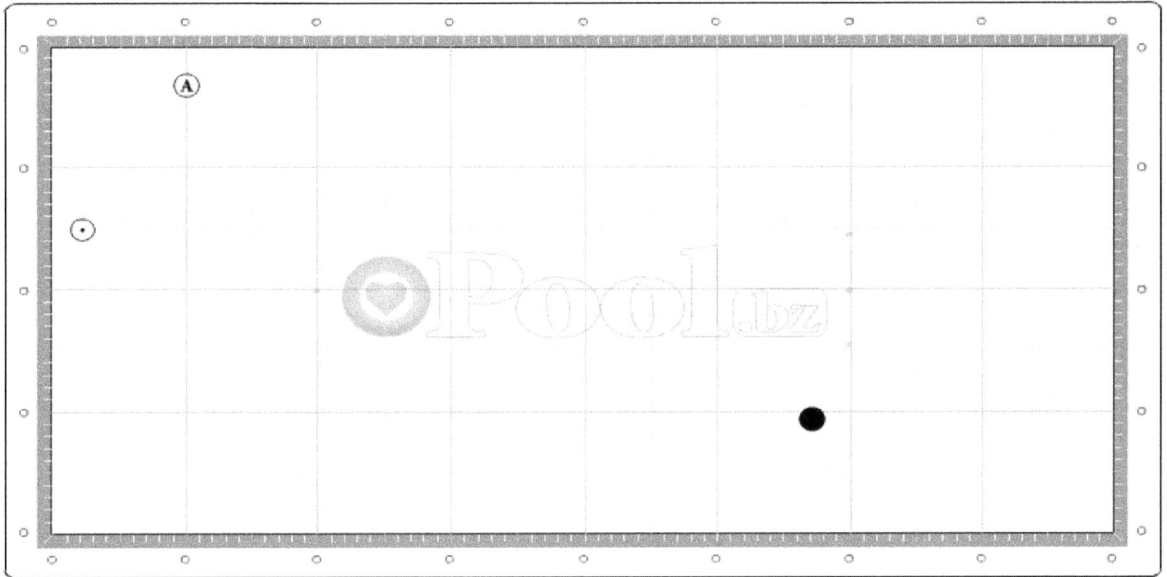

Anteckningar och idéer:

Skottmönster

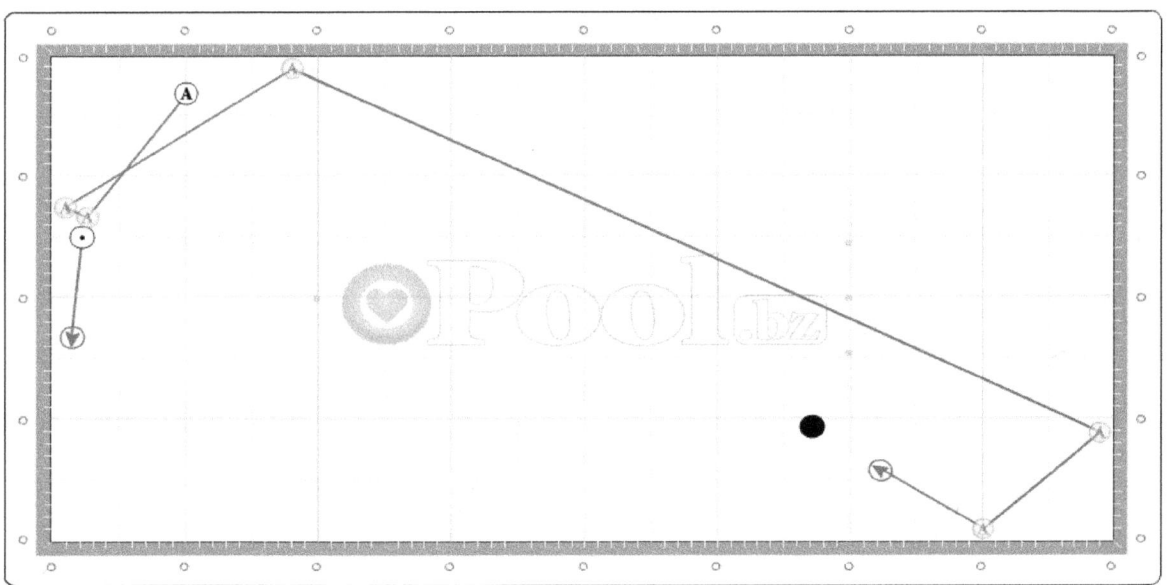

A:6b – Inrätta

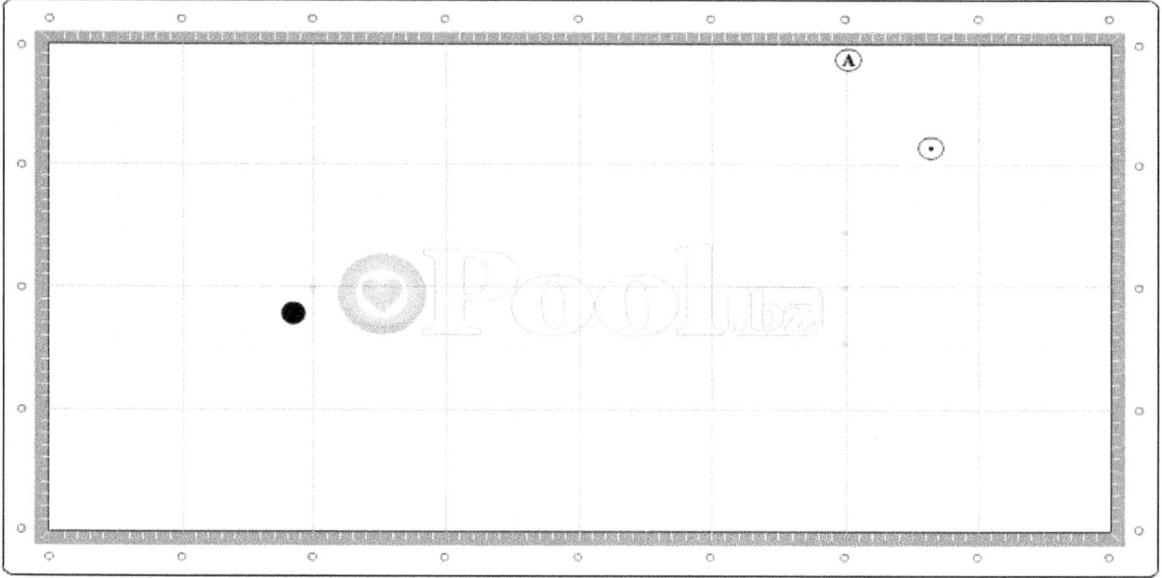

Anteckningar och idéer:

Skottmönster

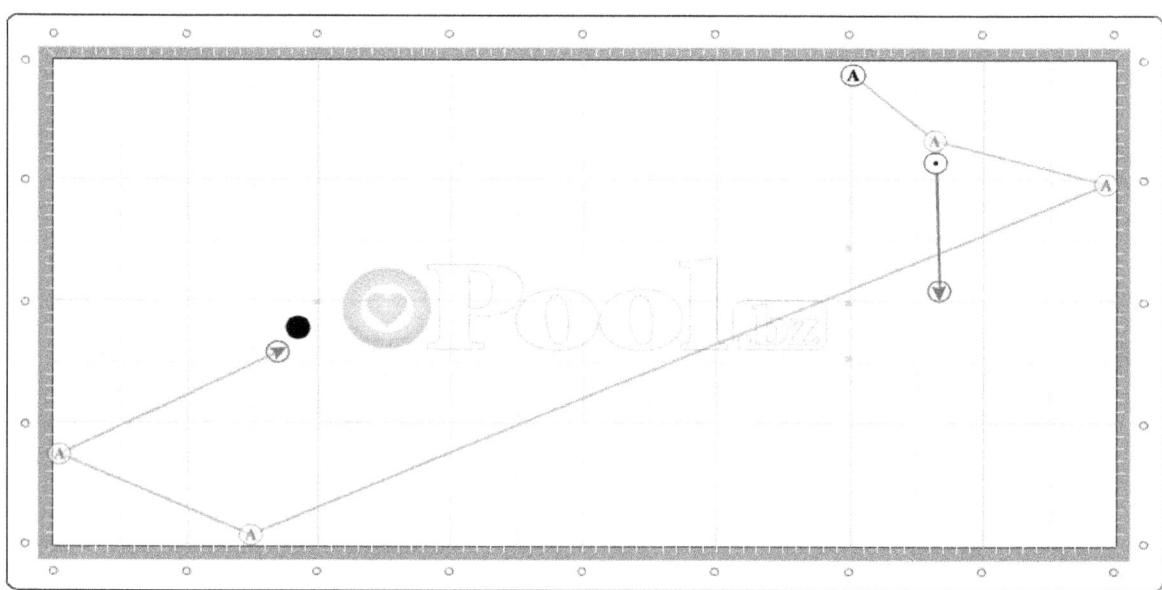

A:6c – Inrätta

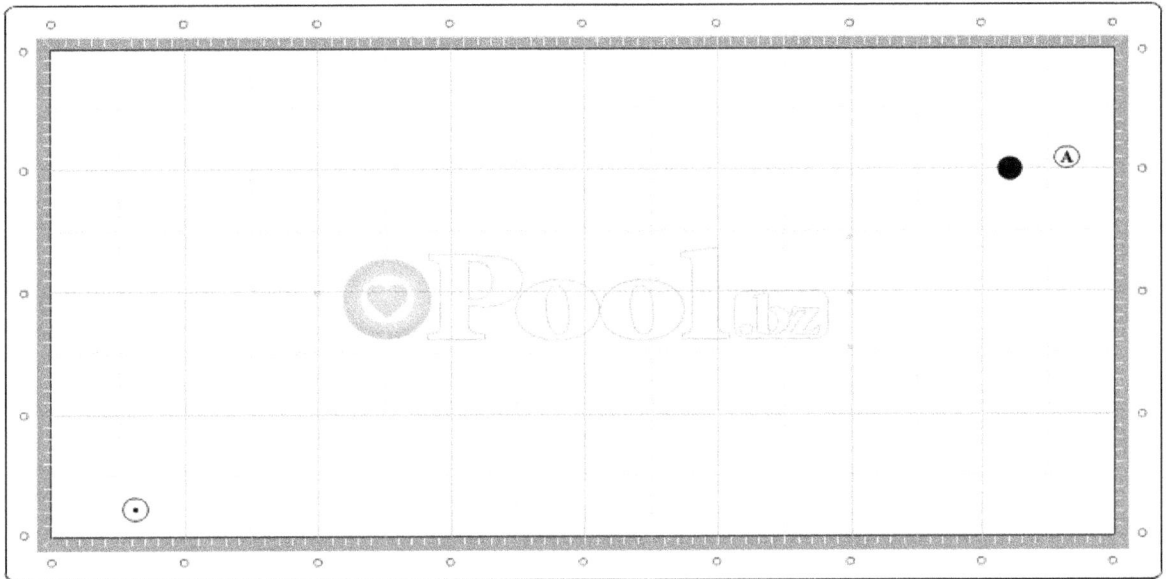

Anteckningar och idéer:

Skottmönster

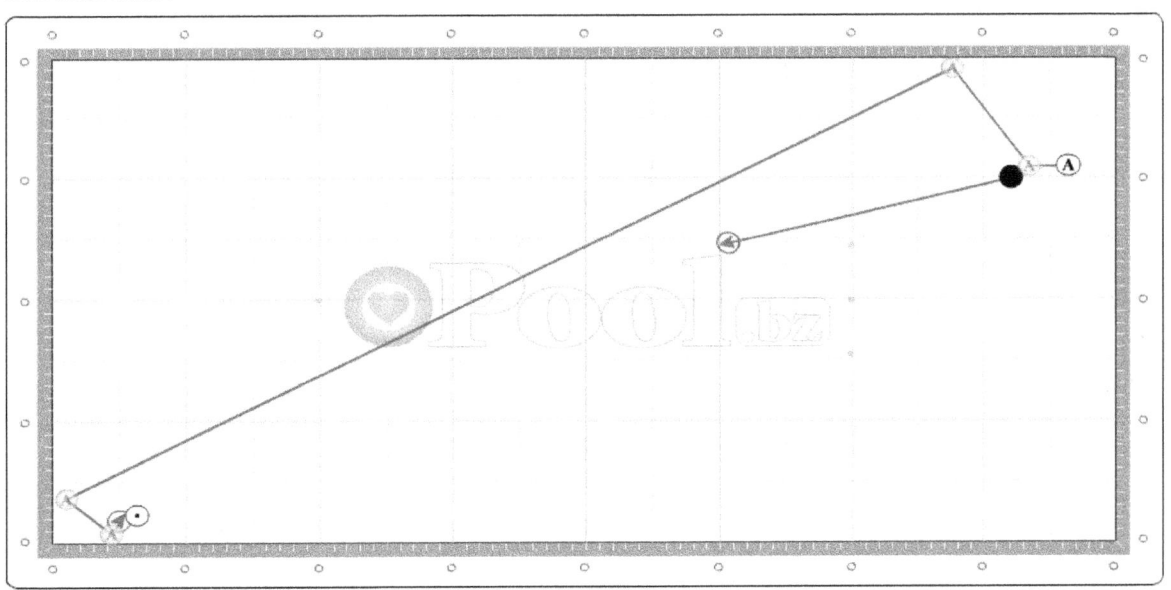

A:6d – Inrätta

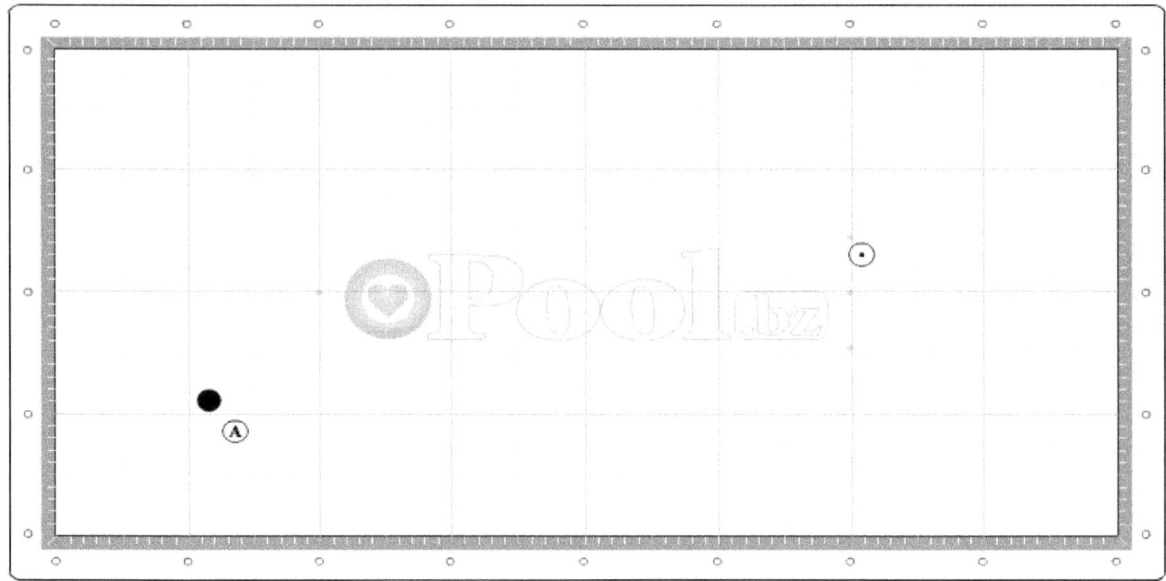

Anteckningar och idéer:

Skottmönster

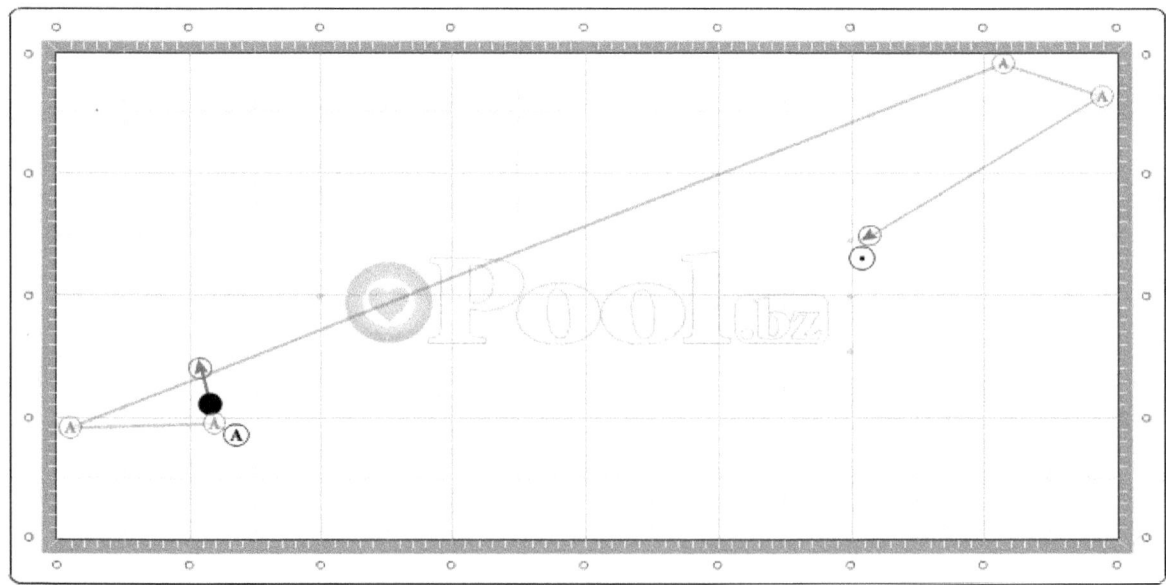

B: Enkel diagonal (modifierad)

På dessa layouter färdas bollen på ett lite modifierat hörn till hörnbana. Dessa lösningar kräver en returkrok innan bollen kontaktar den andra (OB) för punkten.

(A) (CB) (din biljardboll) - (•) (OB) (motståndare biljardboll) - ● (OB) (röd biljardboll)

B: Grupp 1

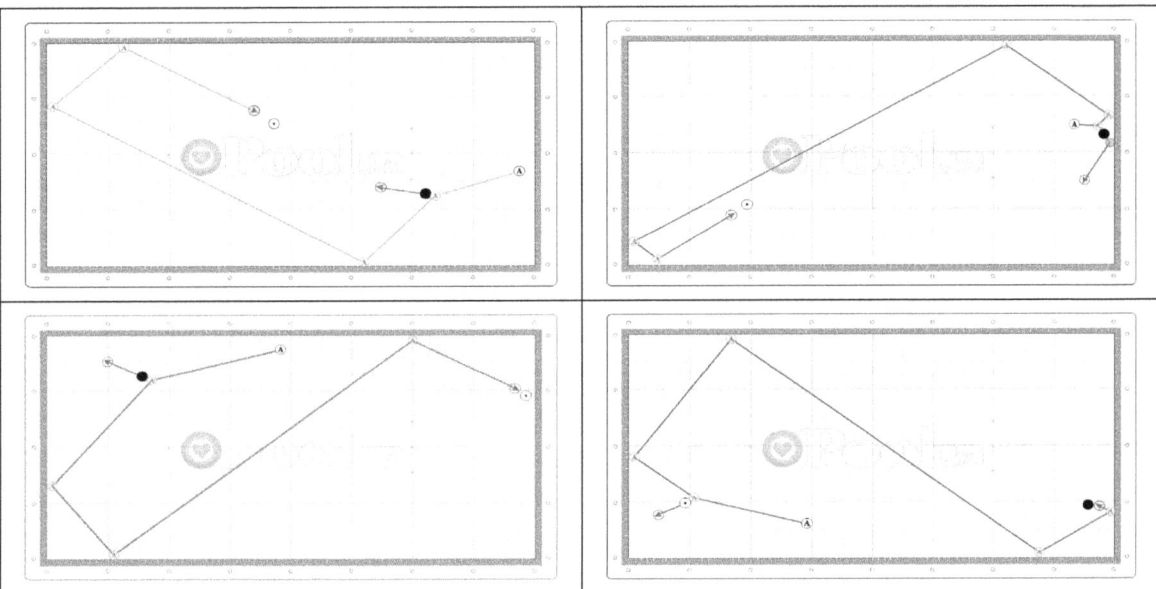

Analys:

B:1a. _____

B:1b. _____

B:1c. _____

B:1d. _____

B:1a – Inrätta

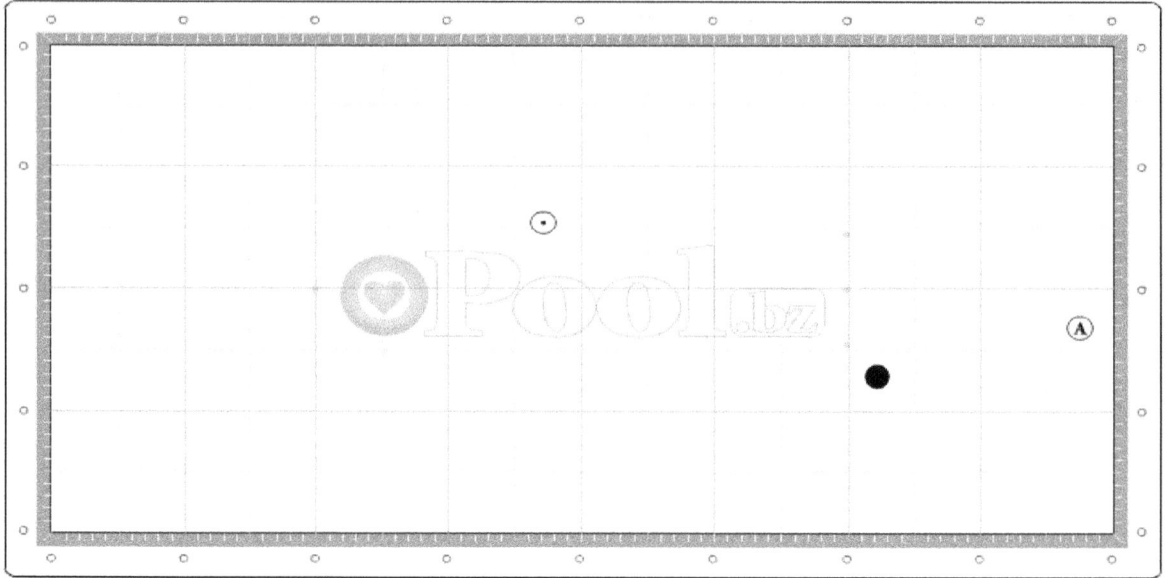

Anteckningar och idéer:

Skottmönster

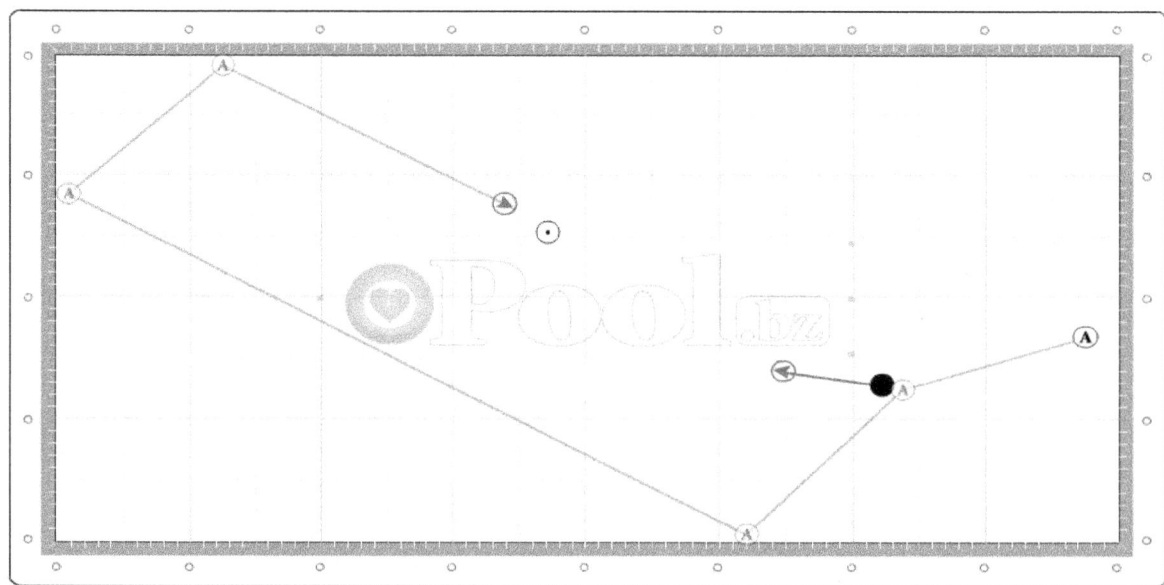

B:1b – Inrätta

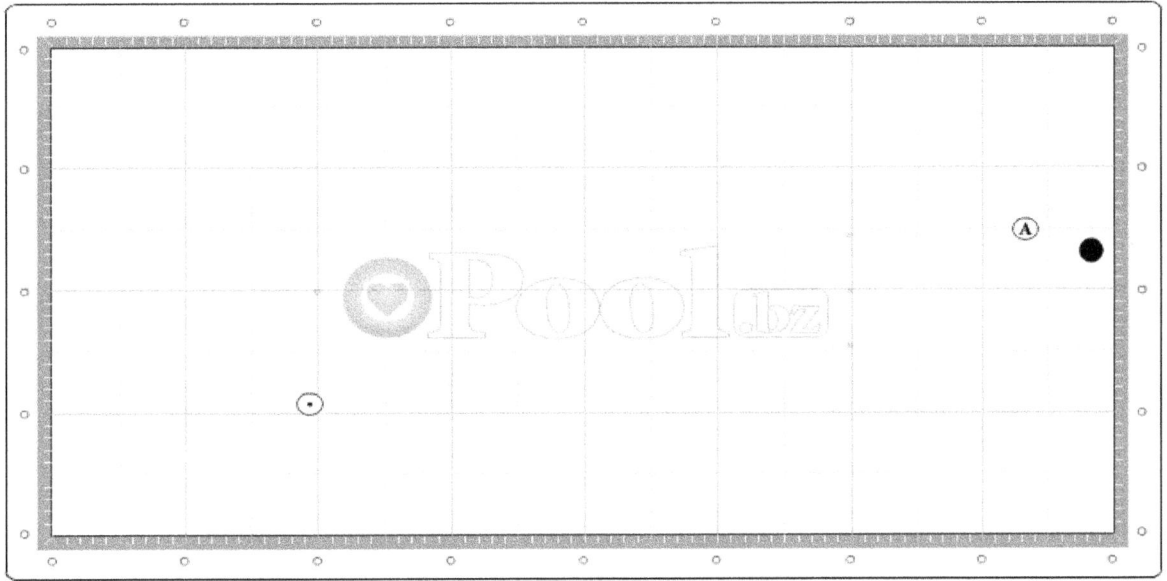

Anteckningar och idéer:

Skottmönster

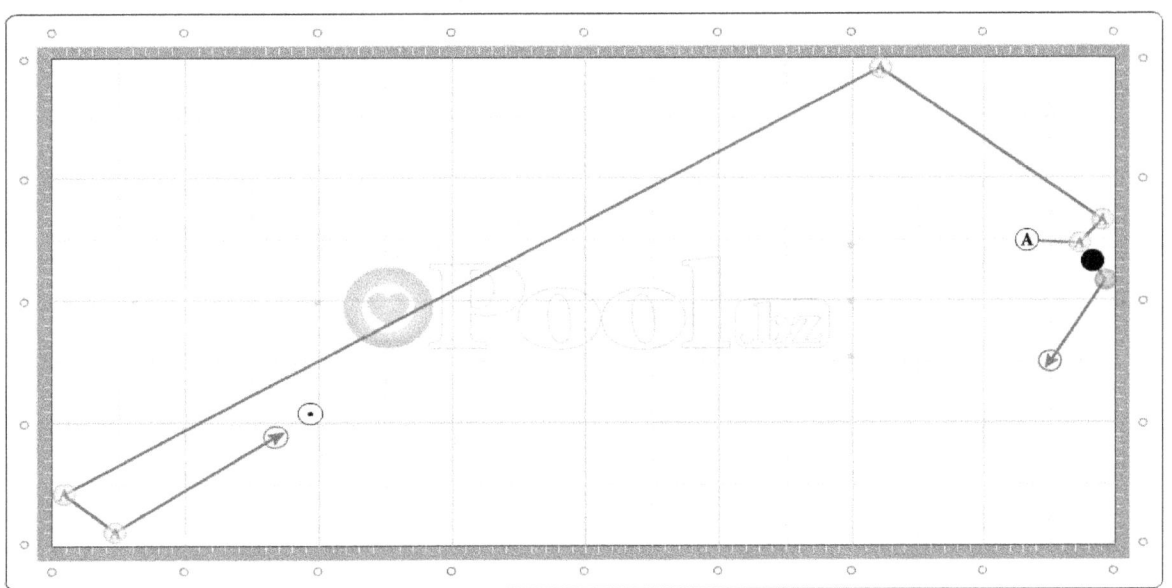

B:1c – Inrätta

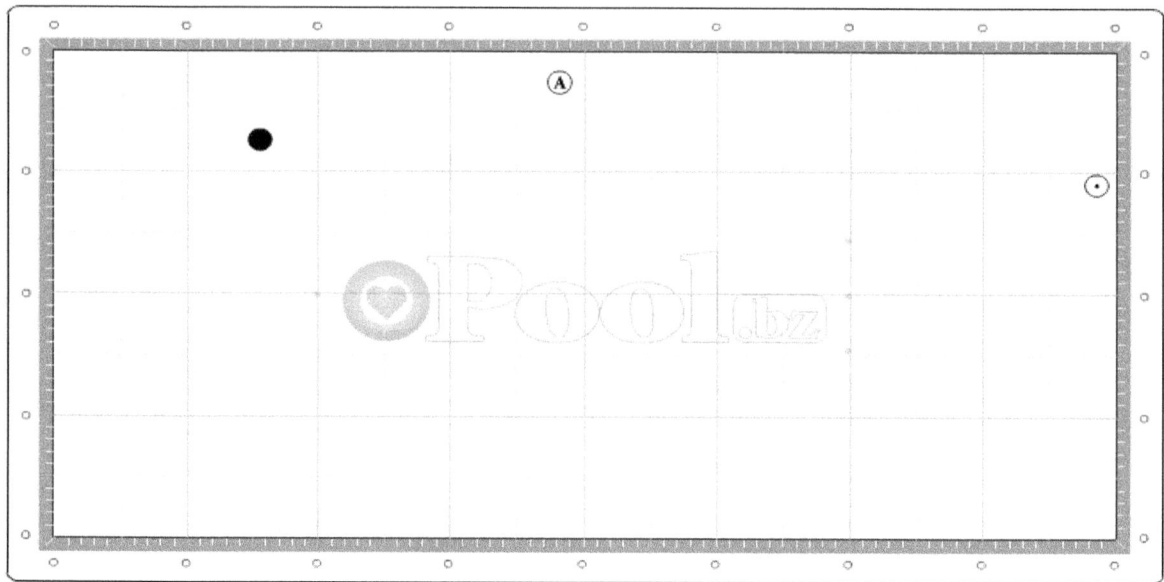

Anteckningar och idéer:

Skottmönster

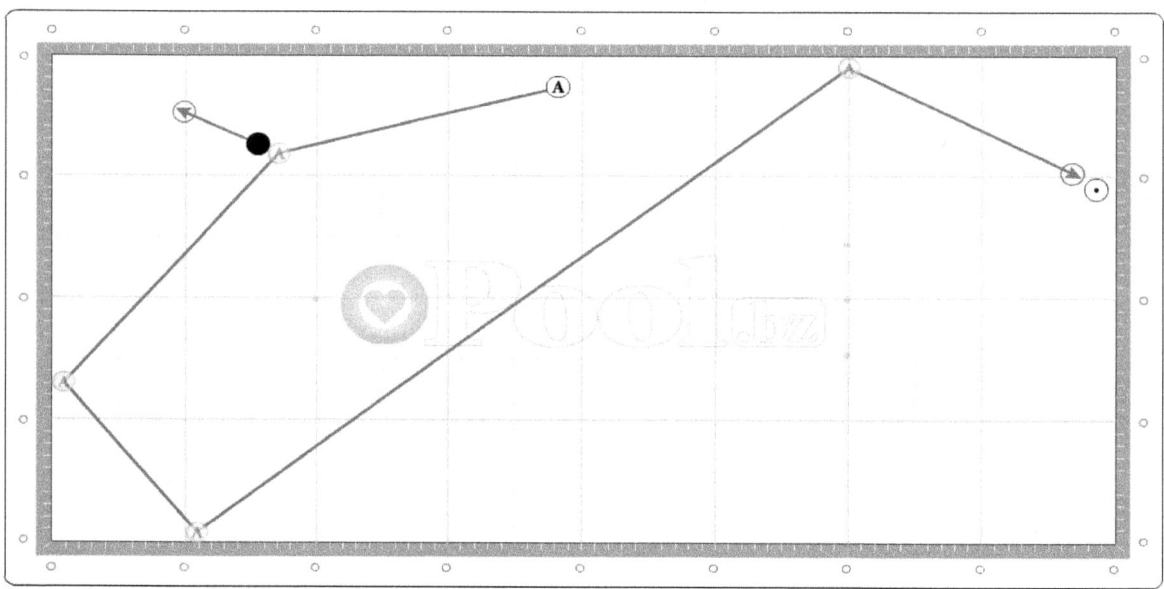

B:1d – Inrätta

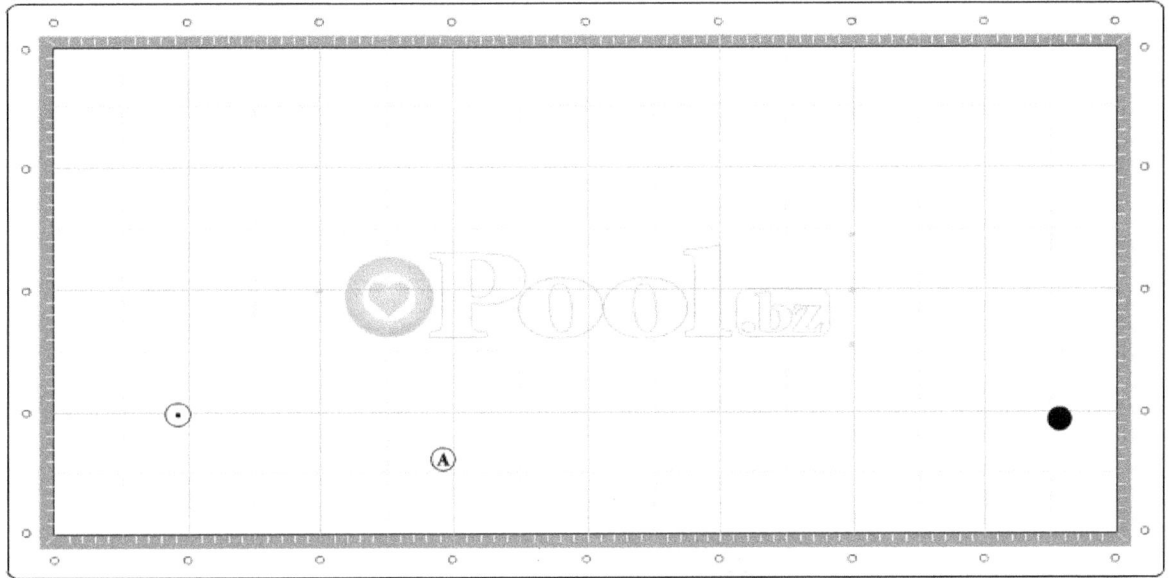

Anteckningar och idéer:

Skottmönster

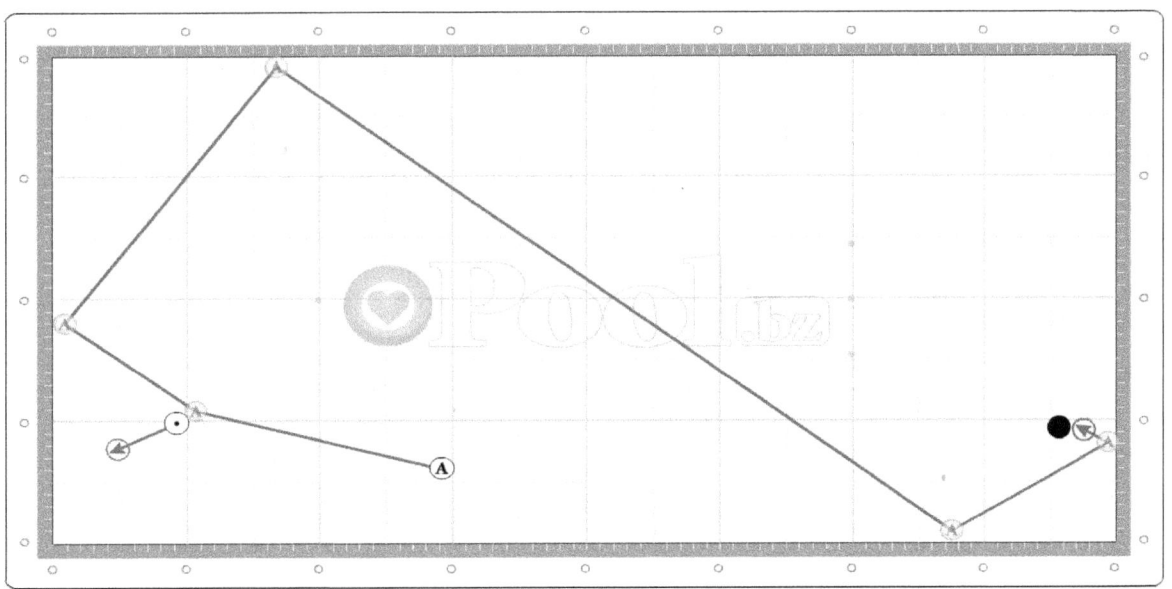

B: Grupp 2

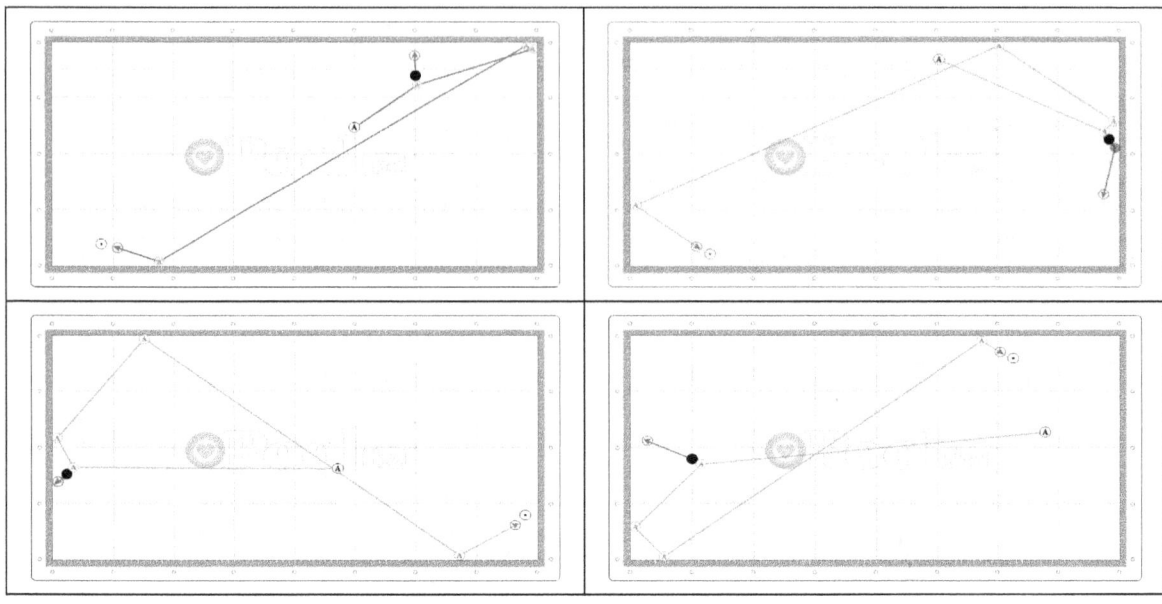

Analys:

B:2a. _____

B:2b. _____

B:2c. _____

B:2d. _____

Trevallars carambole: Korsa hörn diagonala mönster

B:2a – Inrätta

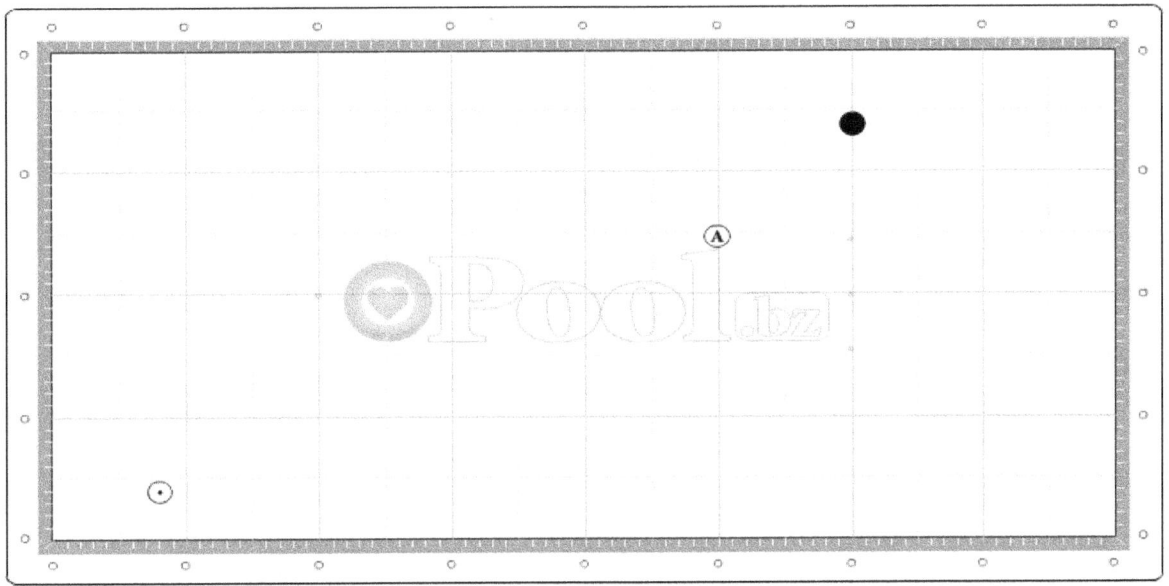

Anteckningar och idéer:

Skottmönster

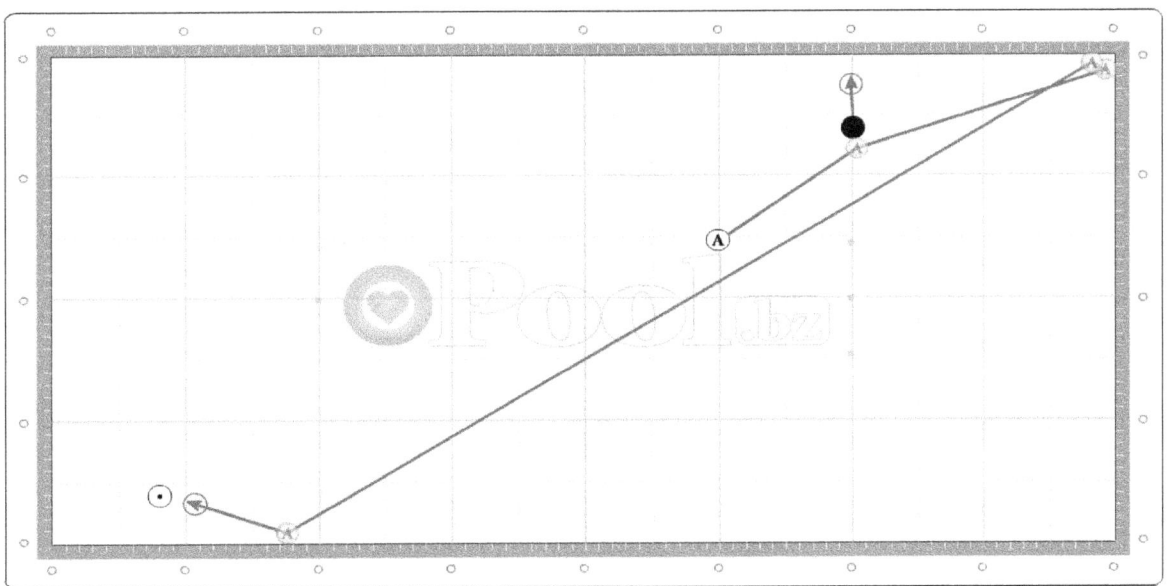

B:2b – Inrätta

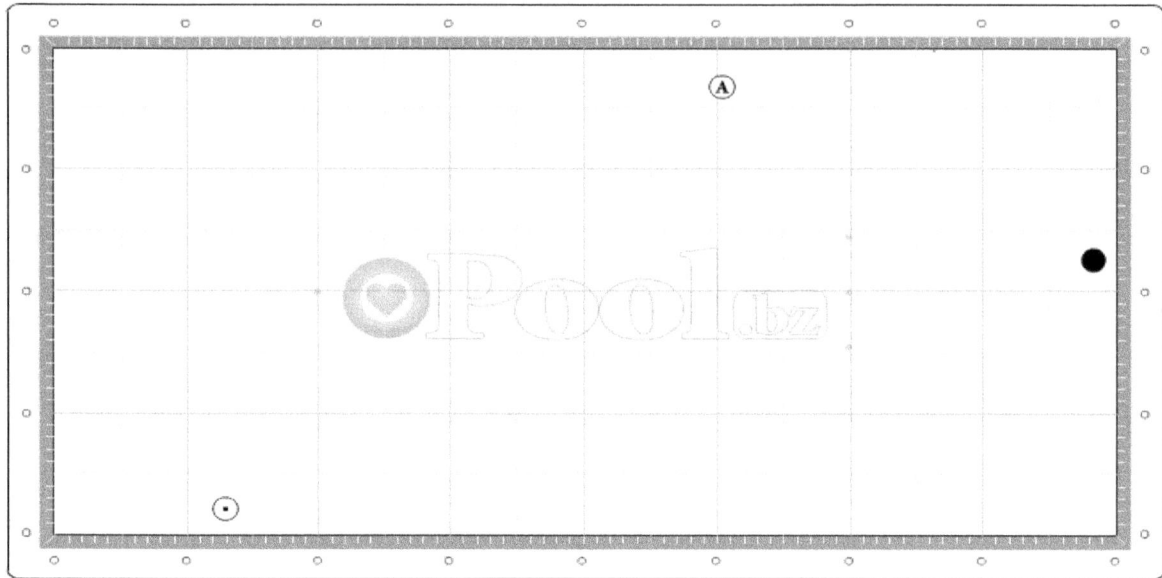

Anteckningar och idéer:

Skottmönster

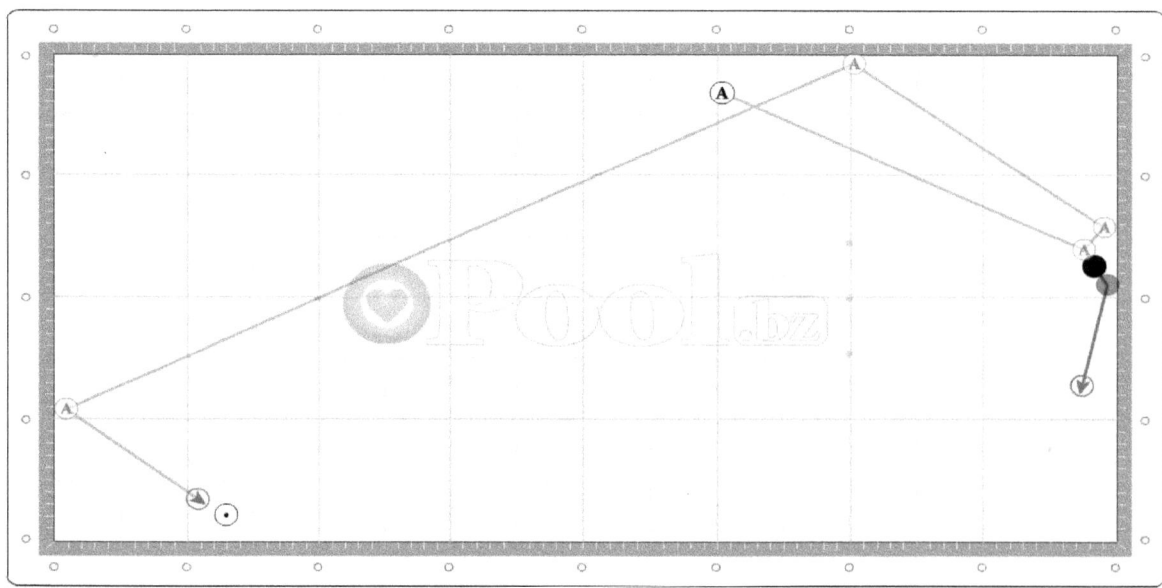

B:2c – Inrätta

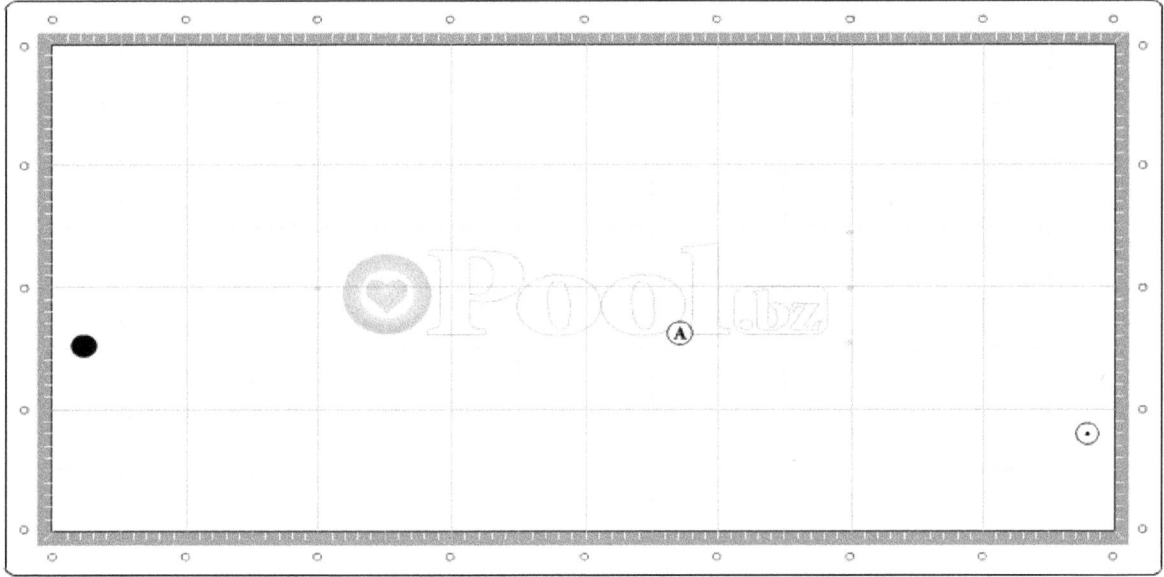

Anteckningar och idéer:

Skottmönster

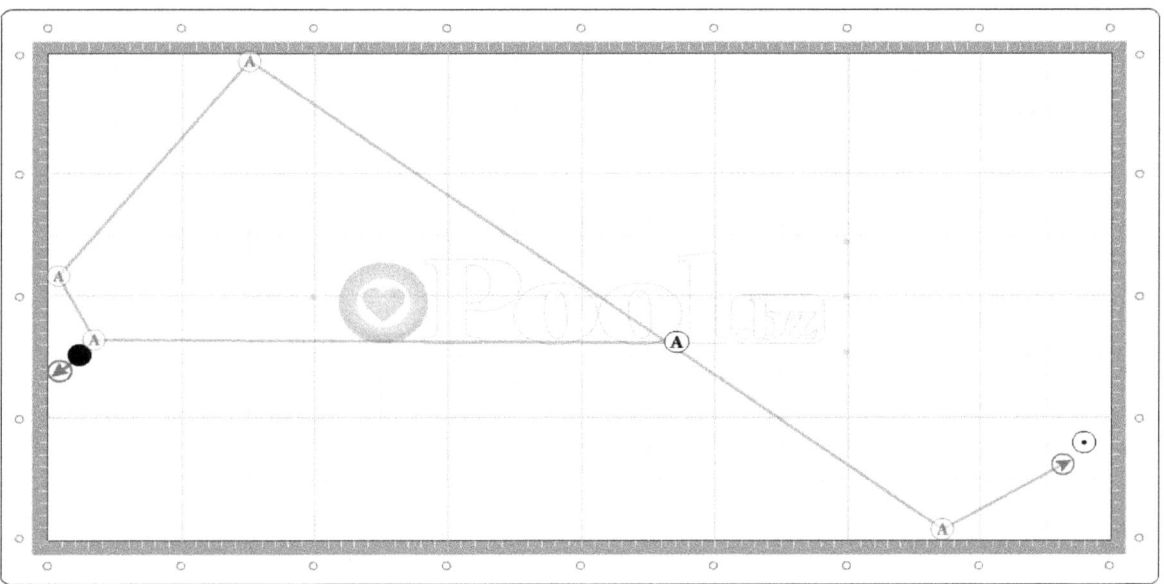

B:2d – Inrätta

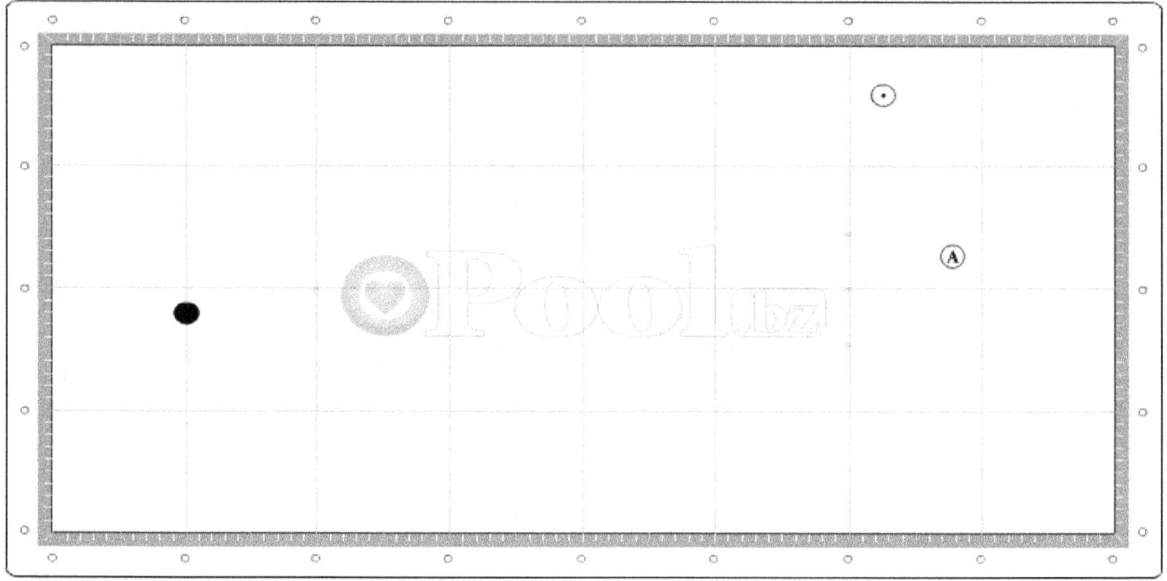

Anteckningar och idéer:

Skottmönster

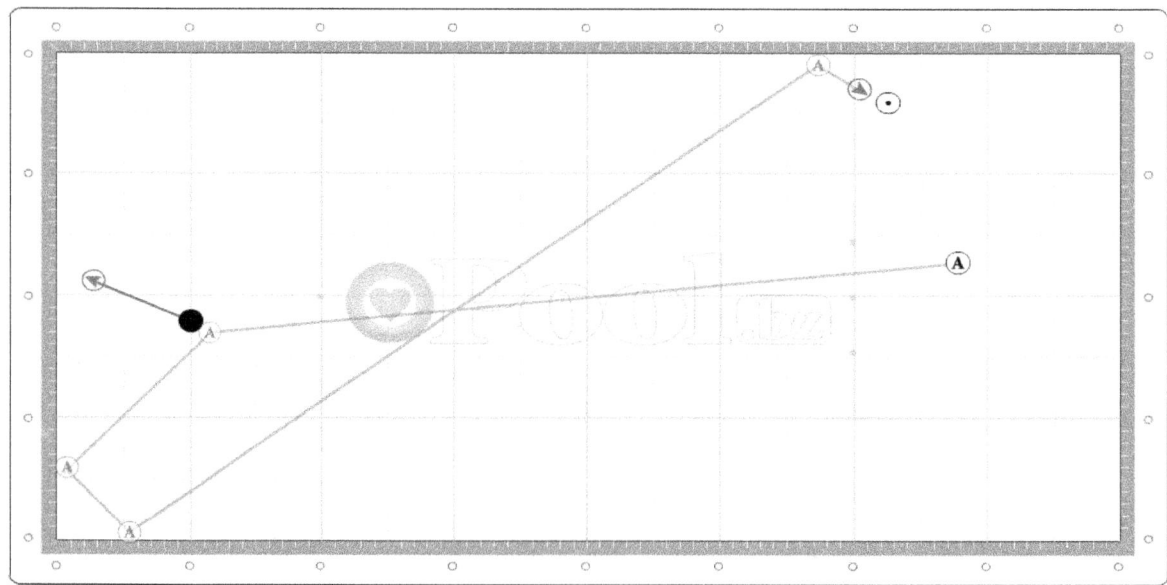

B: Grupp 3

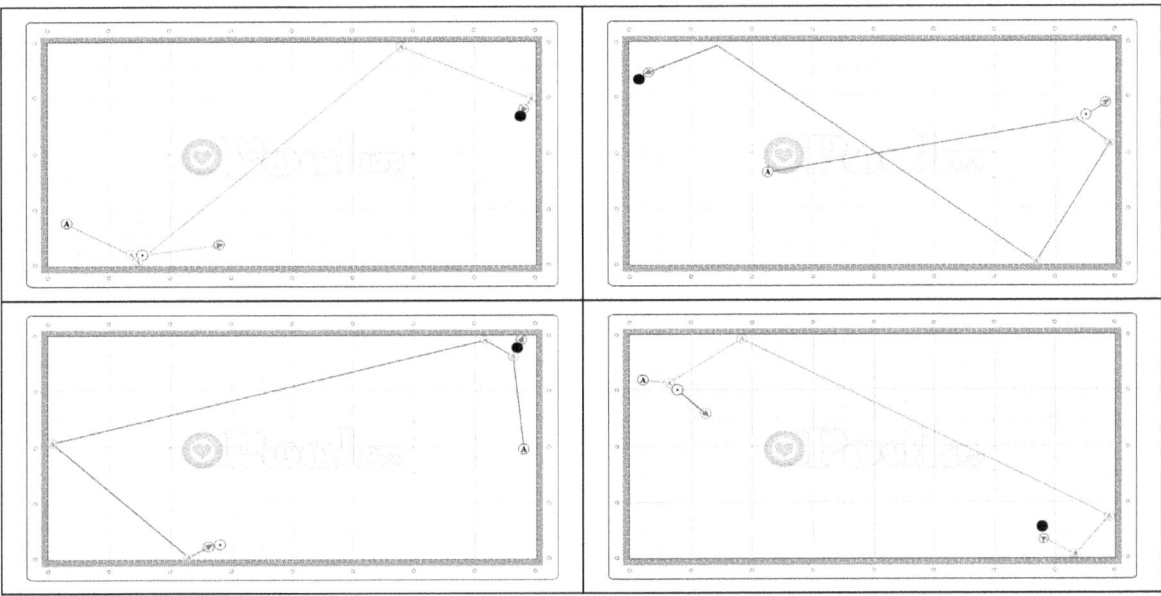

Analys:

B:3a. _____

B:3b. _____

B:3c. _____

B:3d. _____

B:3a – Inrätta

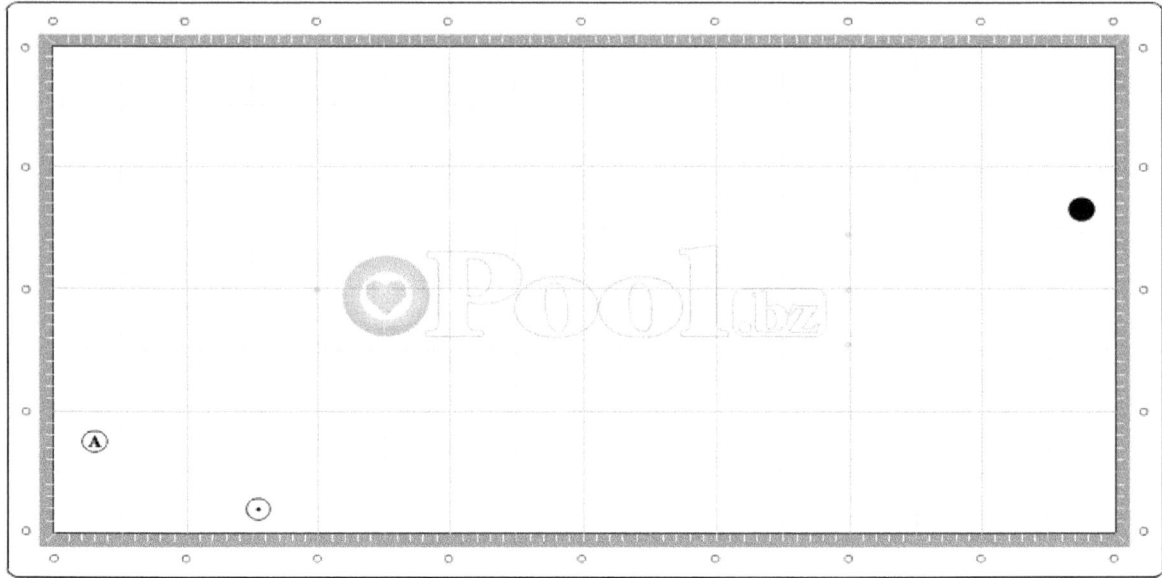

Anteckningar och idéer:

Skottmönster

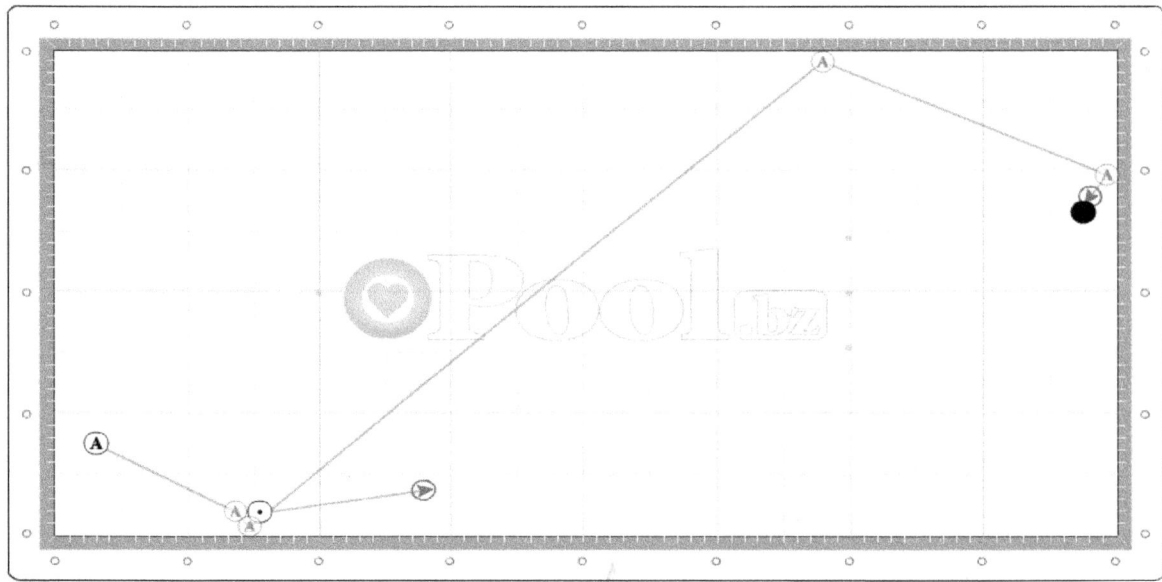

B:3b – Inrätta

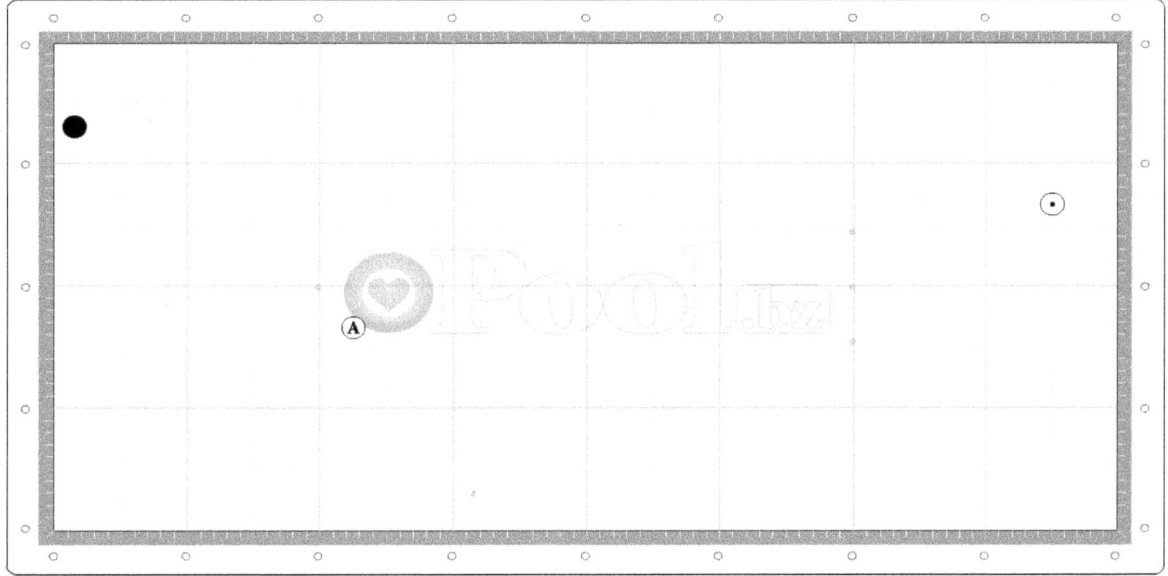

Anteckningar och idéer:

Skottmönster

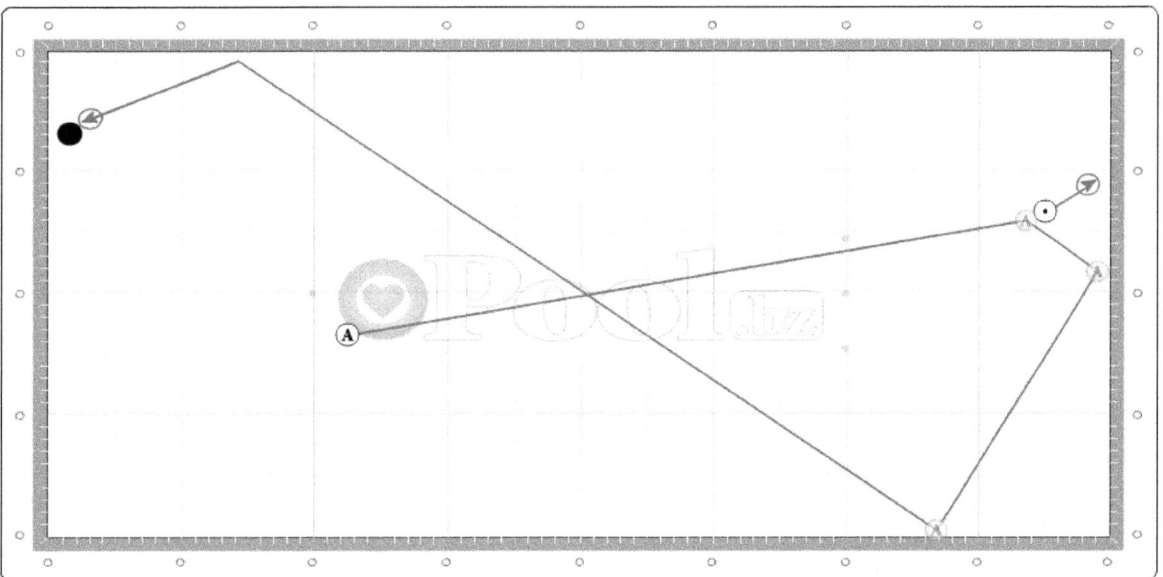

B:3c – Inrätta

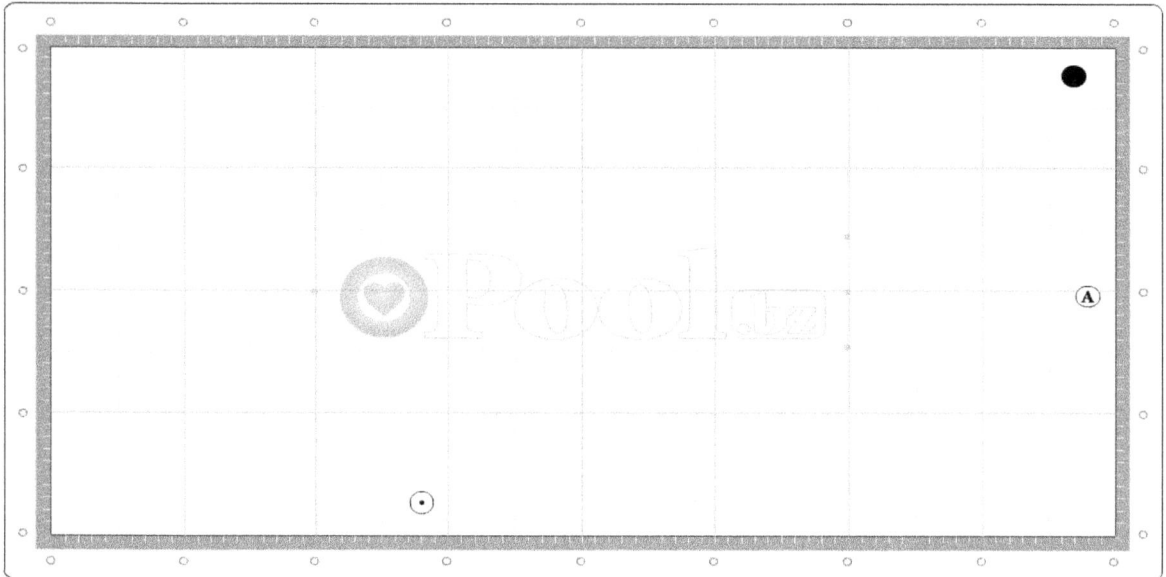

Anteckningar och idéer:

Skottmönster

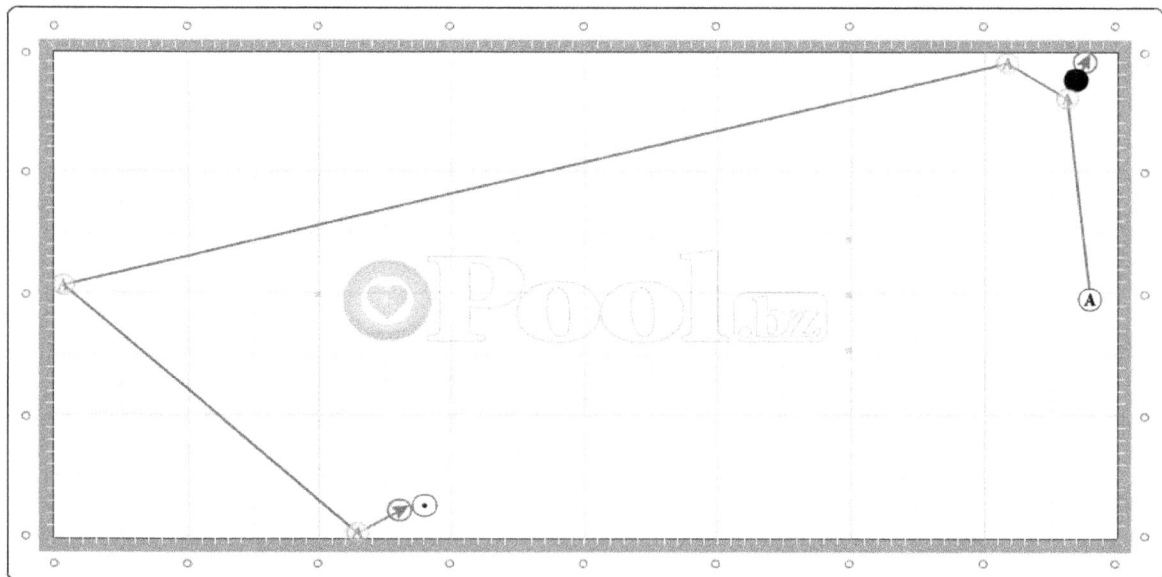

B:3d – Inrätta

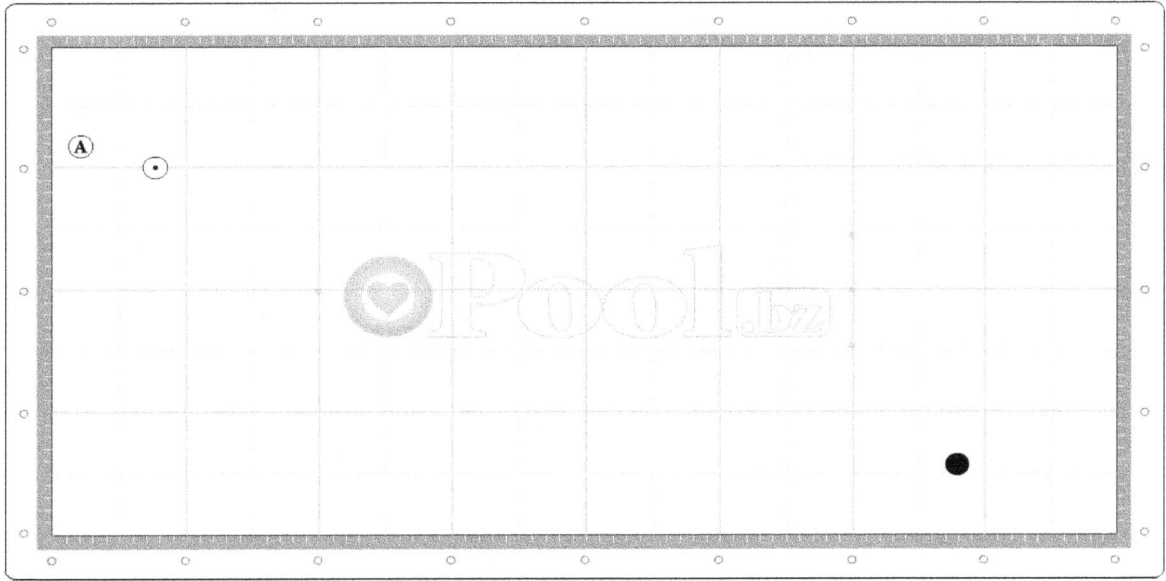

Anteckningar och idéer:

Skottmönster

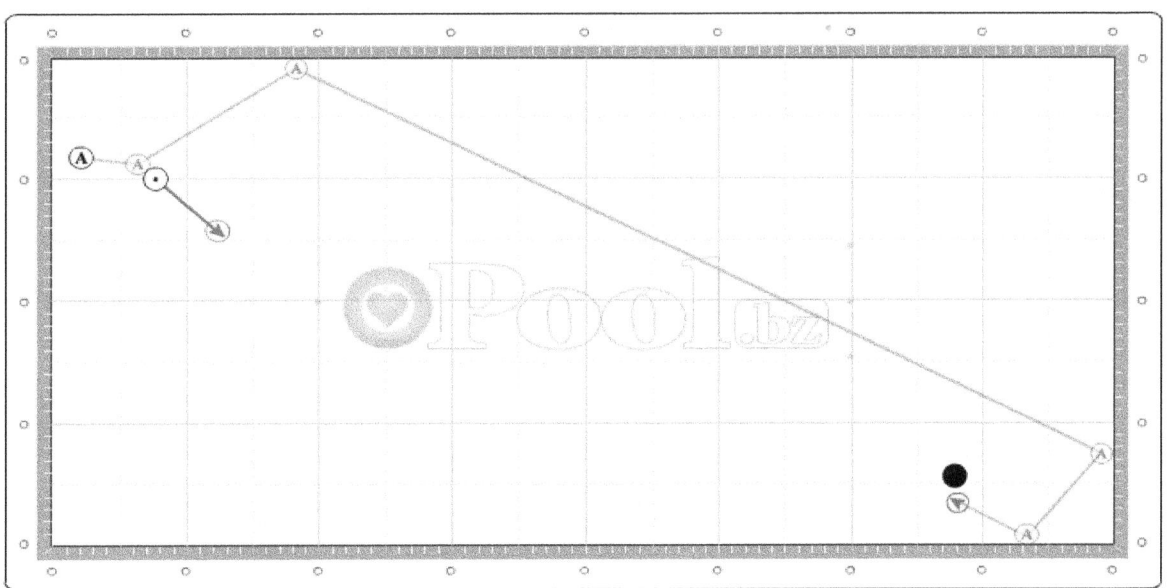

C: Parallell diagonal

(CB) kommer från den första (OB) och reser till det motsatta korshjulet och kommer sedan tillbaka i en parallellväg tillbaka för att komma i kontakt med den andra (OB) och en punkt.

Ⓐ (CB) (din biljardboll) - ⊙ (OB) (motståndare biljardboll) - ● (OB) (röd biljardboll)

C: Grupp 1

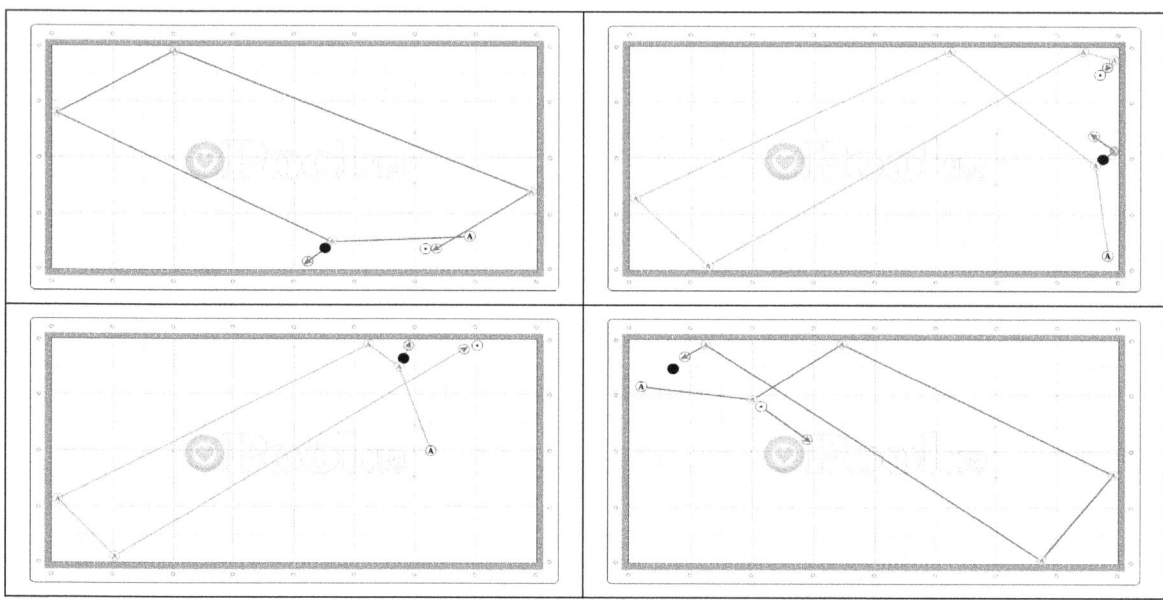

Analys:

C:1a. _____

C:1b. _____

C:1c. _____

C:1d. _____

C:1a – Inrätta

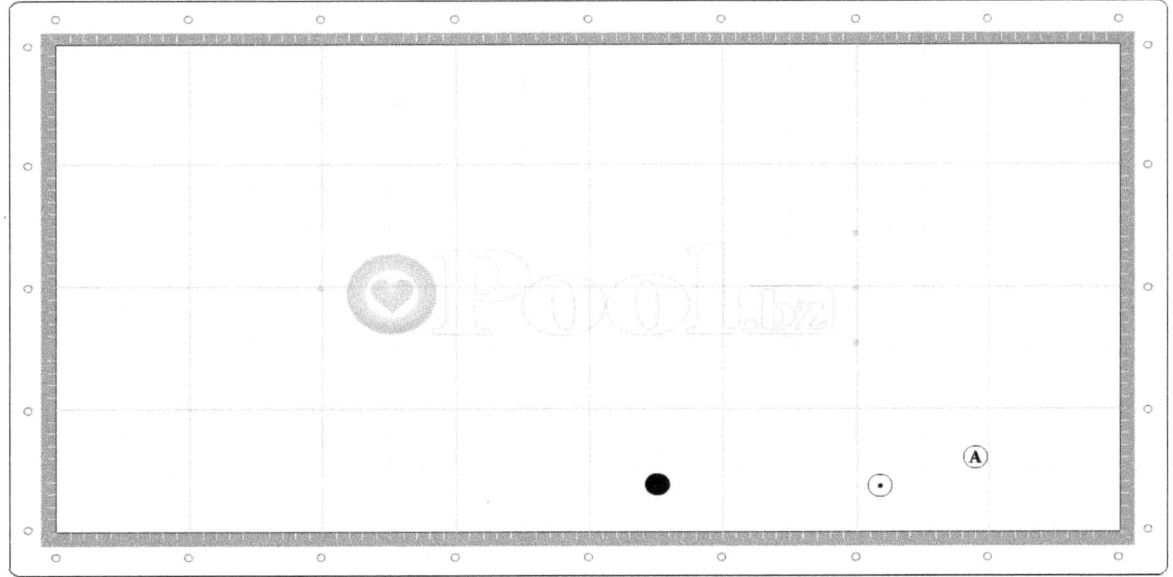

Anteckningar och idéer:

Skottmönster

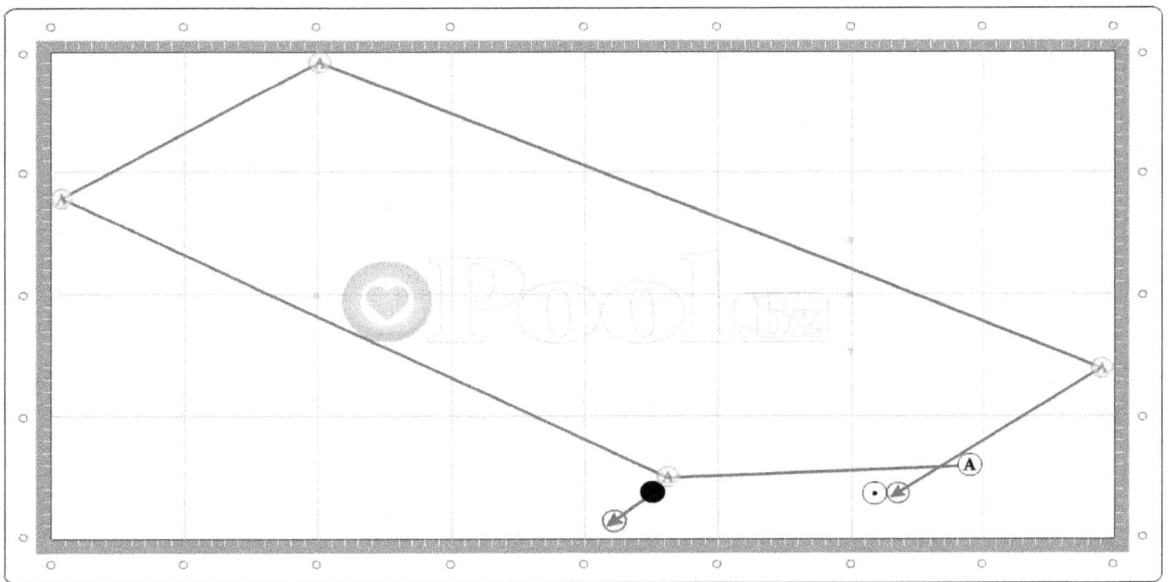

C:1b – Inrätta

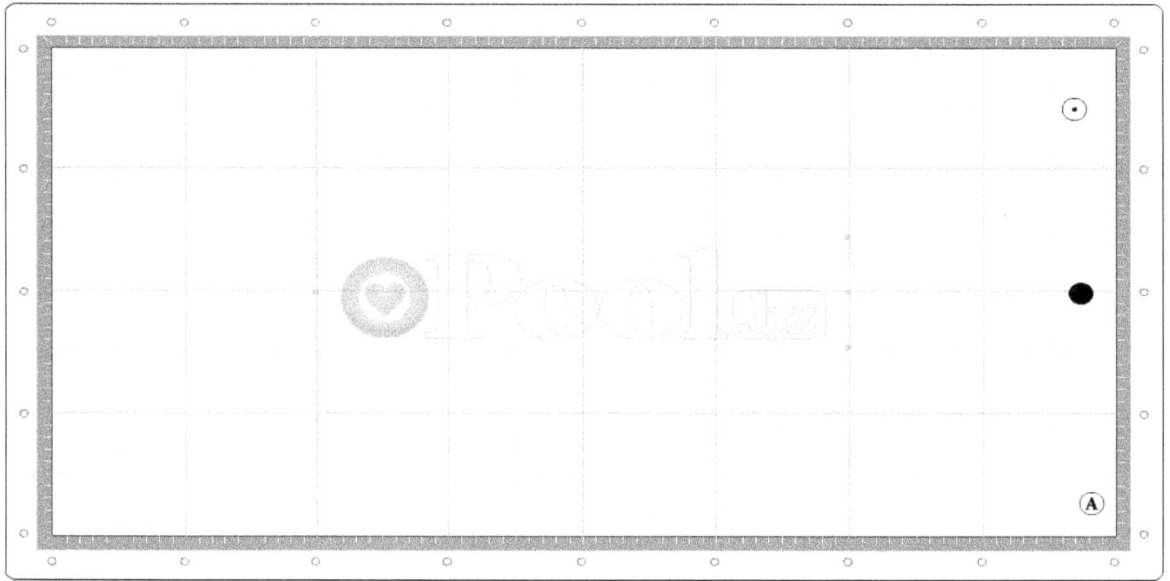

Anteckningar och idéer:

Skottmönster

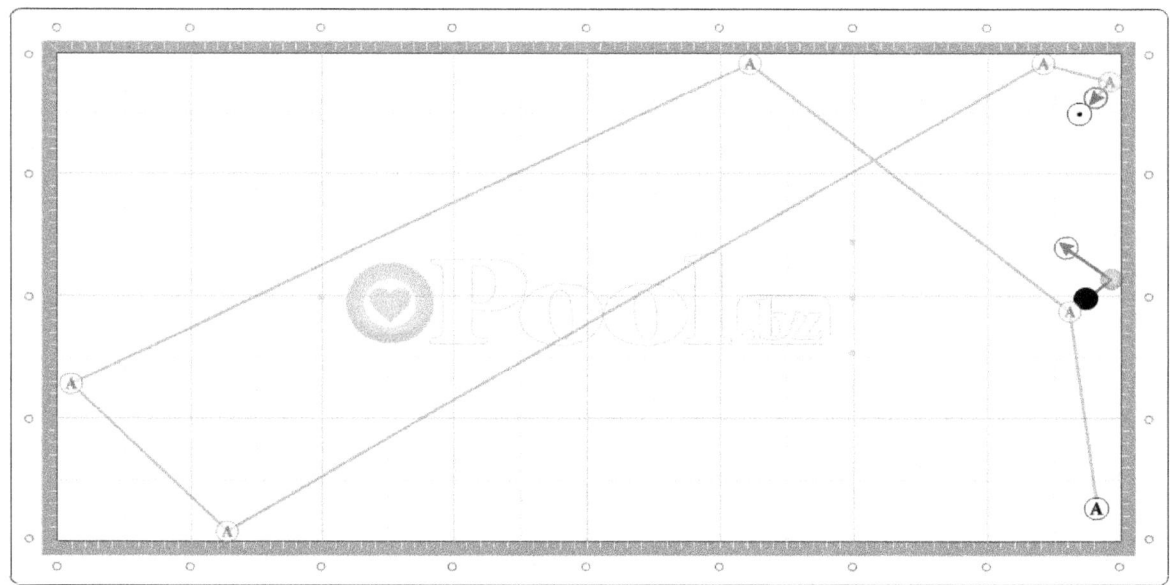

C:1c – Inrätta

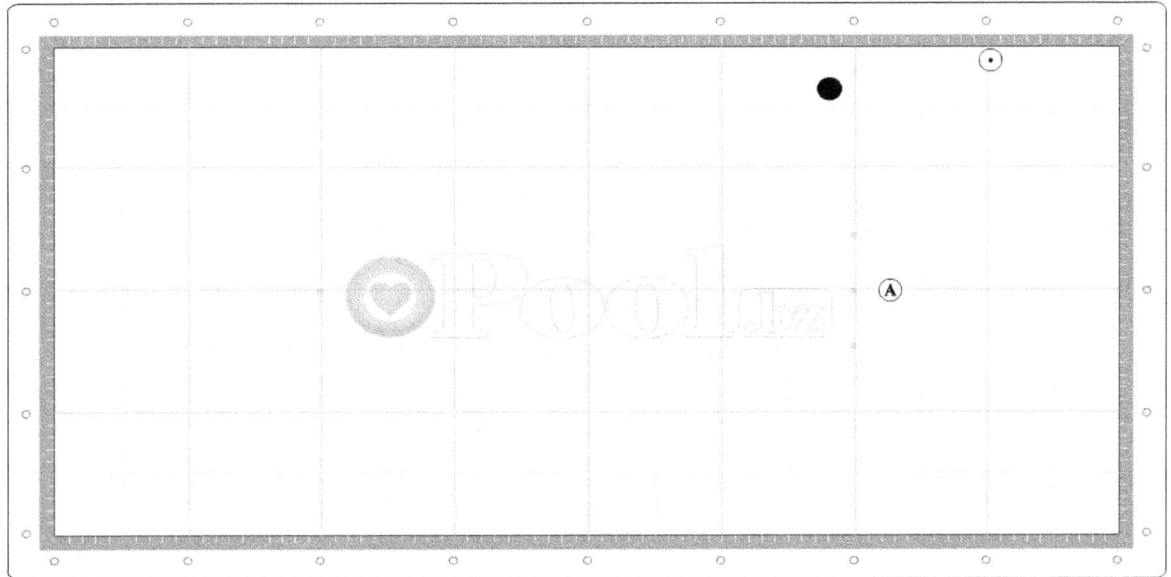

Anteckningar och idéer:

Skottmönster

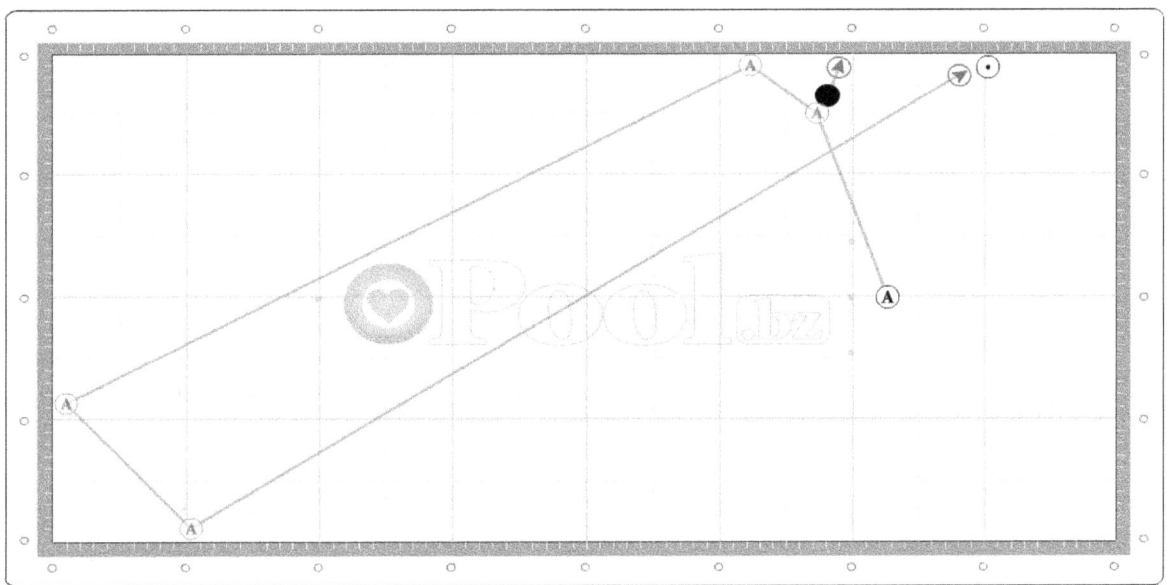

C:1d – Inrätta

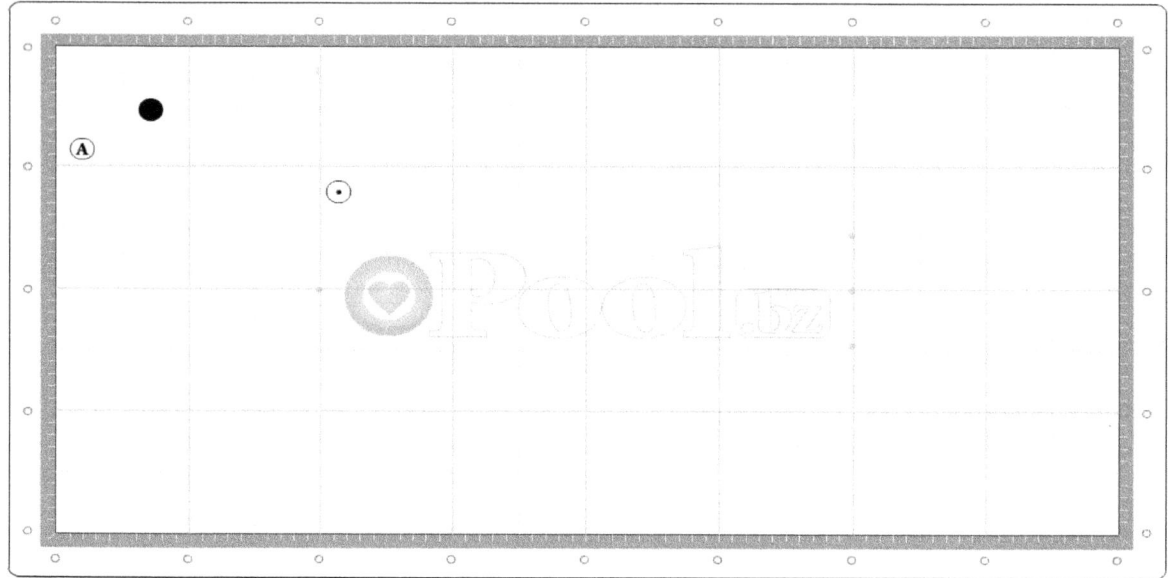

Anteckningar och idéer:

Skottmönster

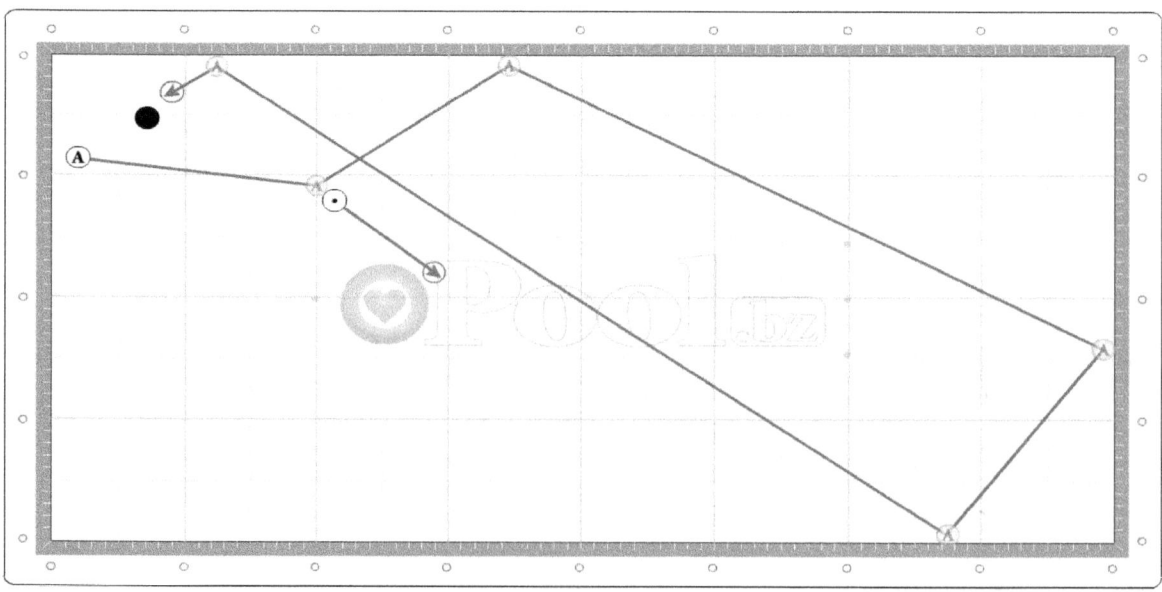

C: Grupp 2

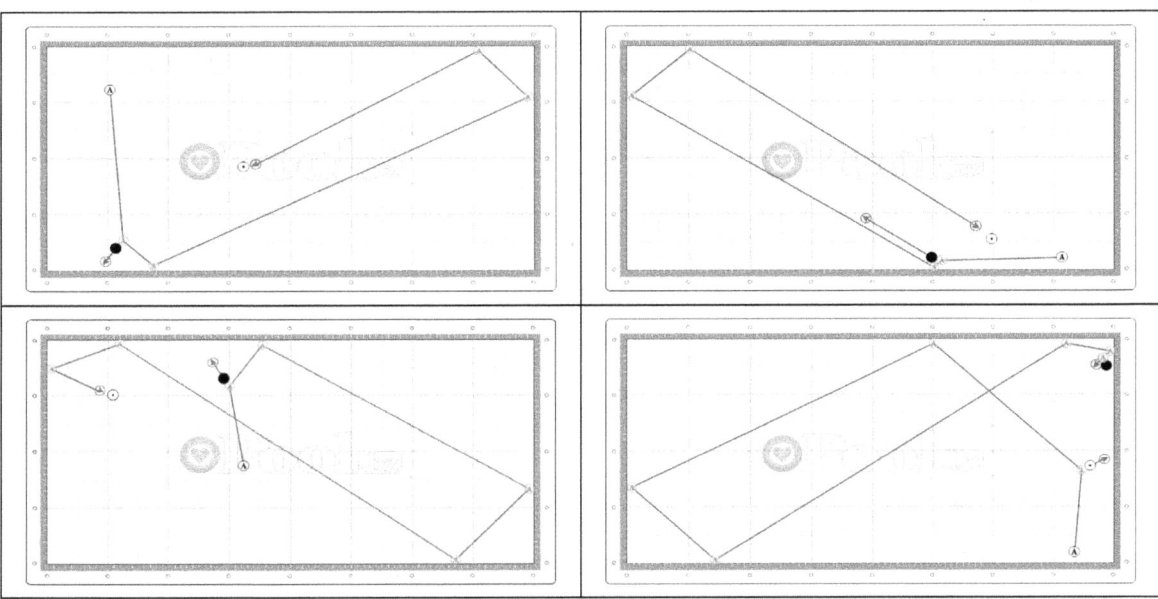

Analys:

C:2a. _____

C:2b. _____

C:2c. _____

C:2d. _____

C:2a – Inrätta

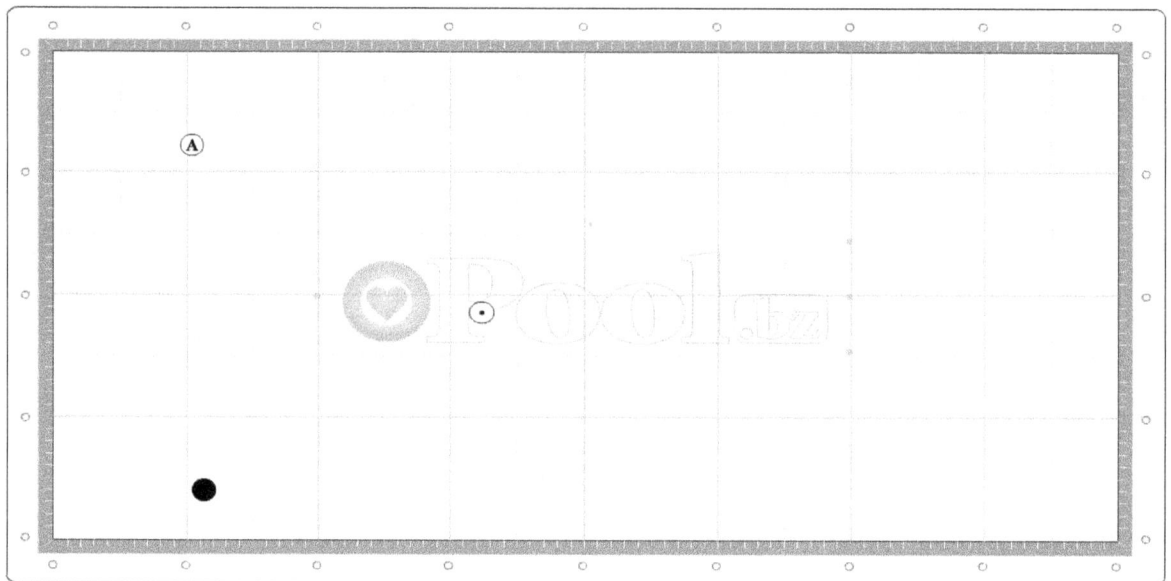

Anteckningar och idéer:

Skottmönster

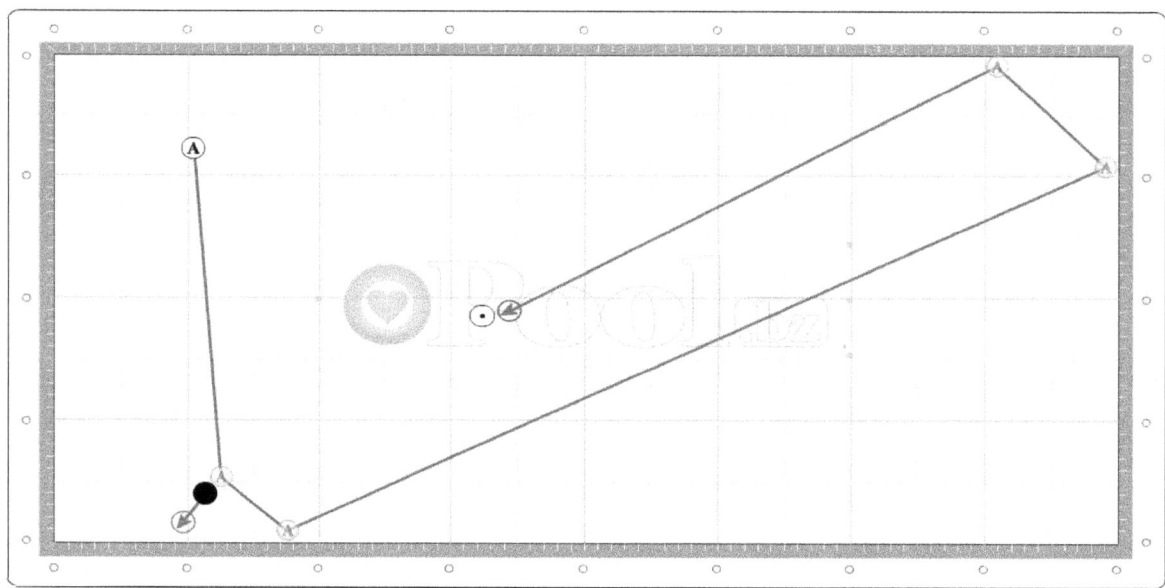

C:2b – Inrätta

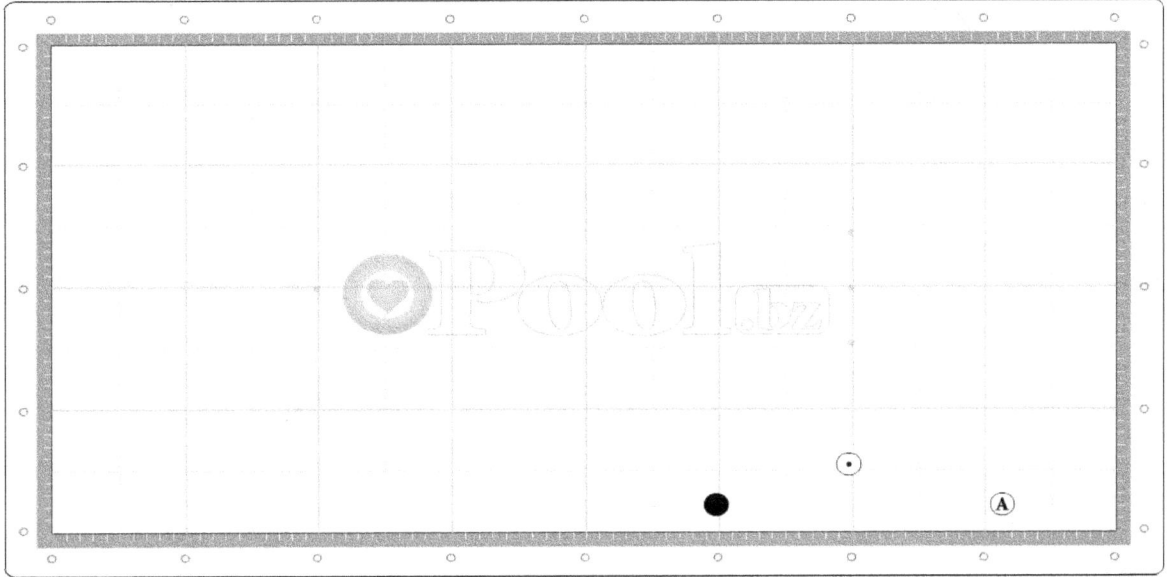

Anteckningar och idéer:

Skottmönster

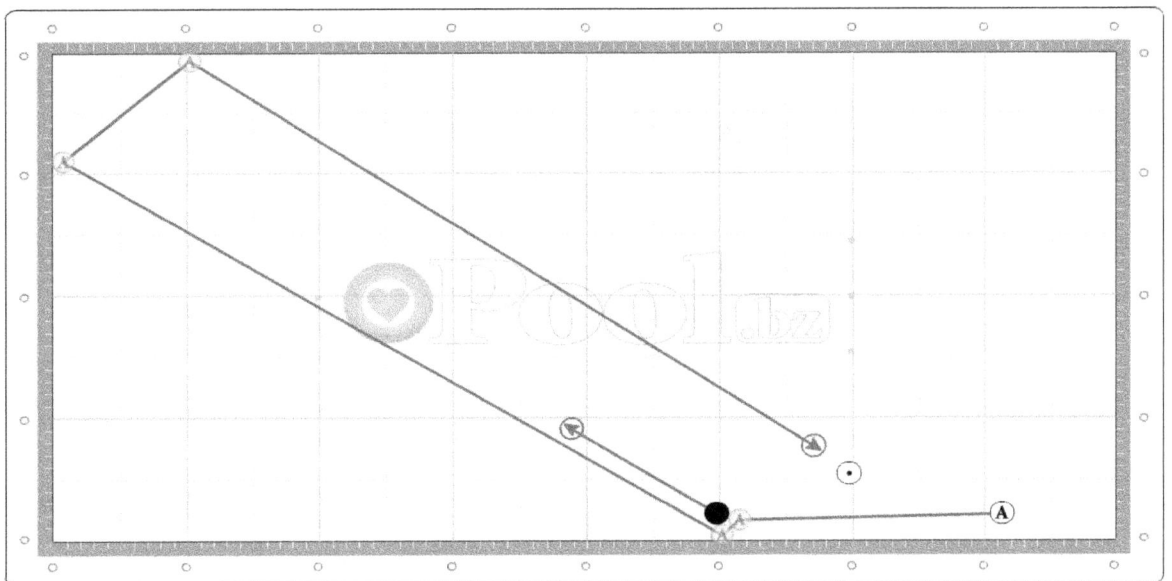

C:2c – Inrätta

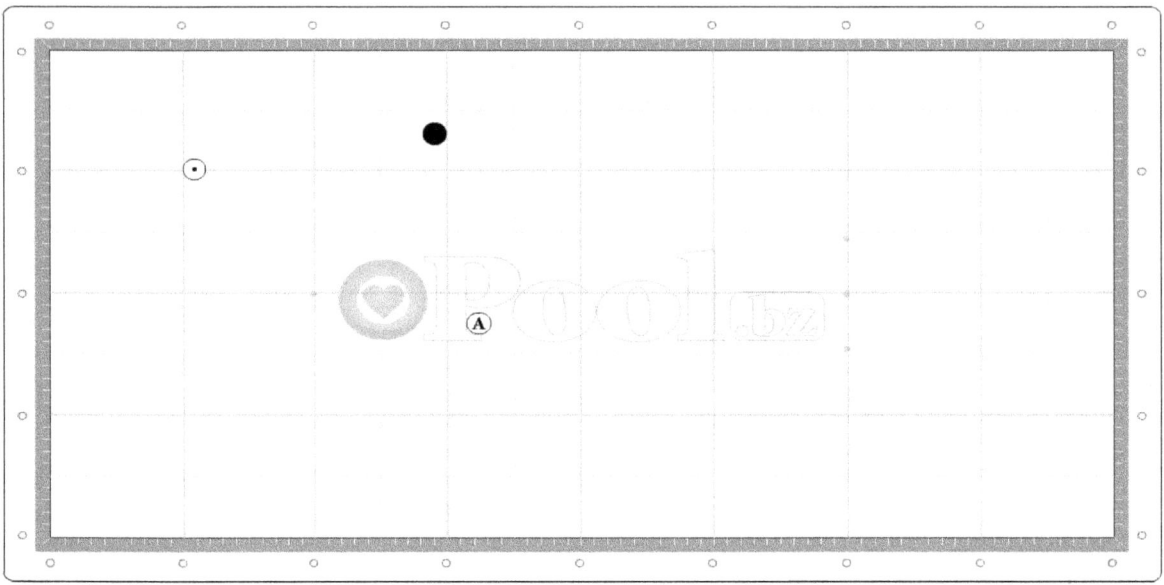

Anteckningar och idéer:

Skottmönster

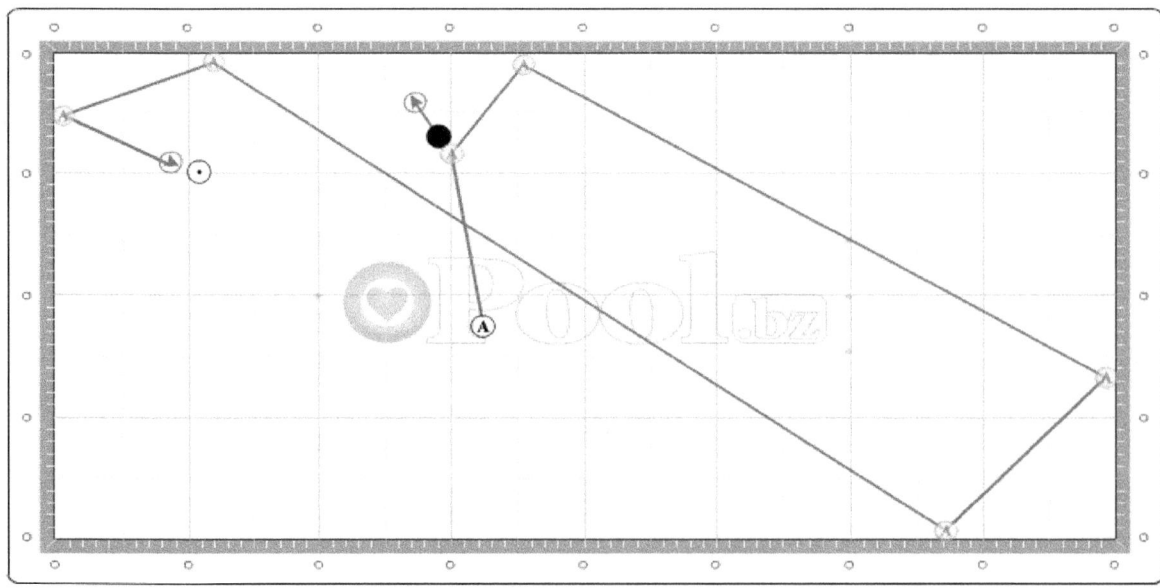

C:2d – Inrätta

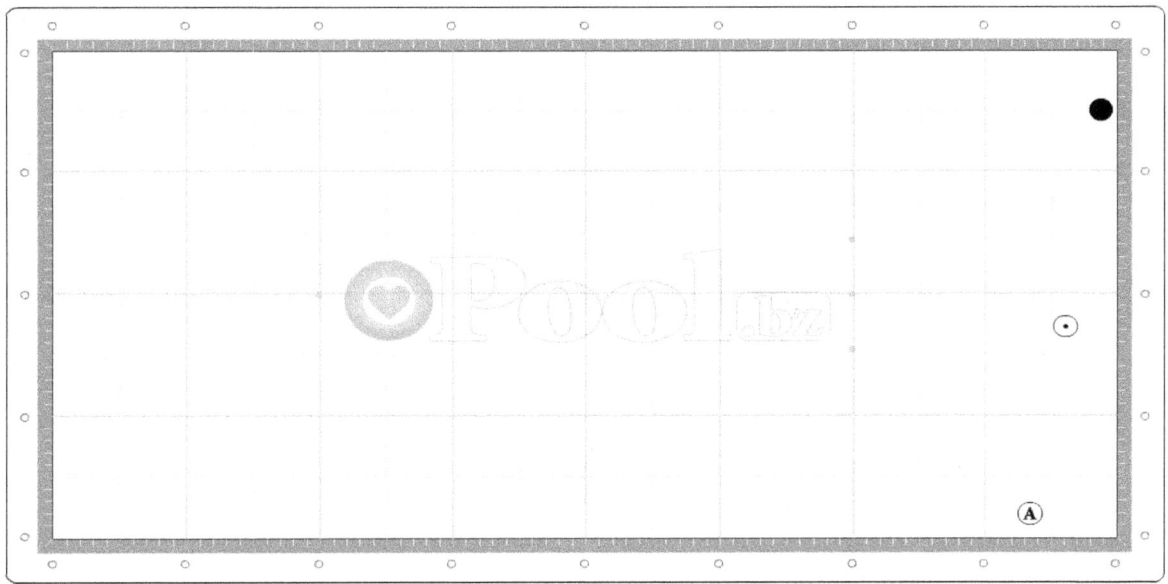

Anteckningar och idéer:

Skottmönster

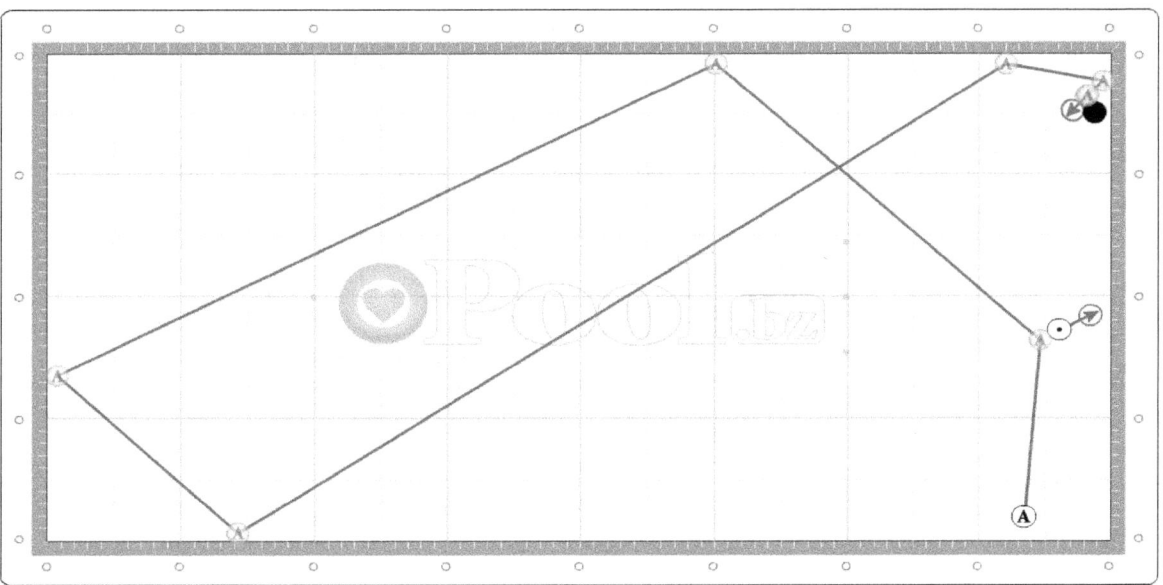

C: Grupp 3

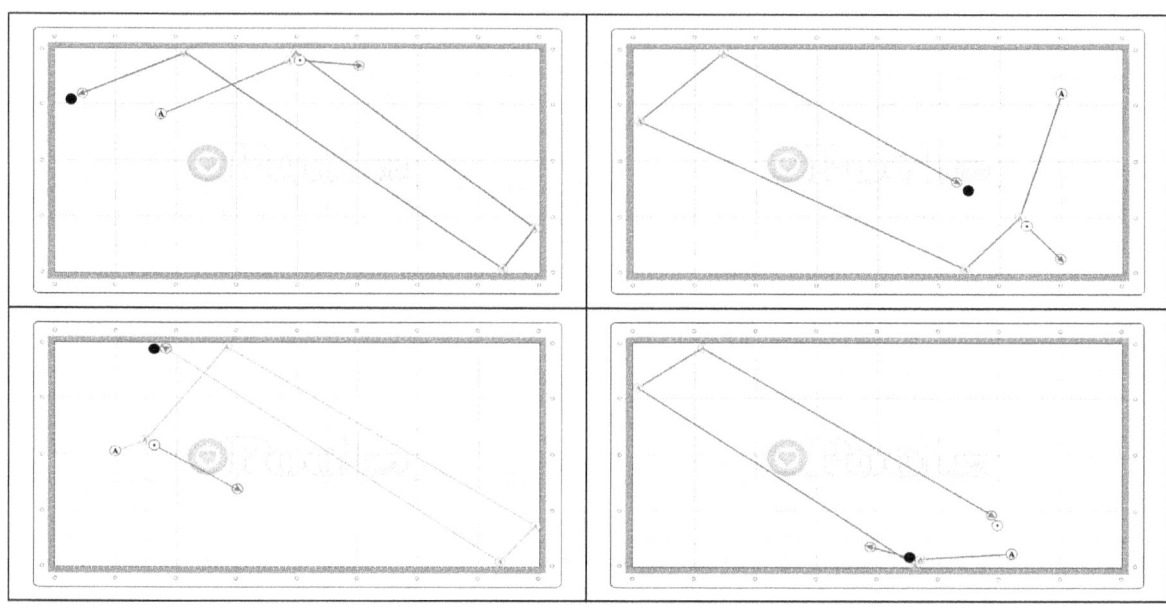

Analys:

C:3a. _____

C:3b. _____

C:3c. _____

C:3d. _____

C:3a – Inrätta

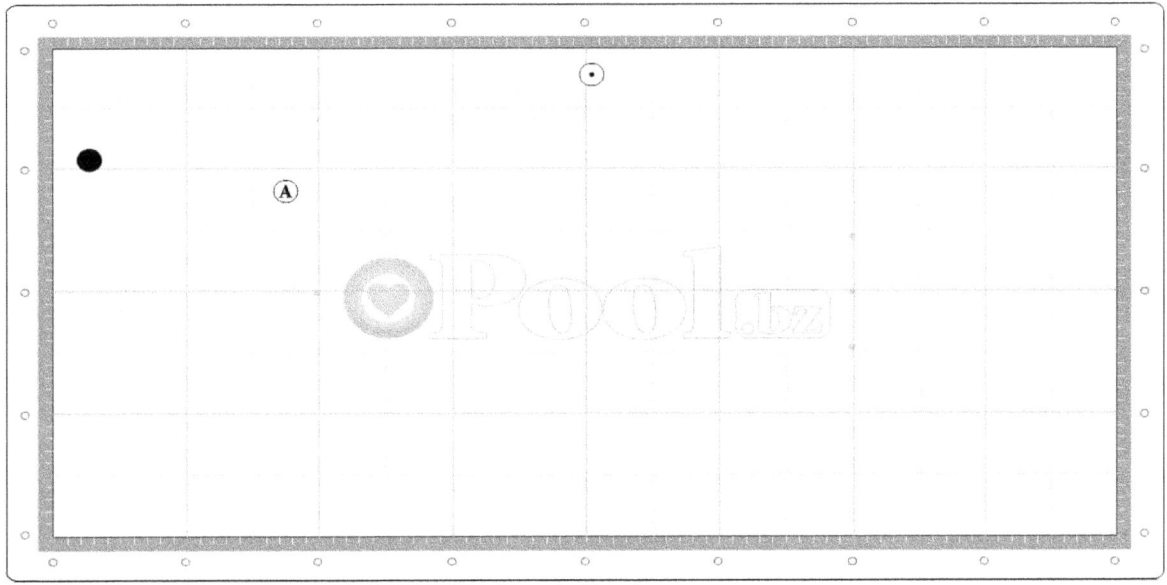

Anteckningar och idéer:

Skottmönster

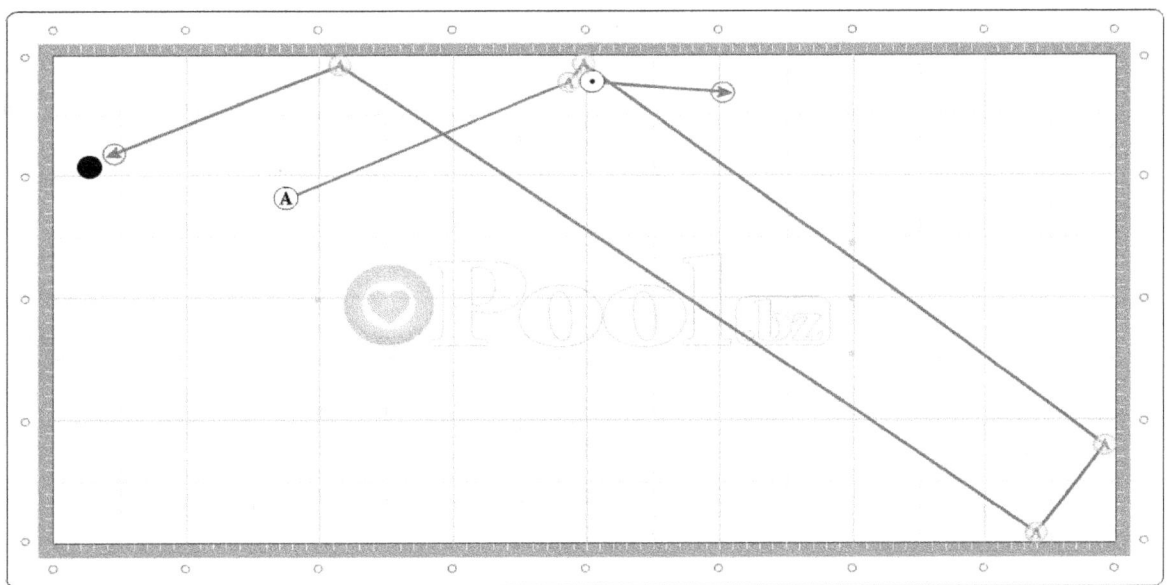

C:3b – Inrätta

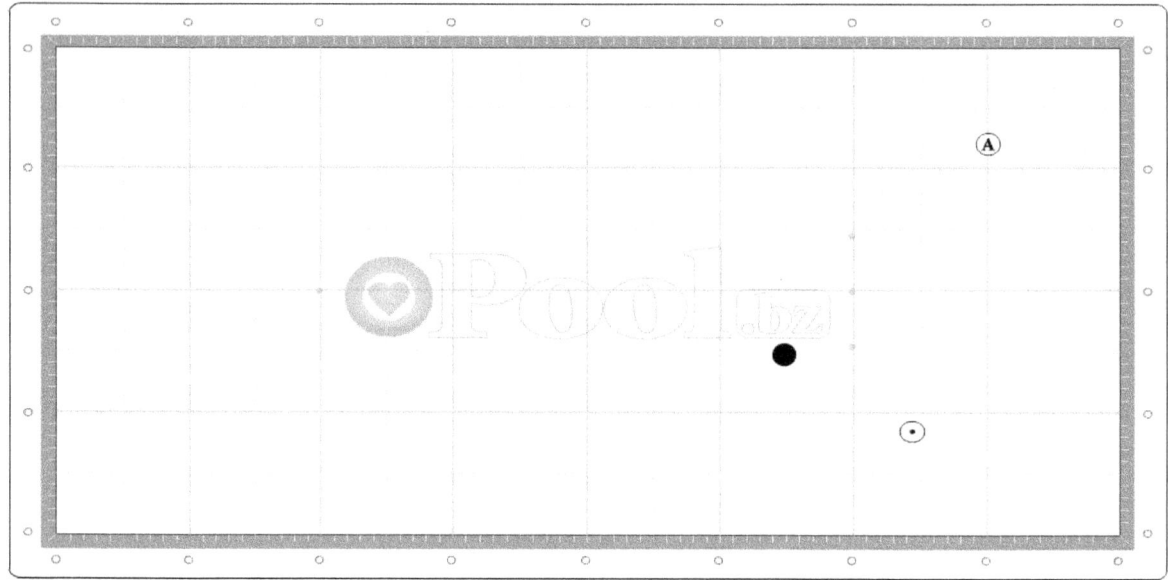

Anteckningar och idéer:

Skottmönster

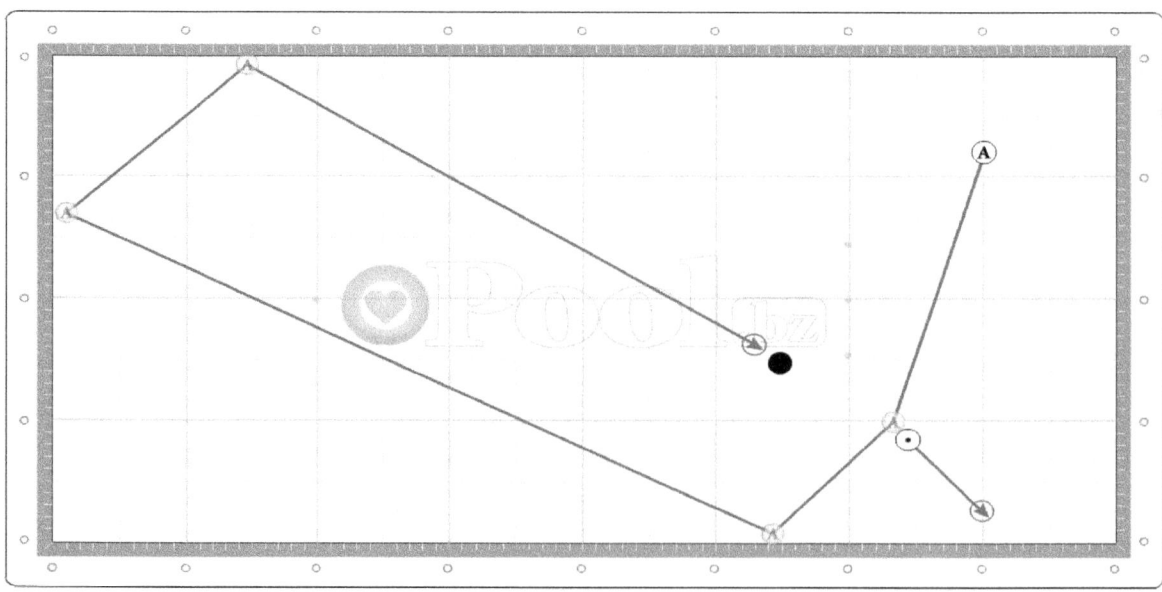

C:3c – Inrätta

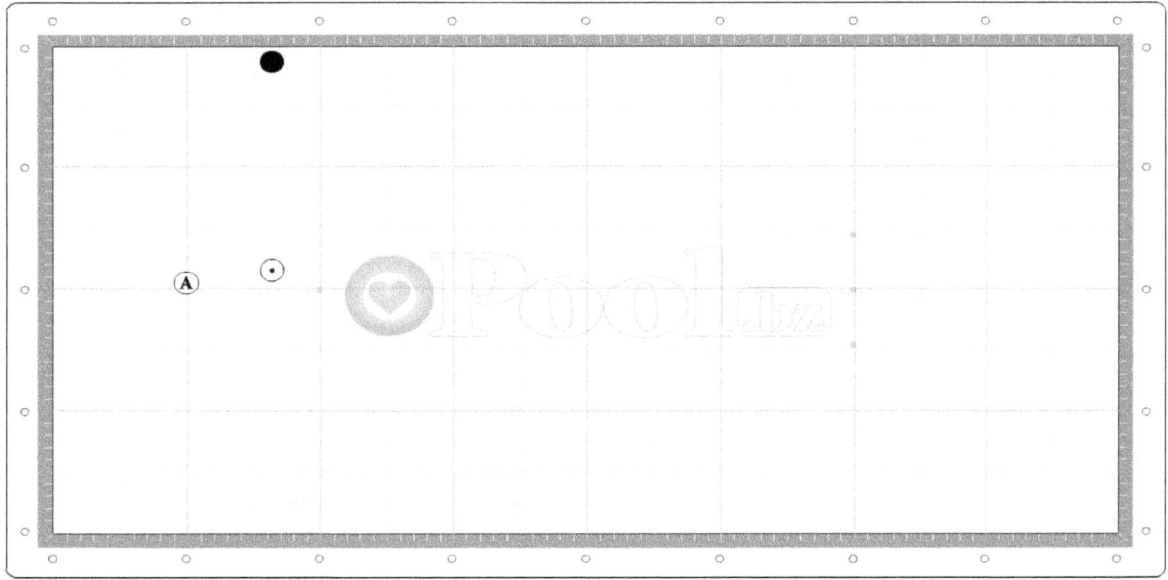

Anteckningar och idéer:

Skottmönster

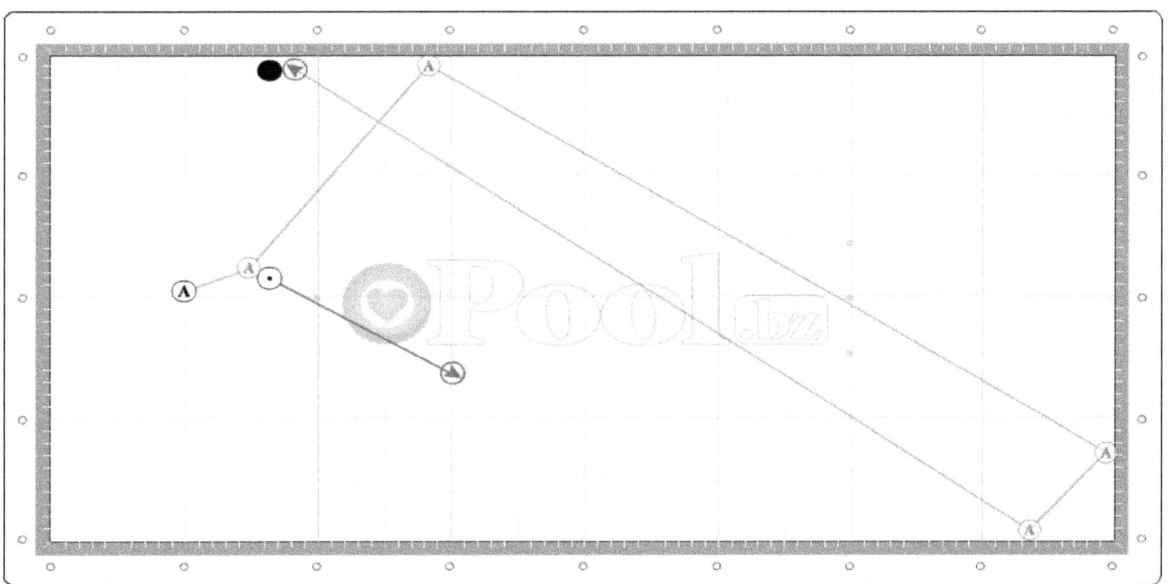

C:3d – Inrätta

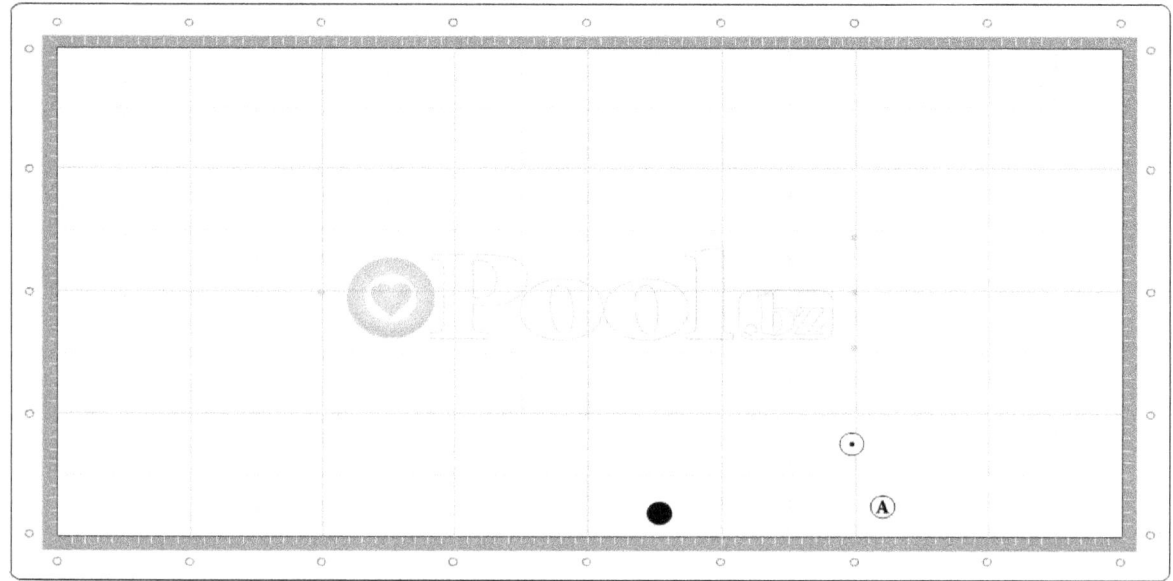

Anteckningar och idéer:

Skottmönster

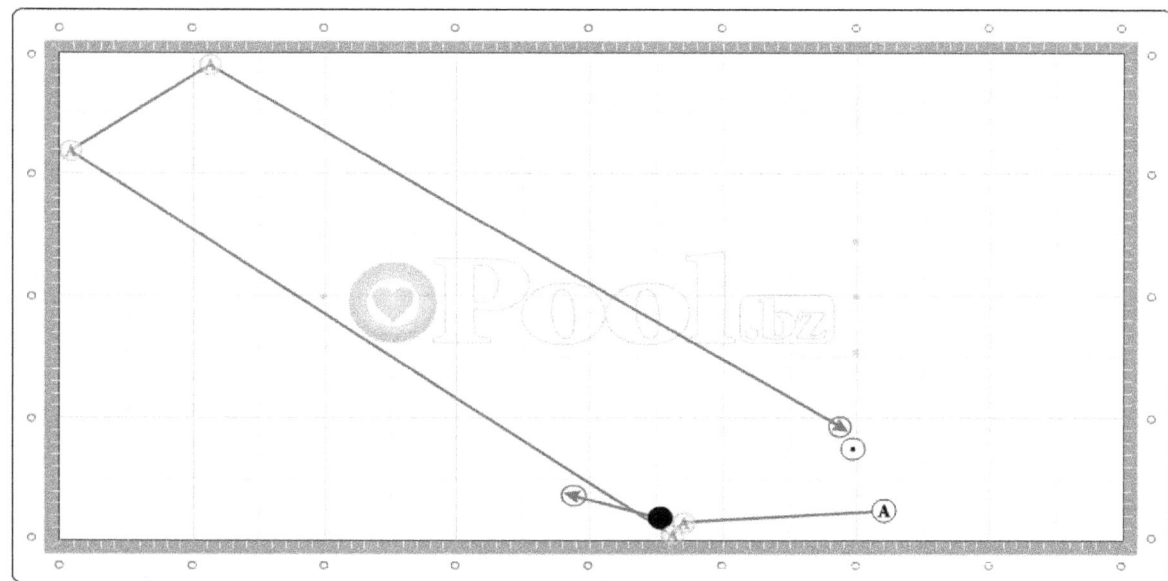

C: Grupp 4

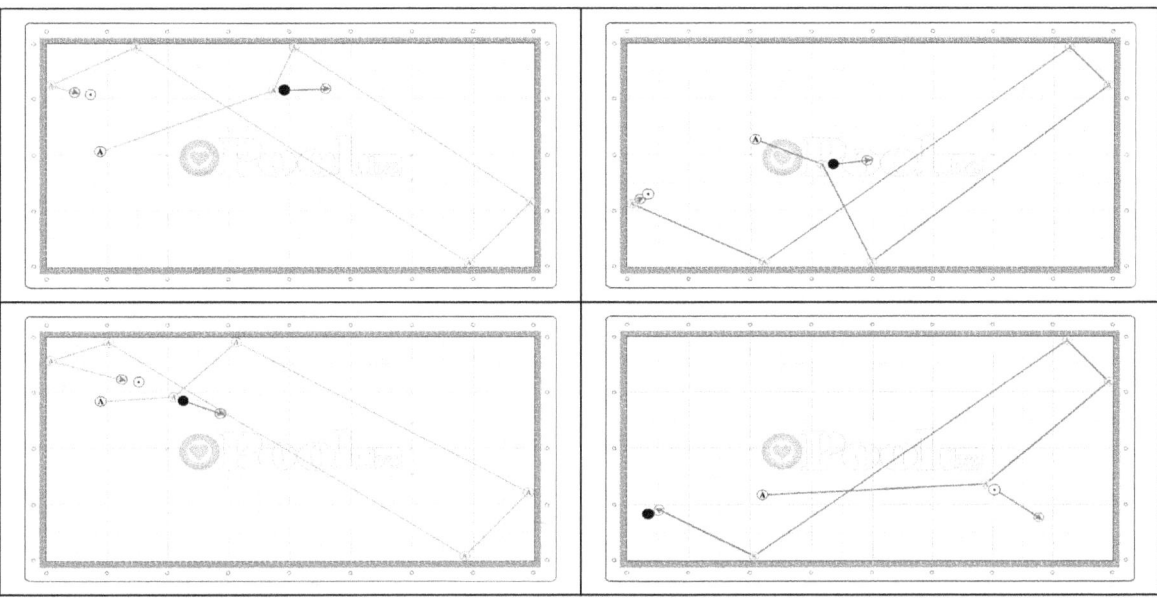

Analys:

C:4a. _____

C:4b. _____

C:4c. _____

C:4d. _____

C:4a – Inrätta

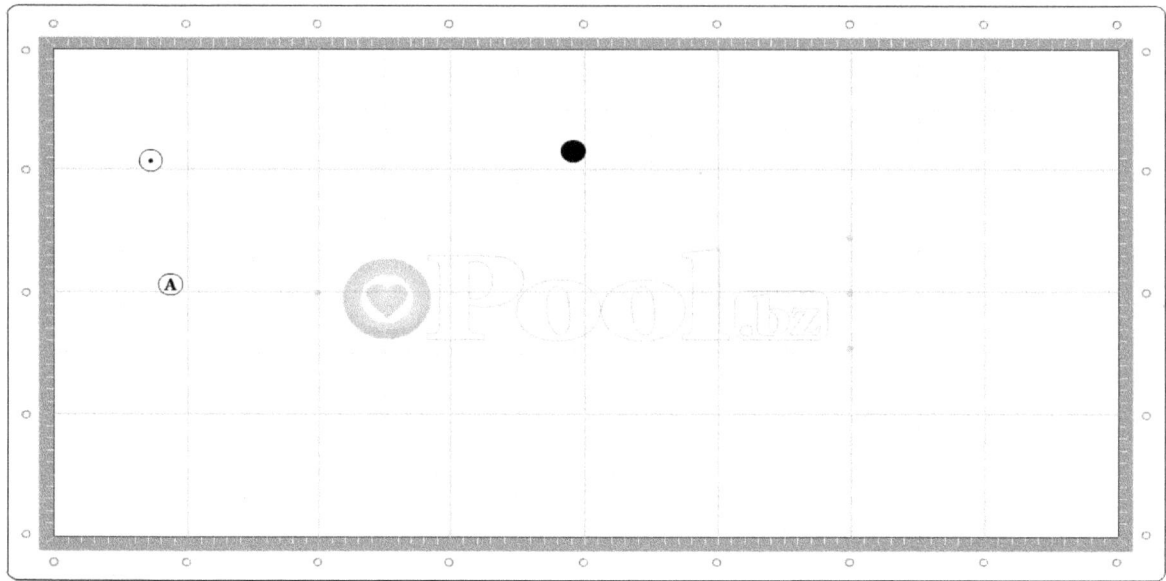

Anteckningar och idéer:

Skottmönster

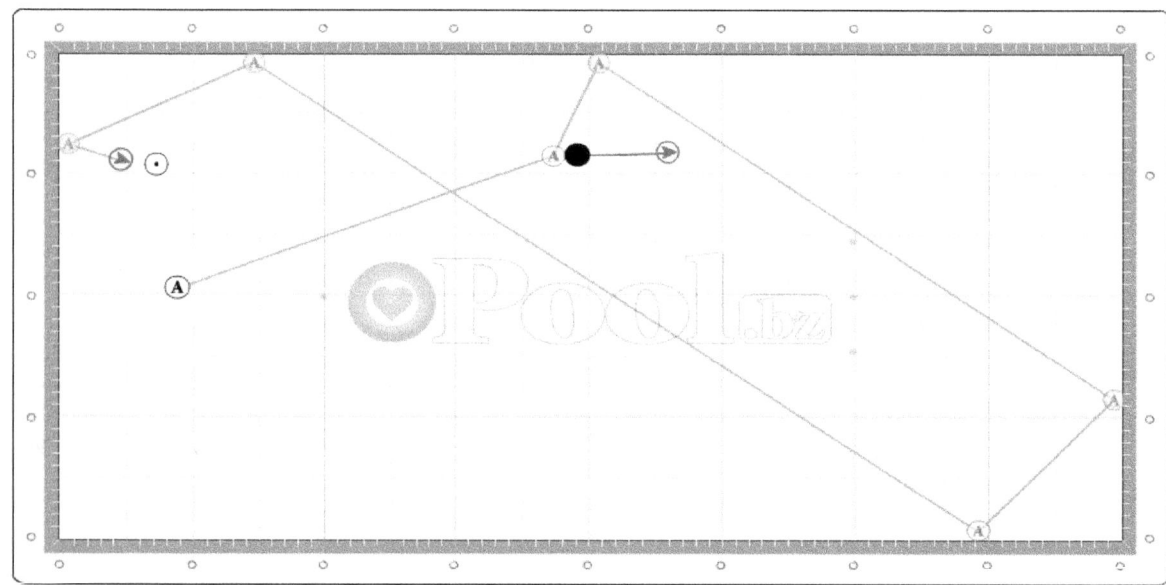

C:4b – Inrätta

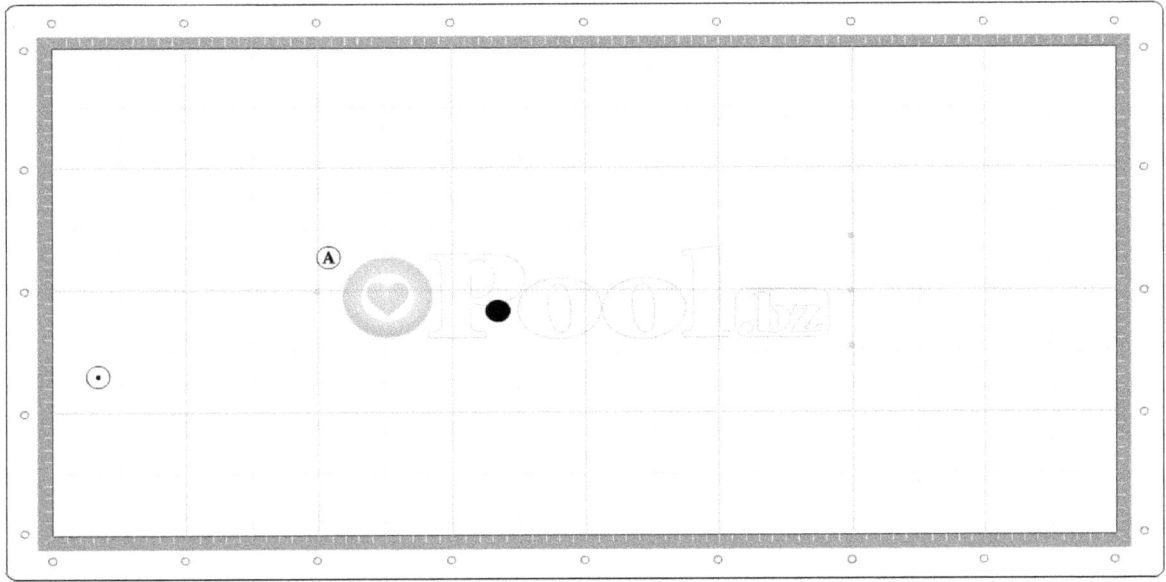

Anteckningar och idéer:

Skottmönster

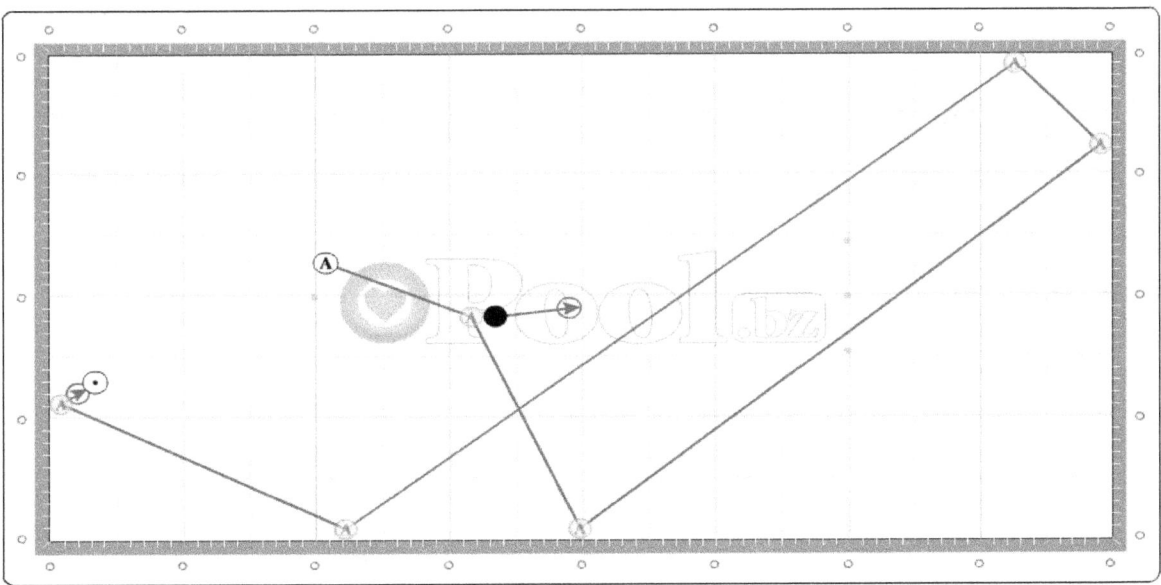

C:4c – Inrätta

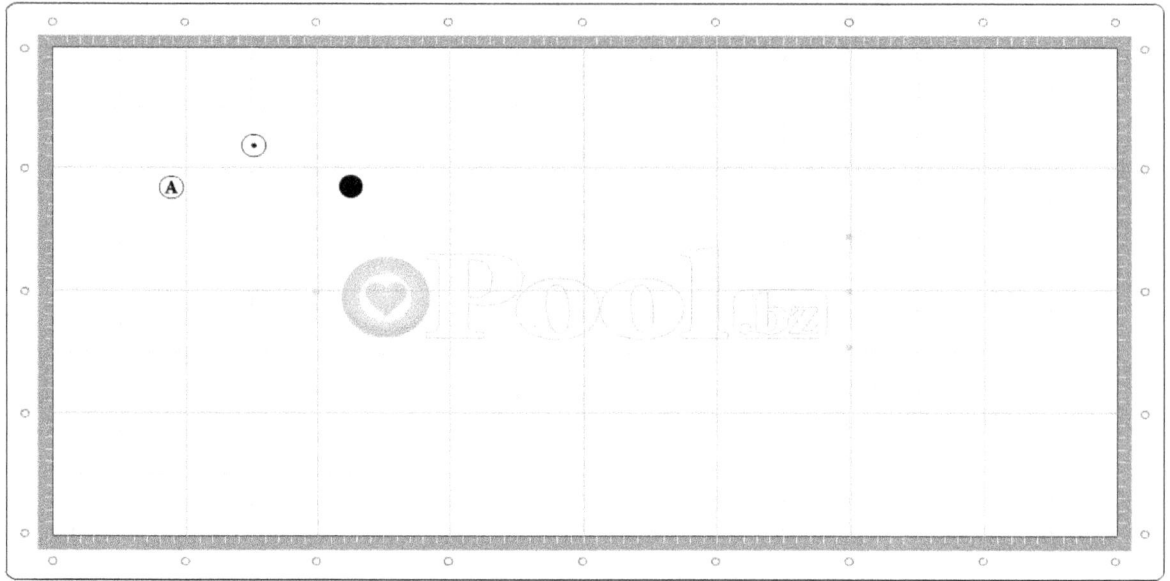

Anteckningar och idéer:

Skottmönster

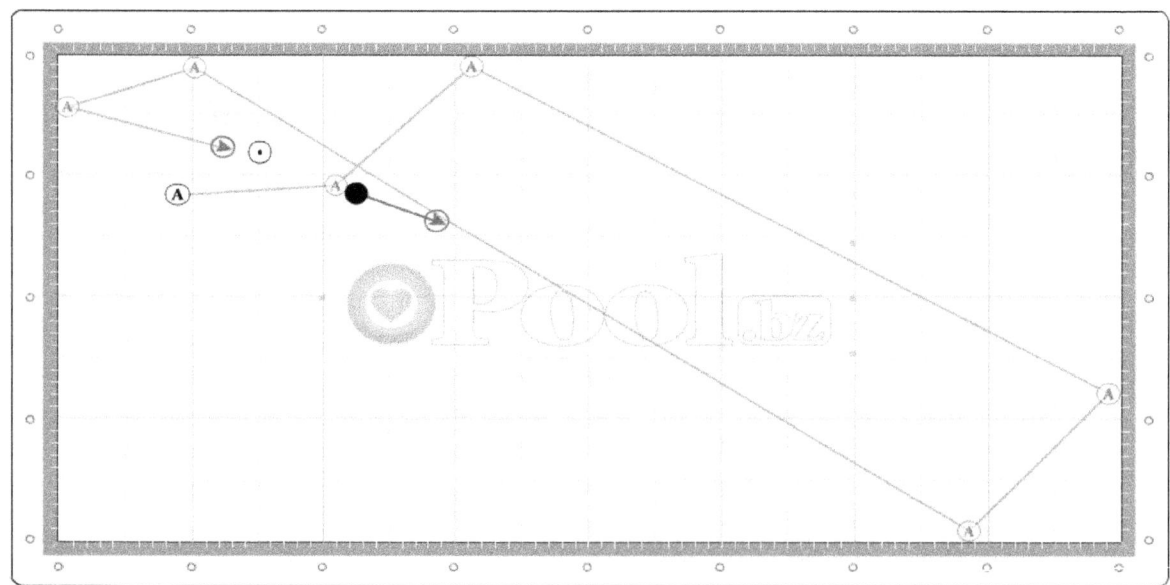

C:4d – Inrätta

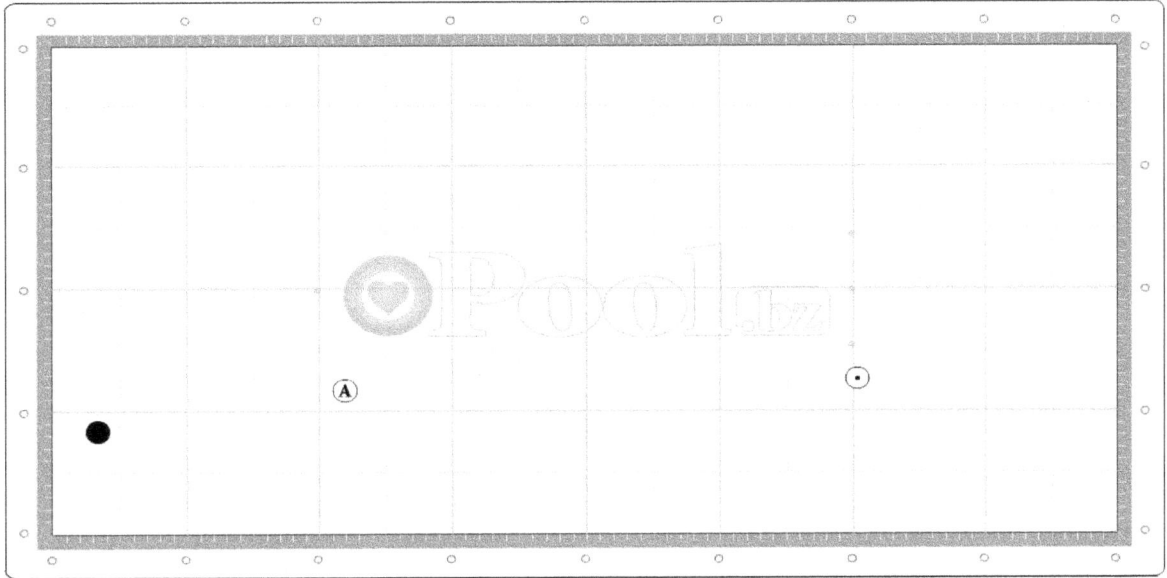

Anteckningar och idéer:

Skottmönster

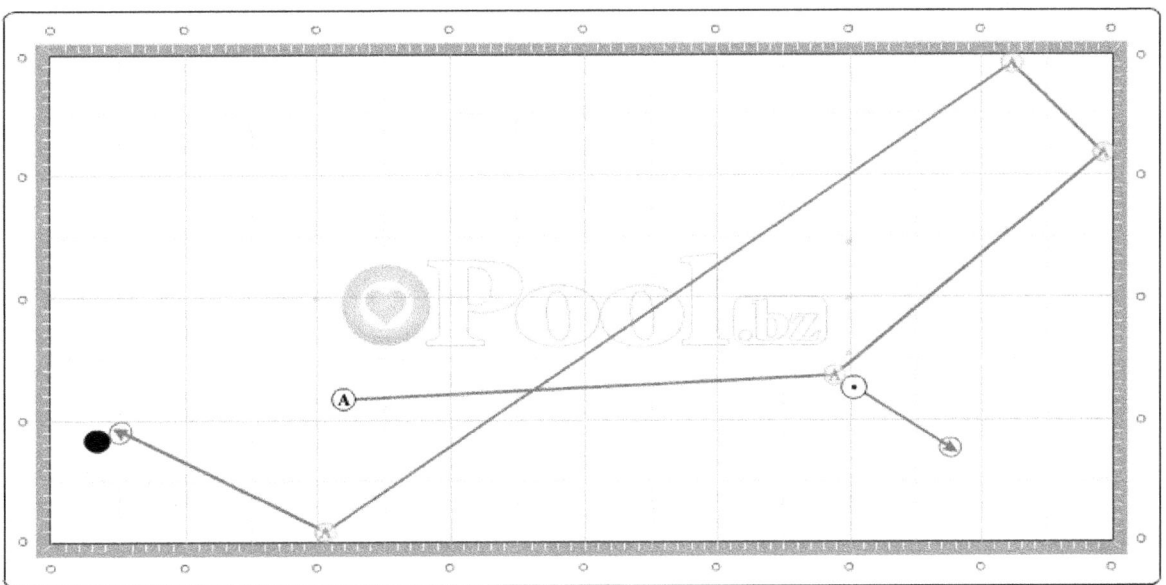

C: Grupp 5

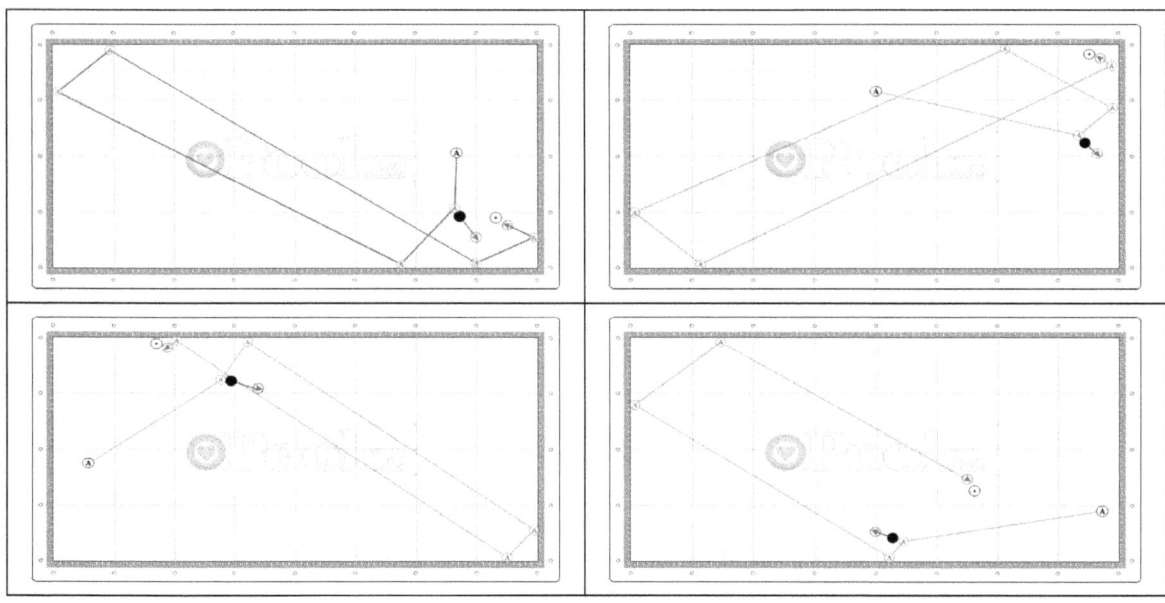

Analys:

C:5a. _____

C:5b. _____

C:5c. _____

C:5d. _____

C:5a – Inrätta

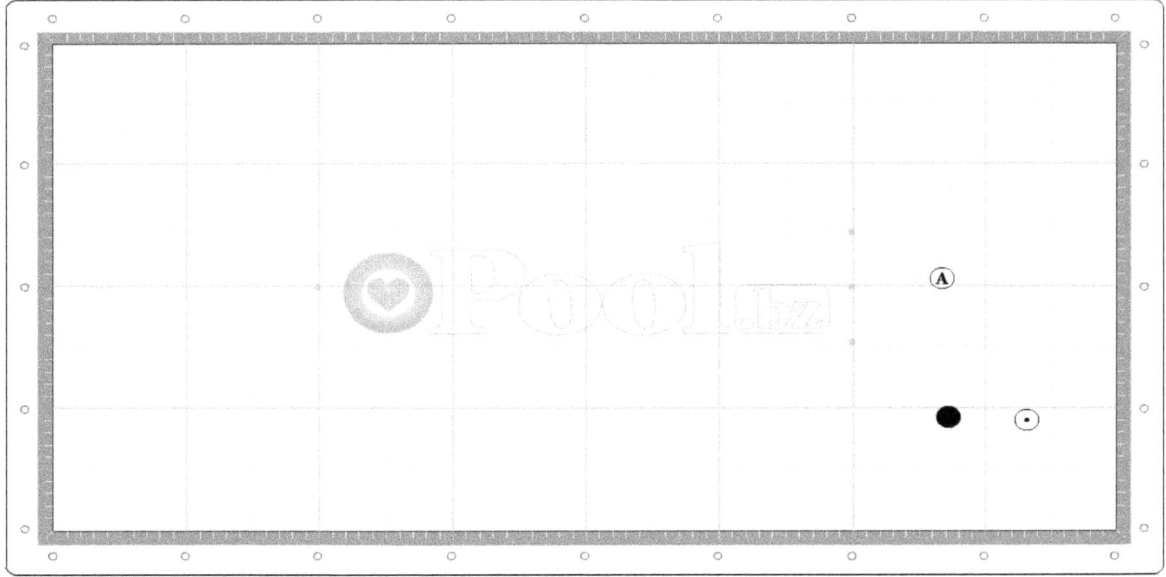

Anteckningar och idéer:

Skottmönster

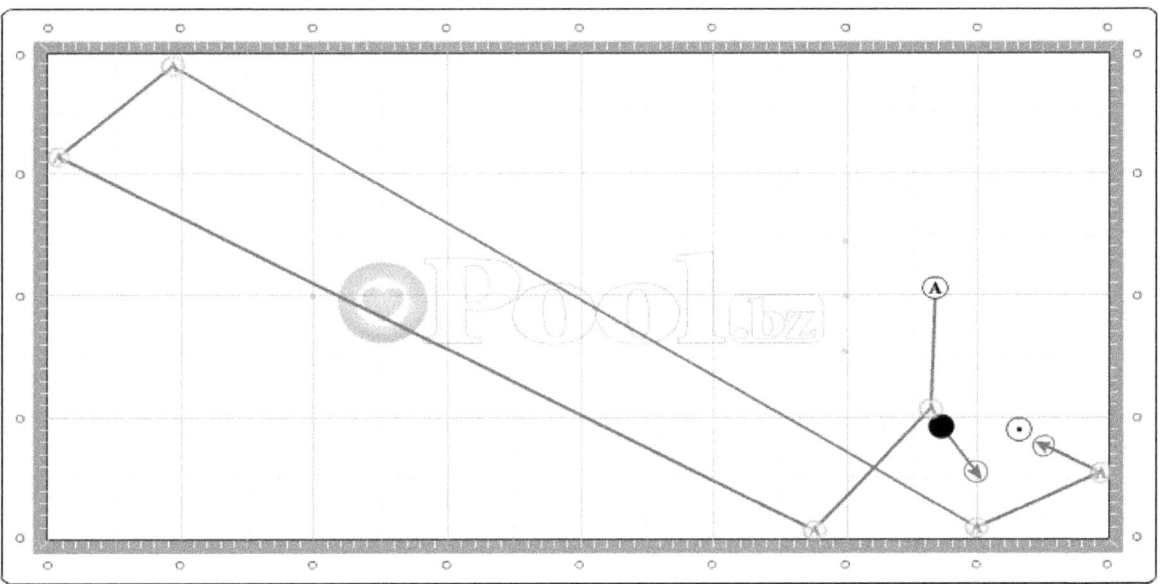

C:5b – Inrätta

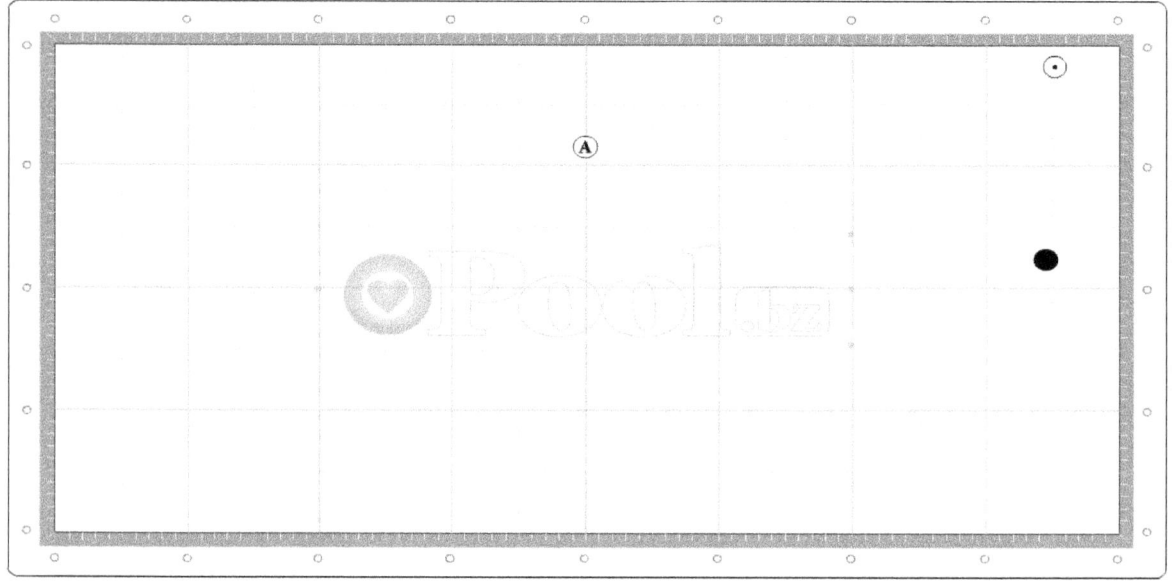

Anteckningar och idéer:

Skottmönster

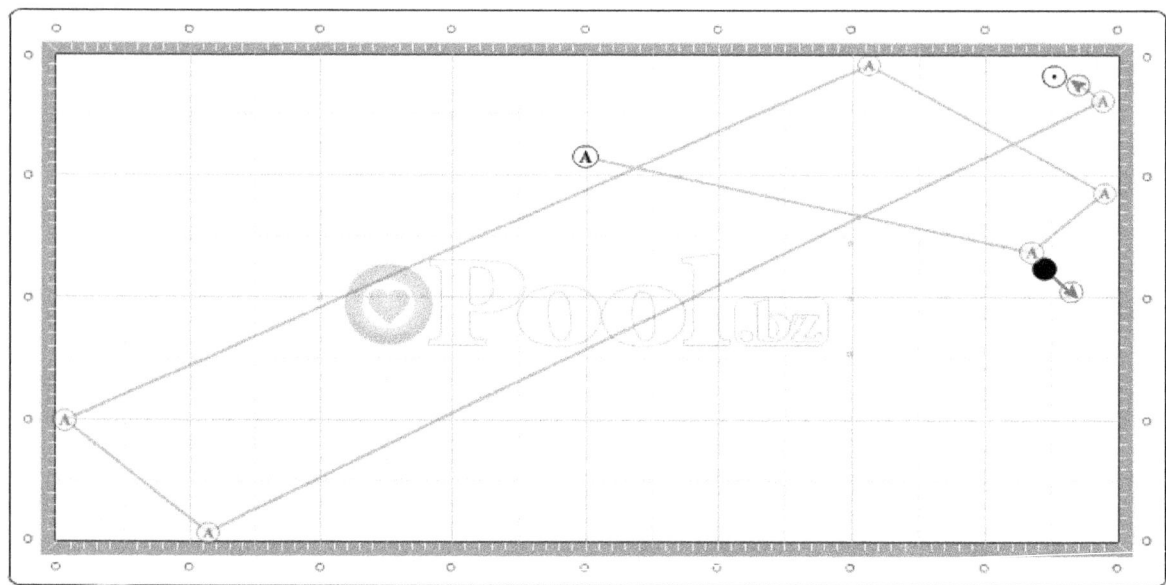

C:5c – Inrätta

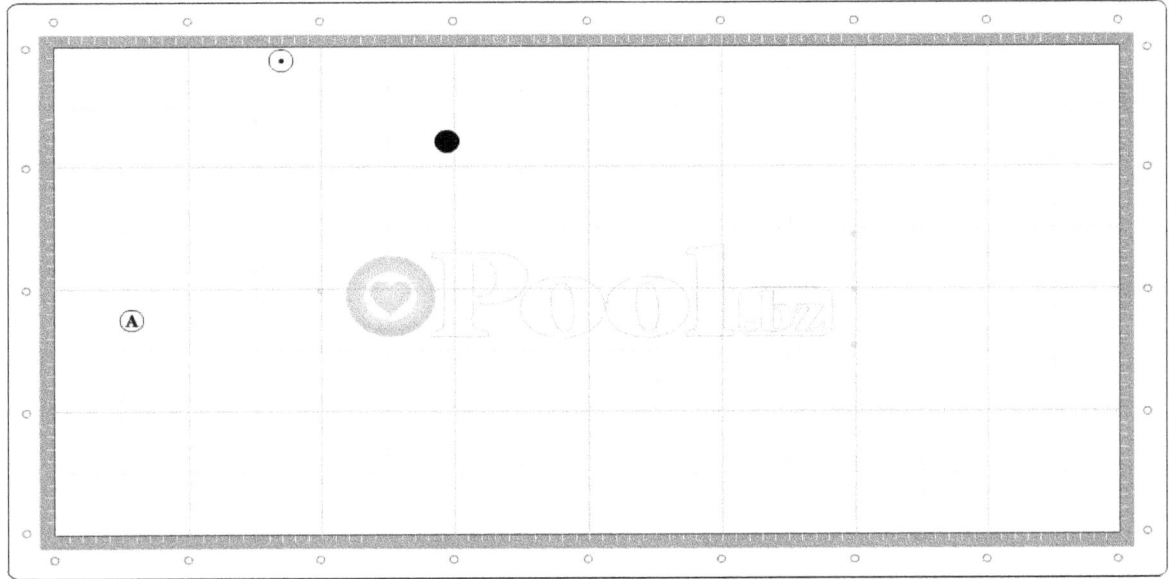

Anteckningar och idéer:

Skottmönster

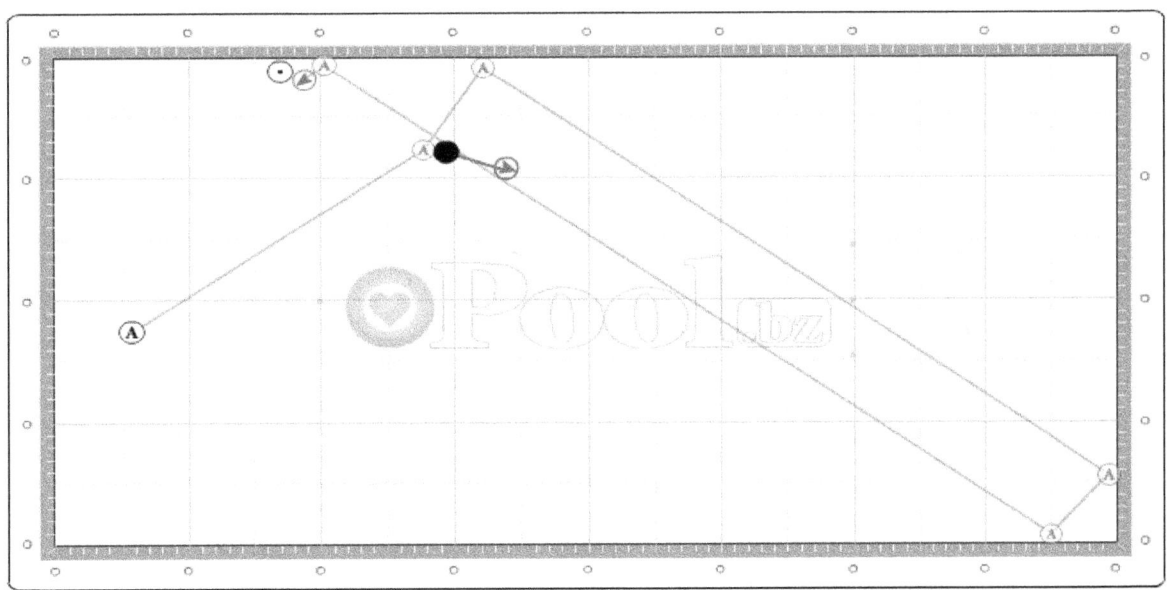

C:5d – Inrätta

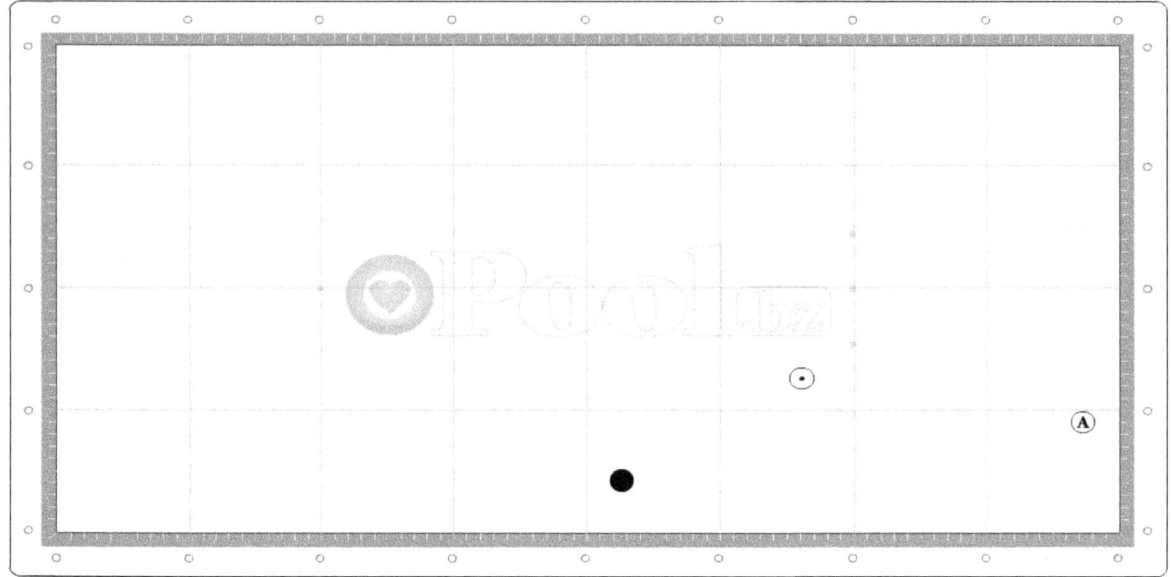

Anteckningar och idéer:

Skottmönster

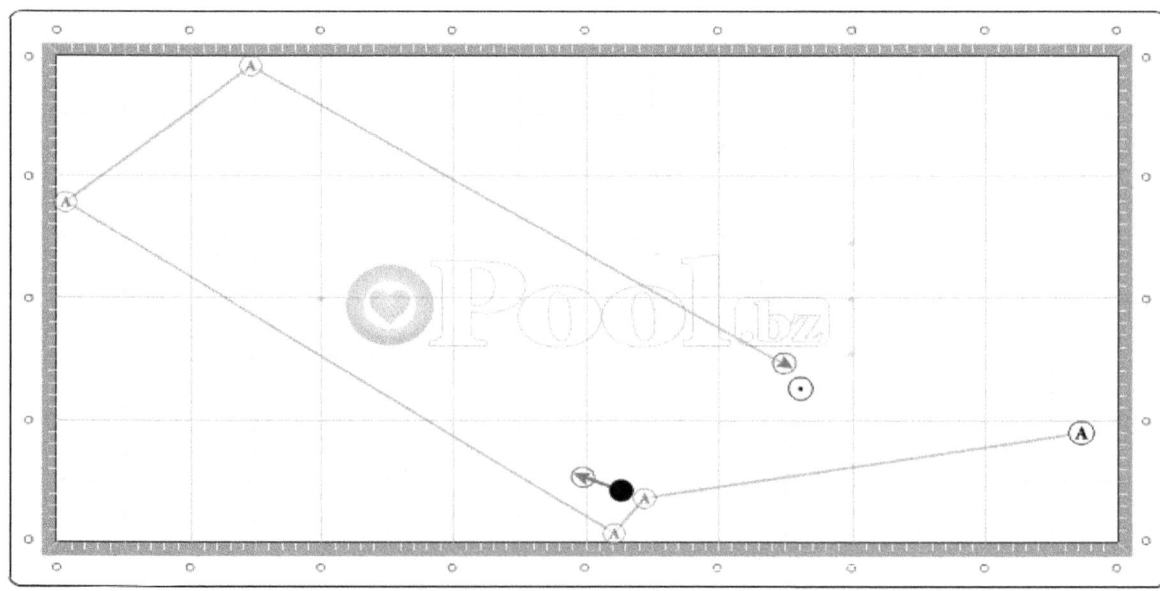

D: Dubbeldiagonal

(CB) kommer från den första (OB) i en av hörnen. Det kommer ut och leder till motsatt hörn. De inkommande och utgående banorna är inte parallella.

Ⓐ (CB) (din biljardboll) - ⊙ (OB) (motståndare biljardboll) - ● (OB) (röd biljardboll)

D: Grupp 1

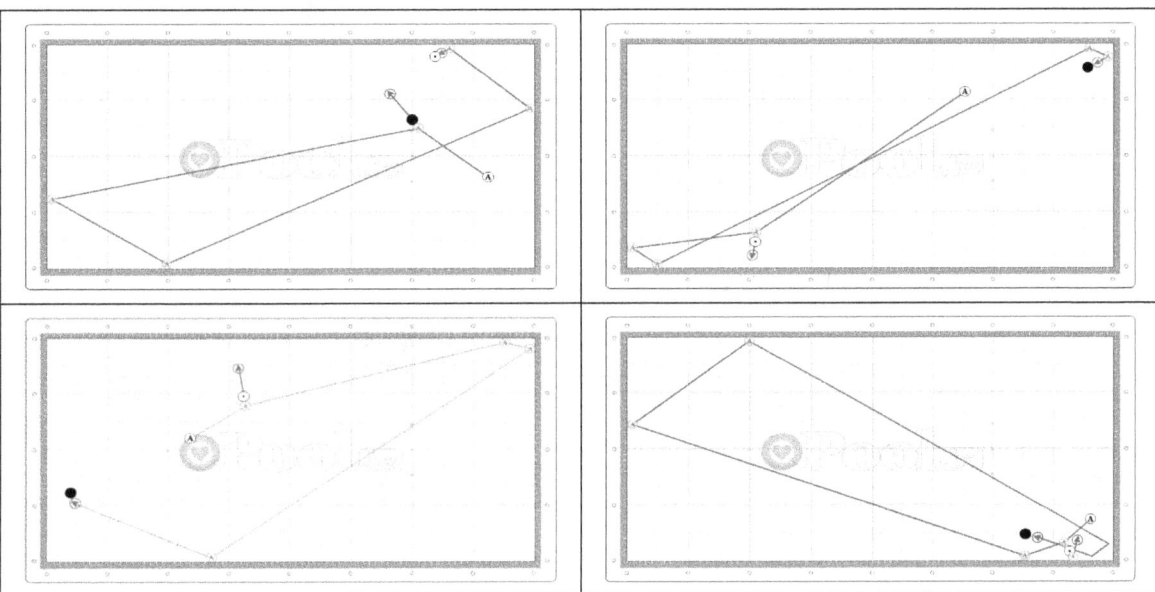

Analys:

D:1a. _____

D:1b. _____

D:1c. _____

D:1d. _____

D:1a – Inrätta

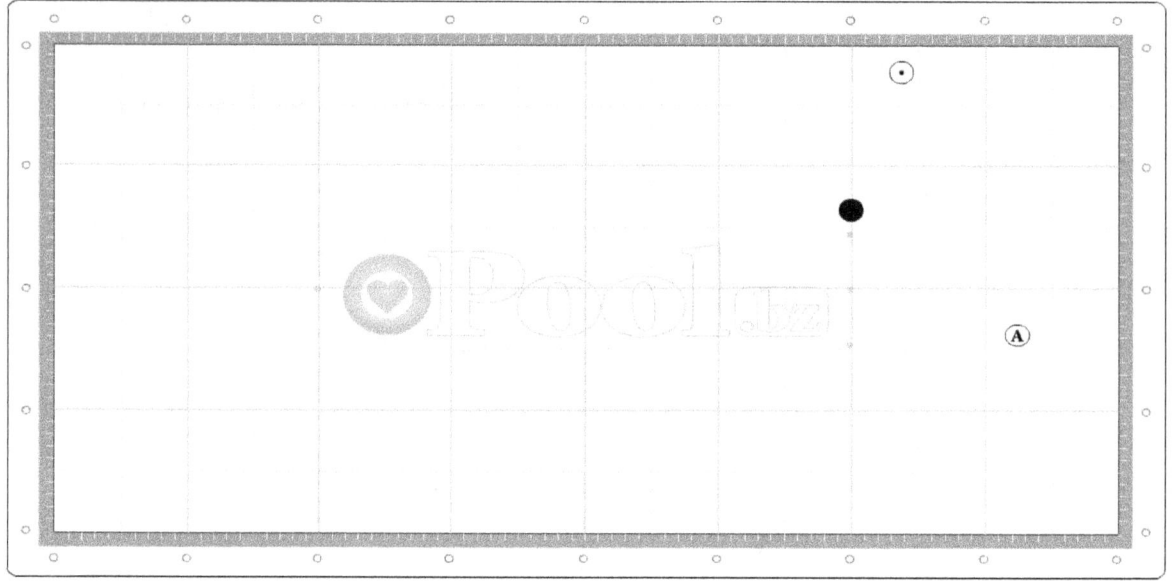

Anteckningar och idéer:

Skottmönster

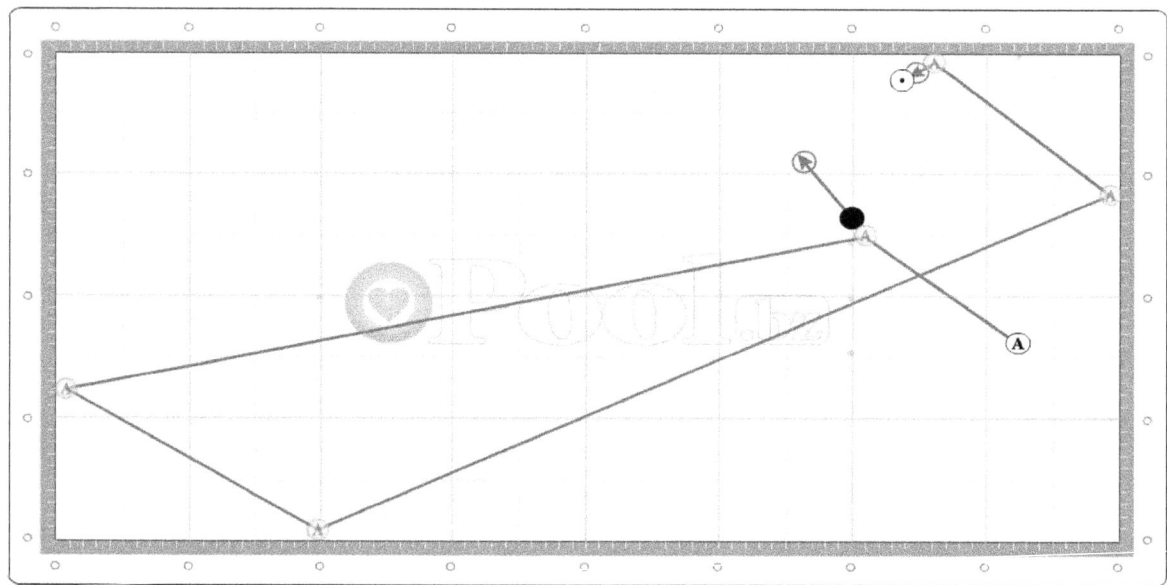

D:1b – Inrätta

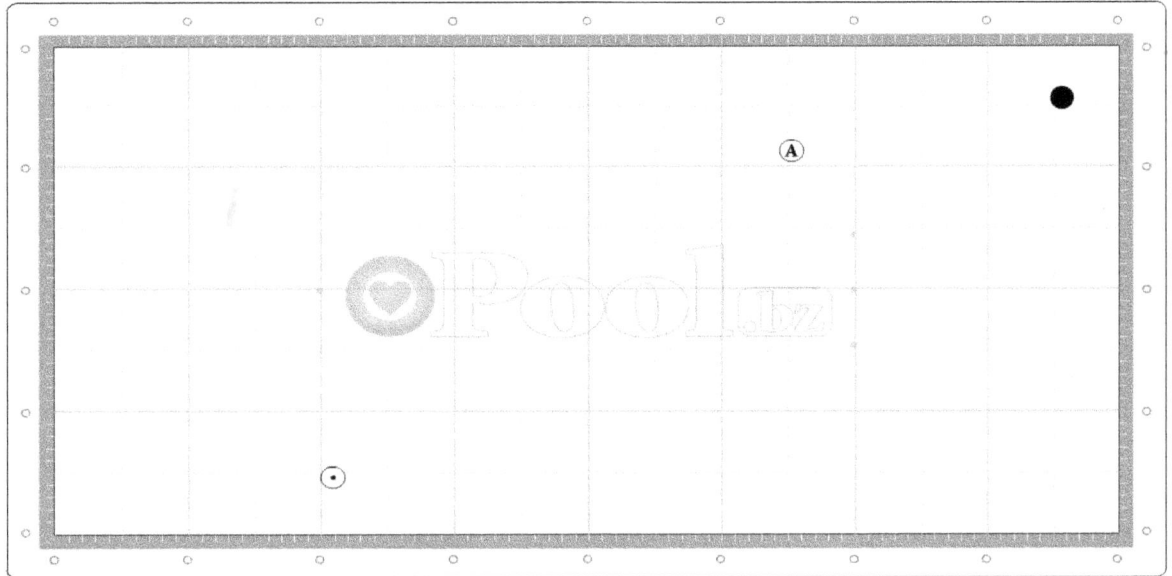

Anteckningar och idéer:

Skottmönster

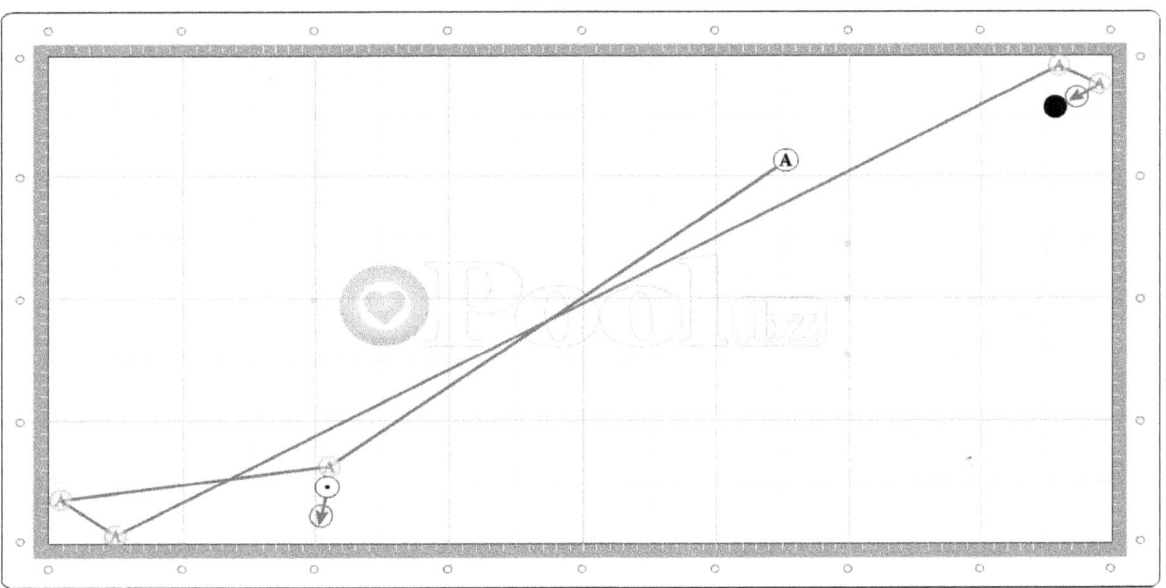

D:1c – Inrätta

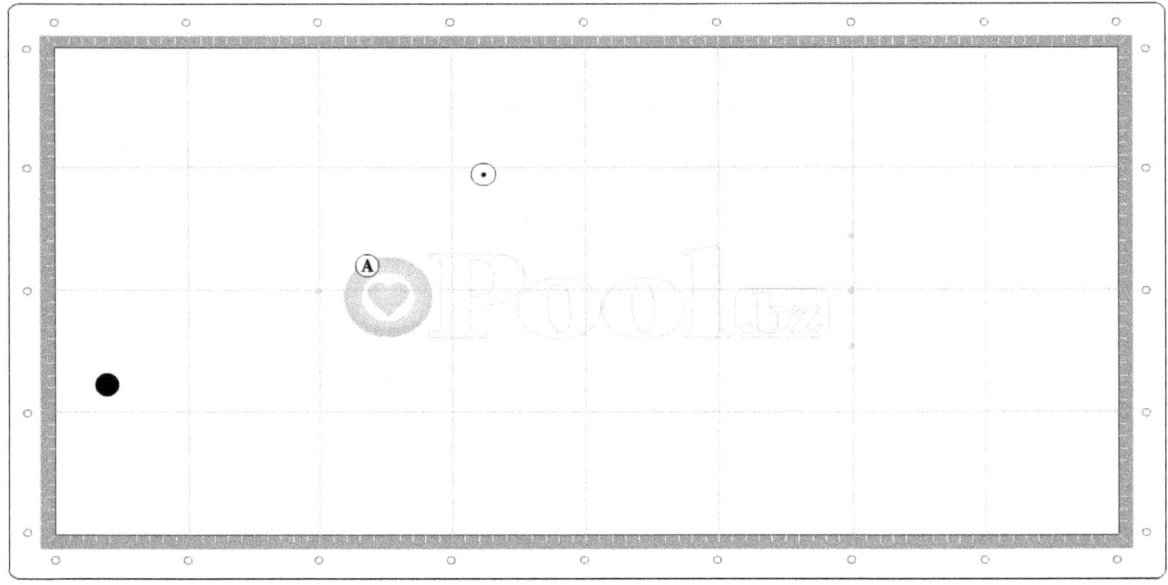

Anteckningar och idéer:

Skottmönster

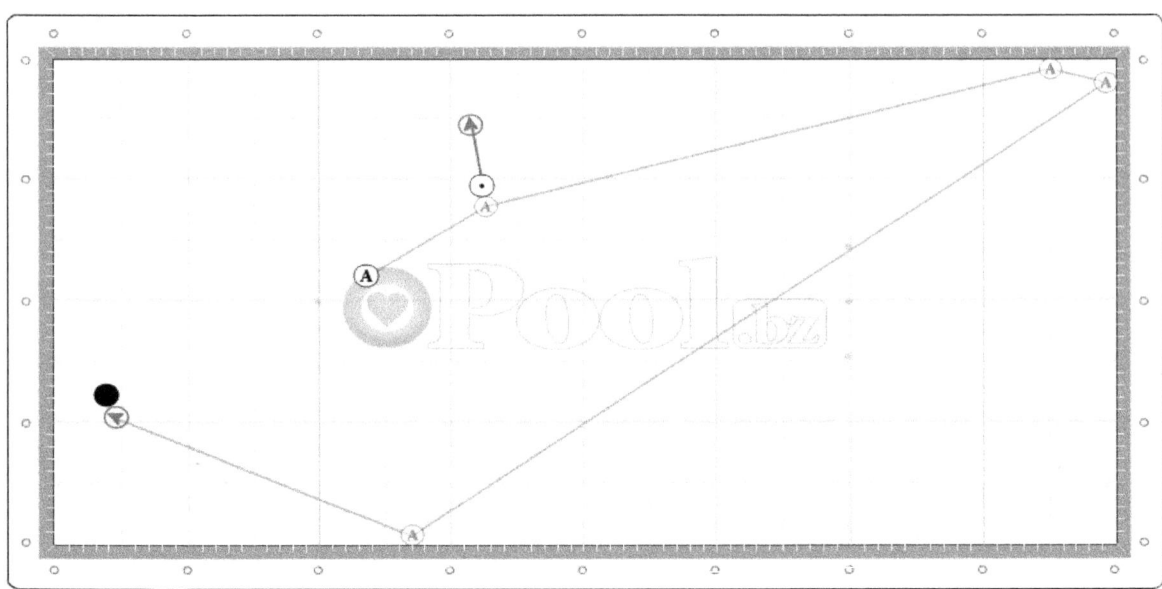

D:1d – Inrätta

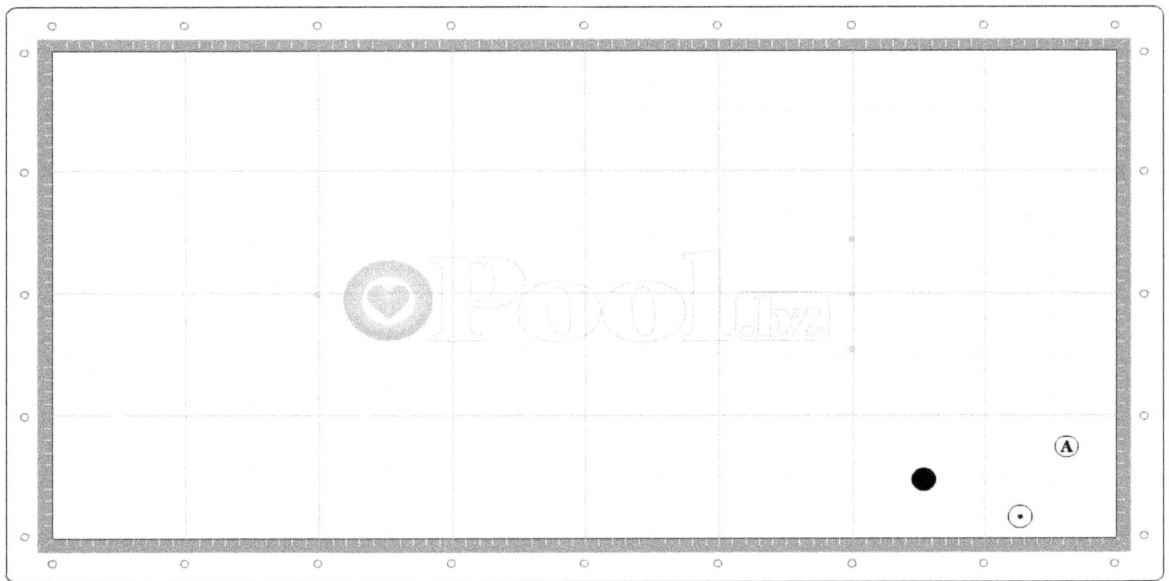

Anteckningar och idéer:

Skottmönster

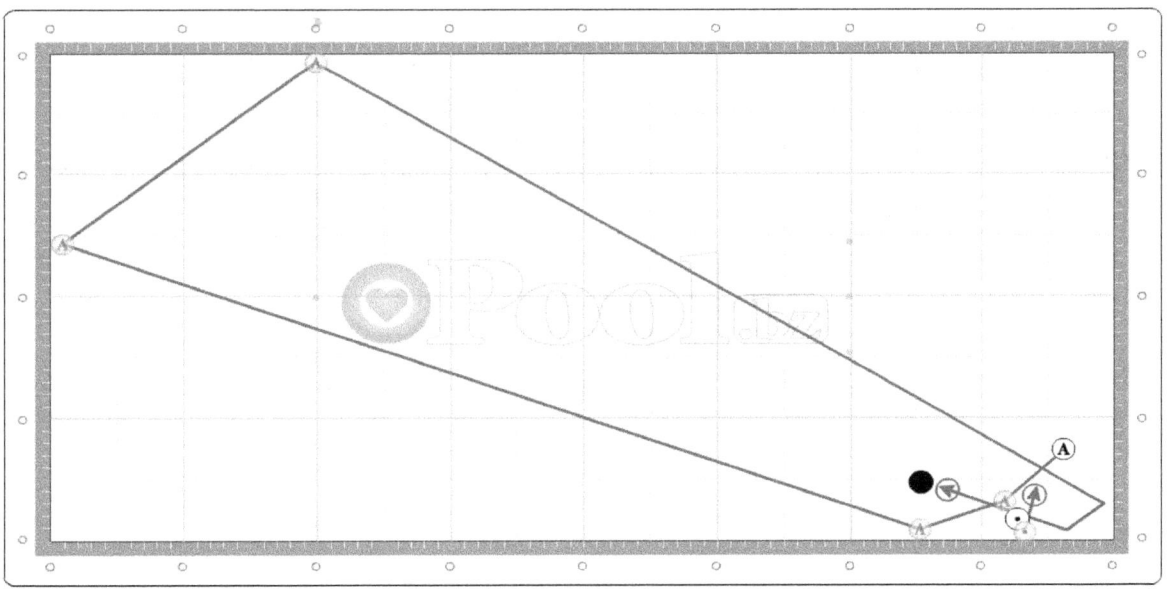

D: Grupp 2

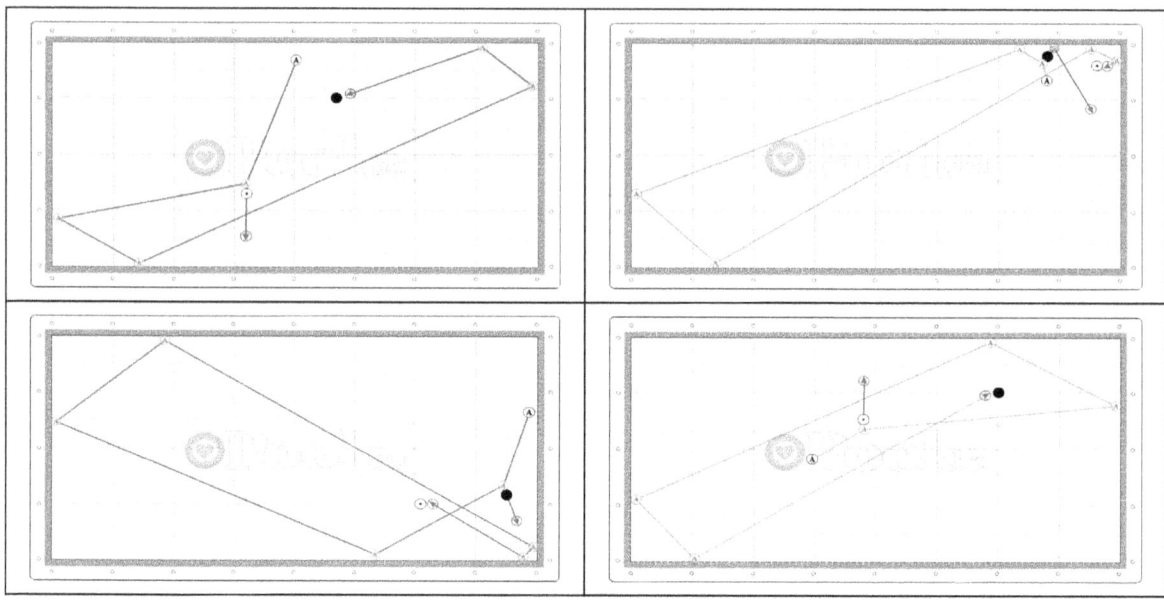

Analys:

D:2a. _____

D:2b. _____

D:2c. _____

D:2d. _____

D:2a – Inrätta

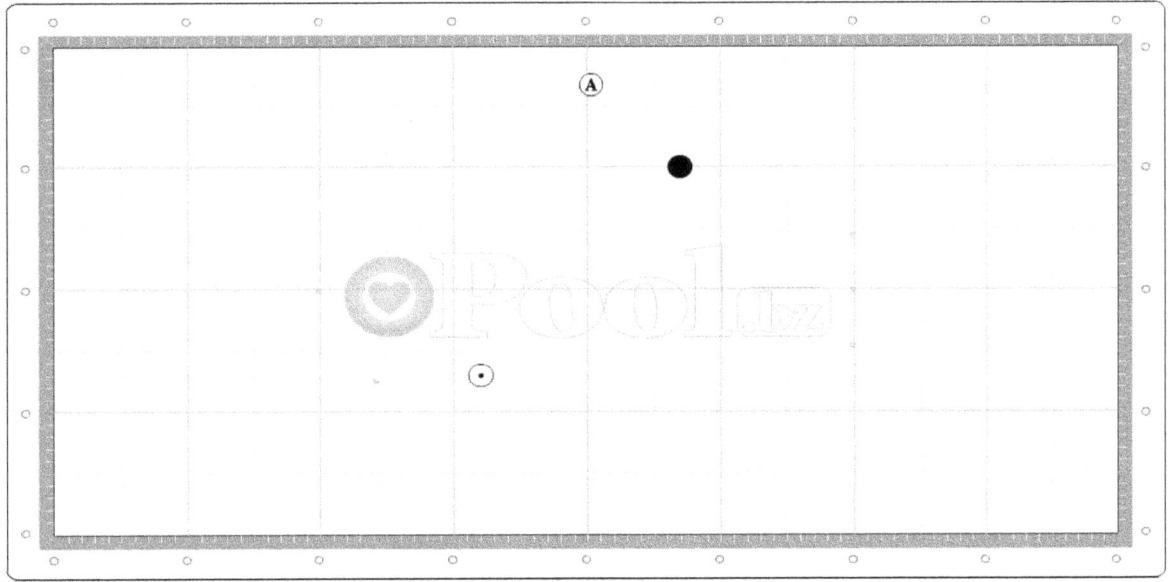

Anteckningar och idéer:

Skottmönster

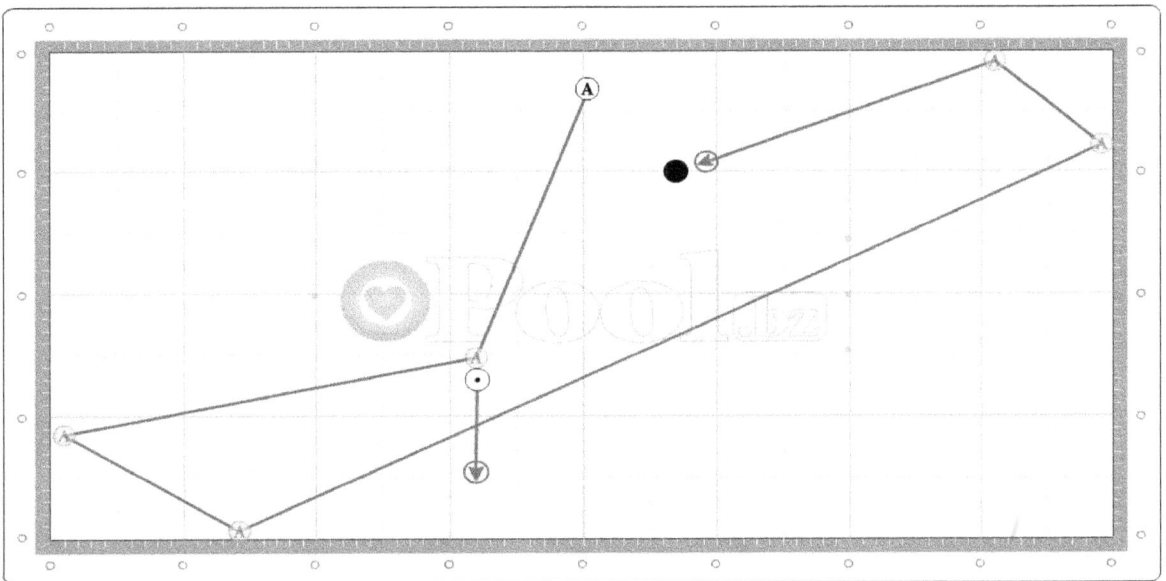

D:2b – Inrätta

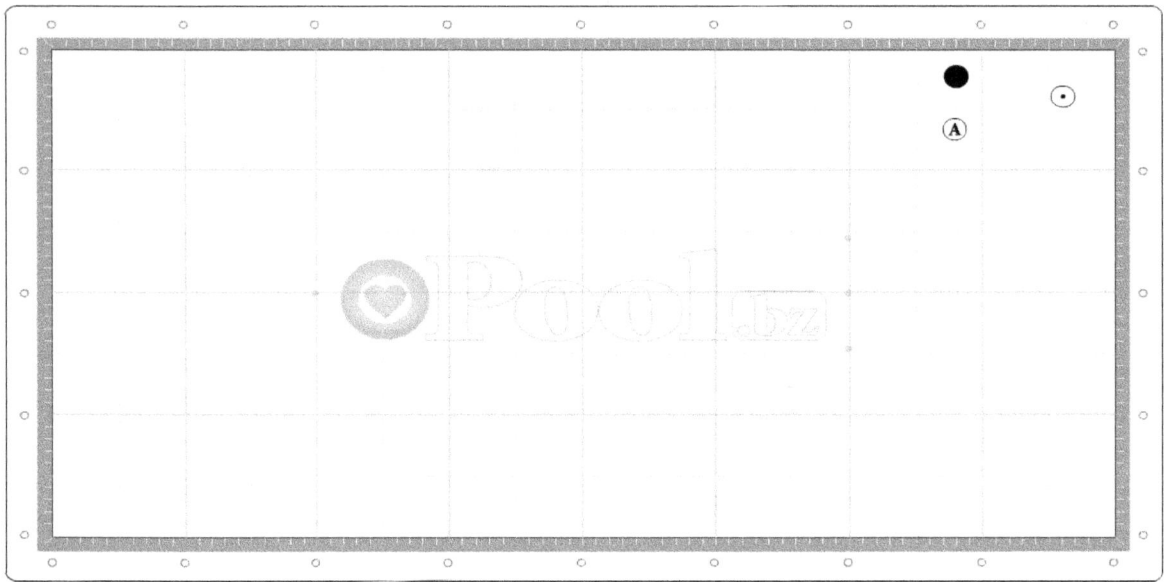

Anteckningar och idéer:

Skottmönster

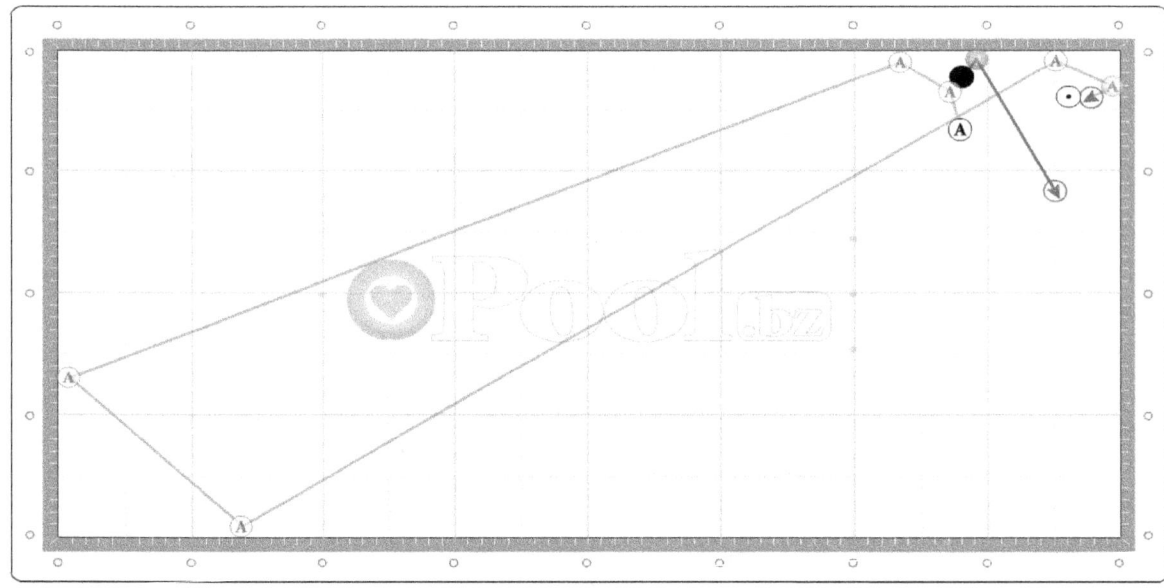

D:2c – Inrätta

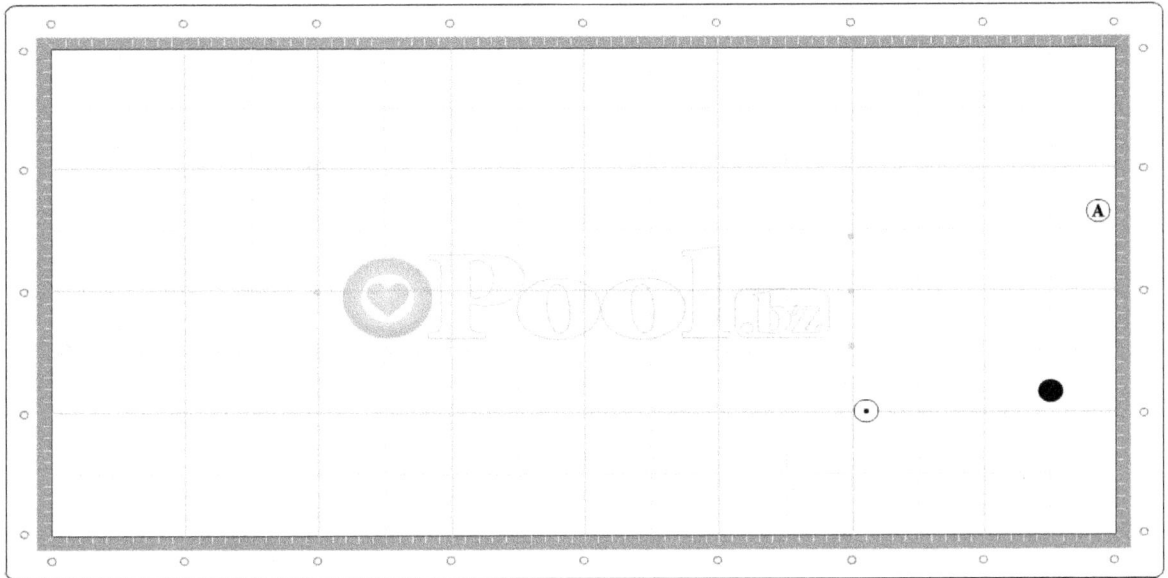

Anteckningar och idéer:

Skottmönster

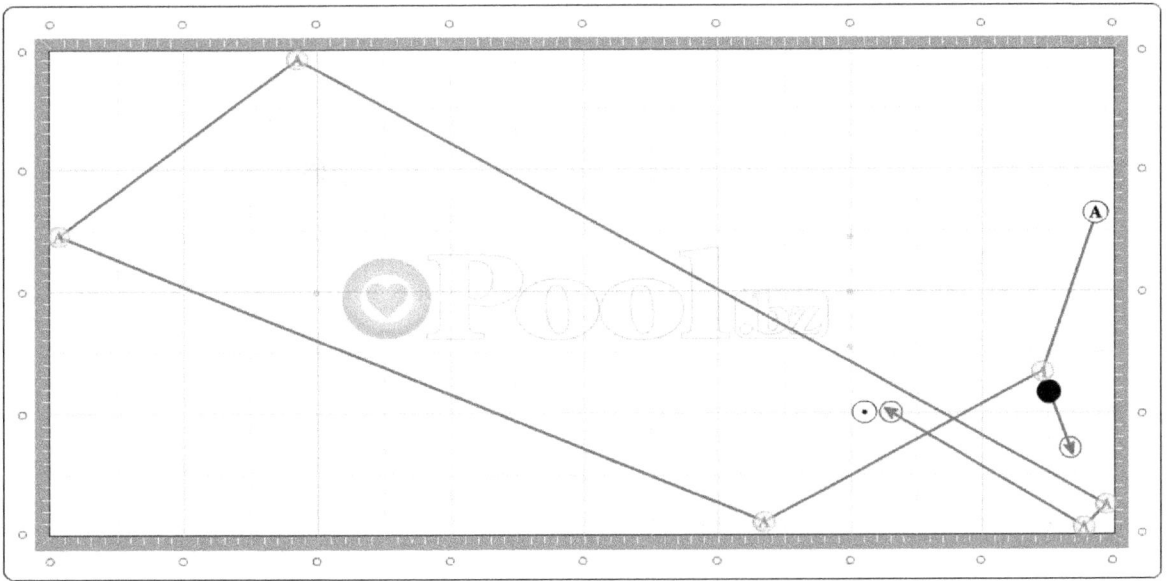

D:2d – Inrätta

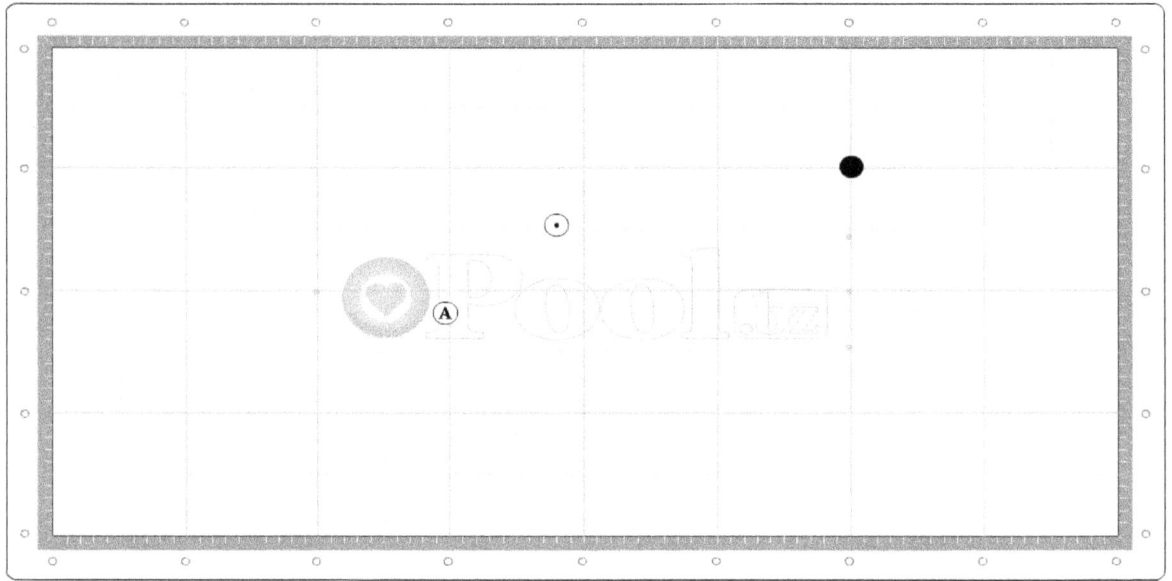

Anteckningar och idéer:

Skottmönster

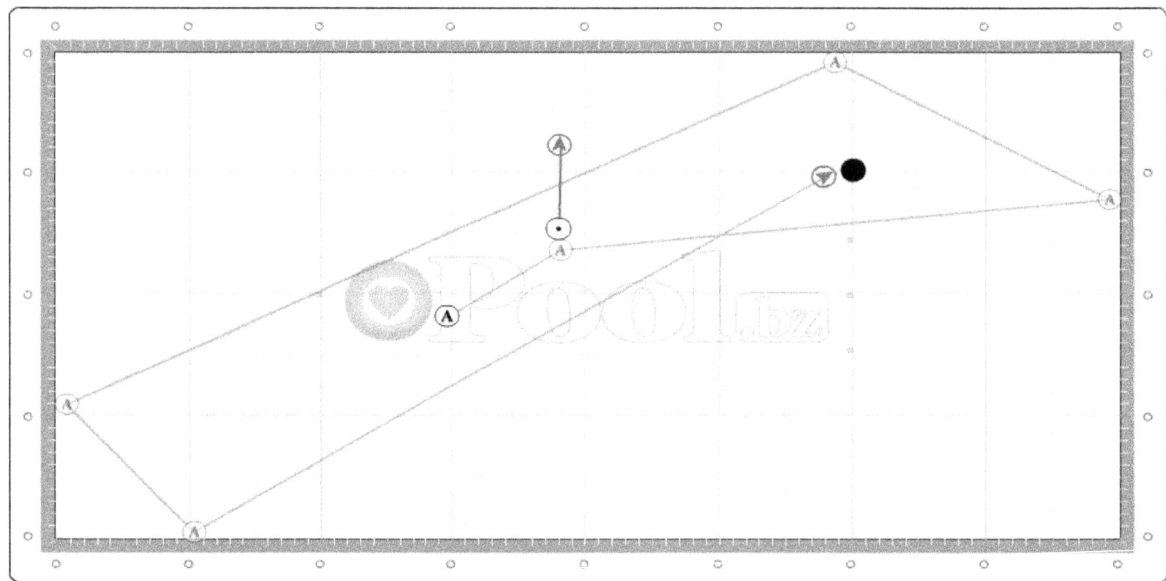

D: Grupp 3

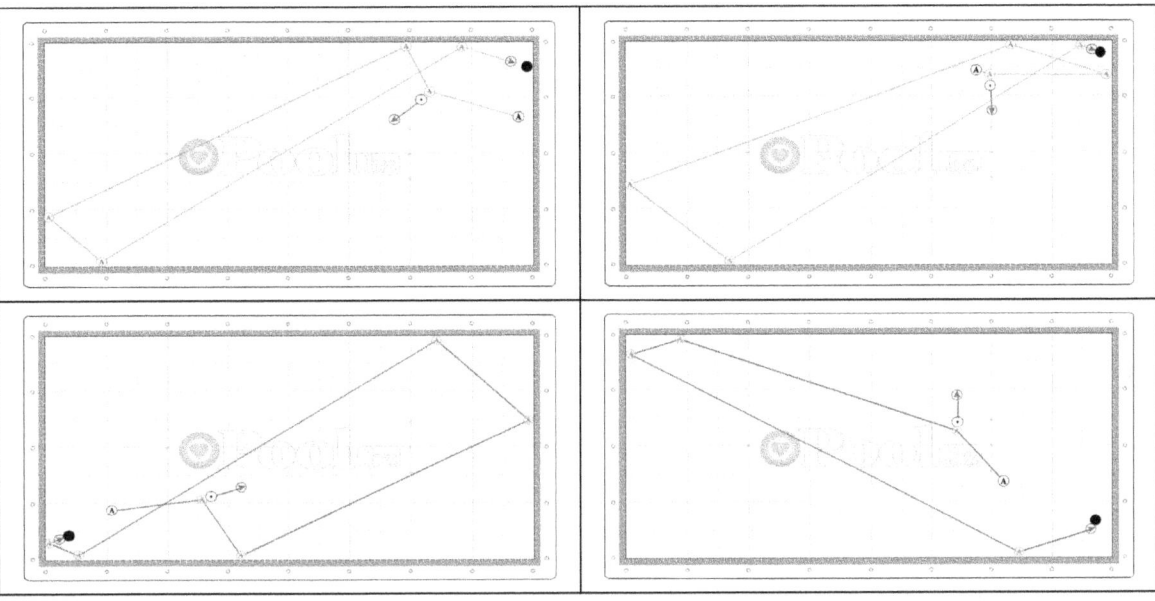

Analys:

D:3a. _____

D:3b. _____

D:3c. _____

D:3d. _____

D:3a – Inrätta

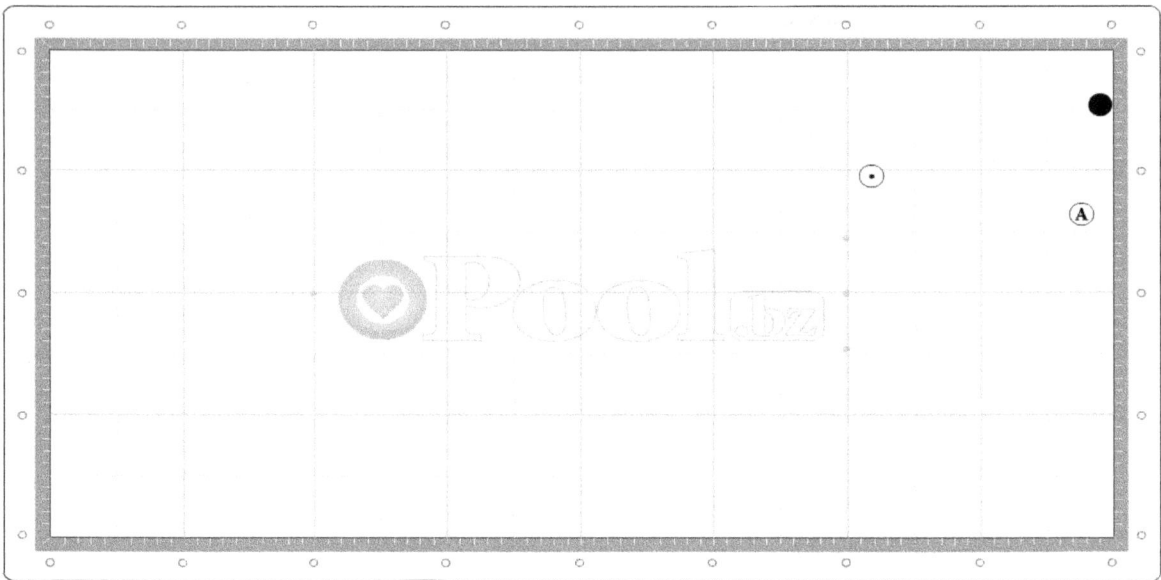

Anteckningar och idéer:

Skottmönster

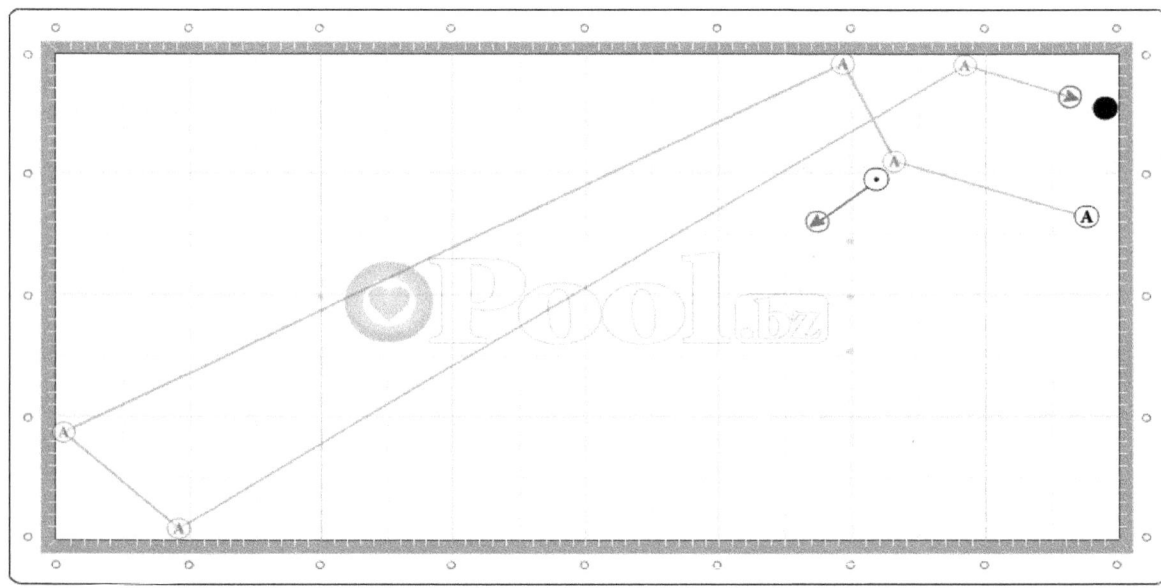

D:3b – Inrätta

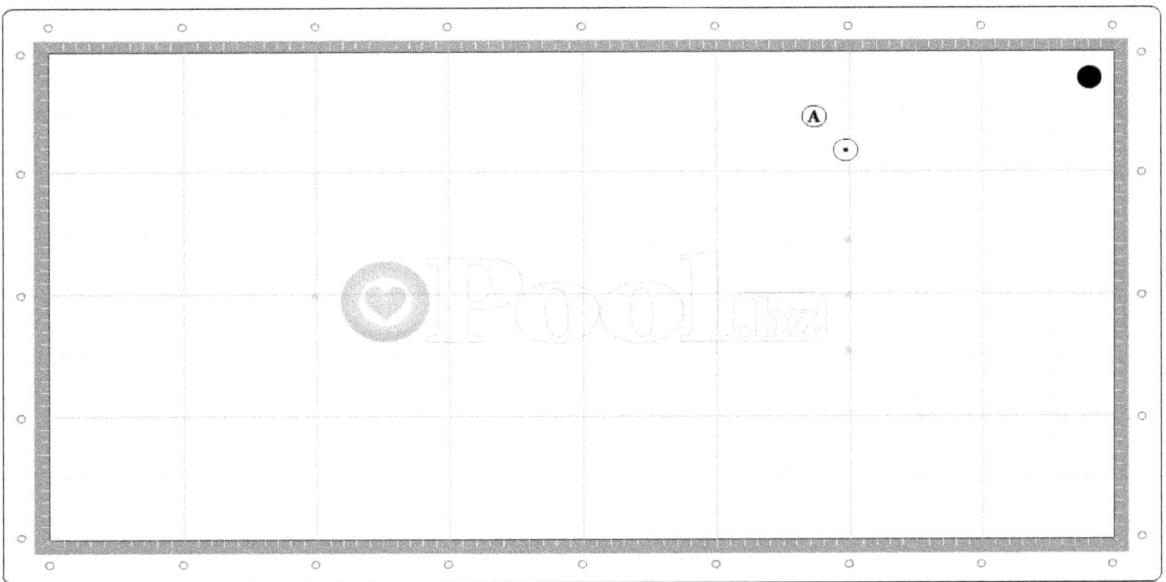

Anteckningar och idéer:

Skottmönster

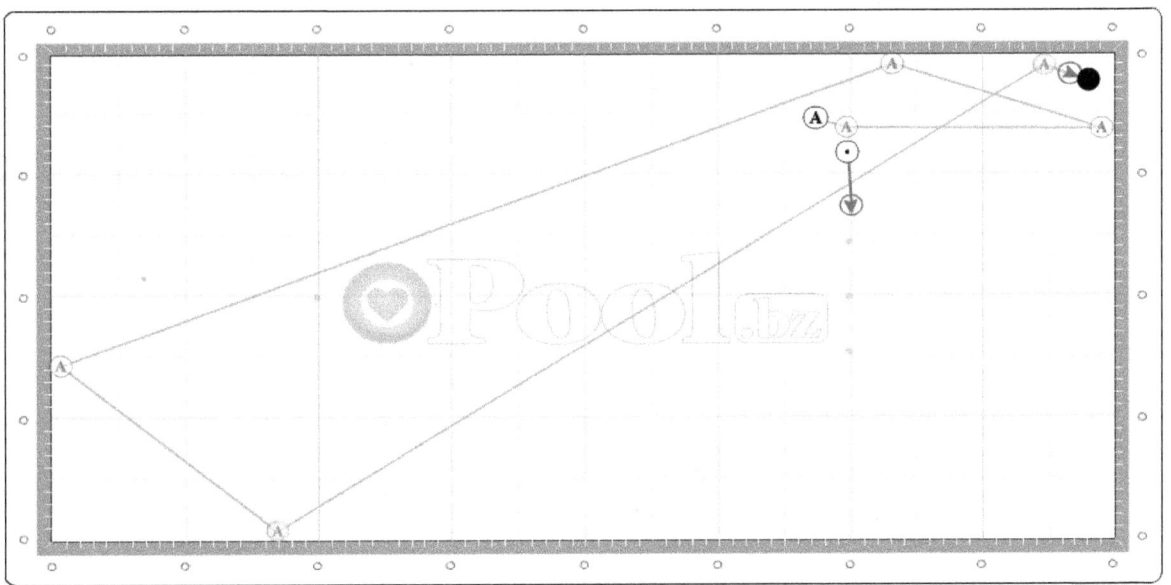

D:3c – Inrätta

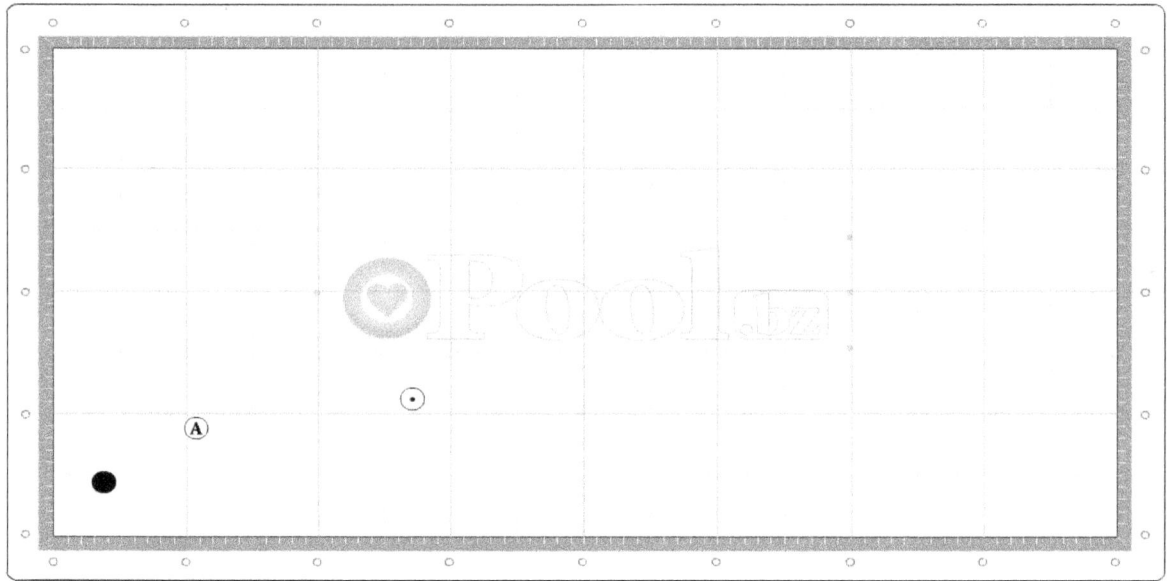

Anteckningar och idéer:

Skottmönster

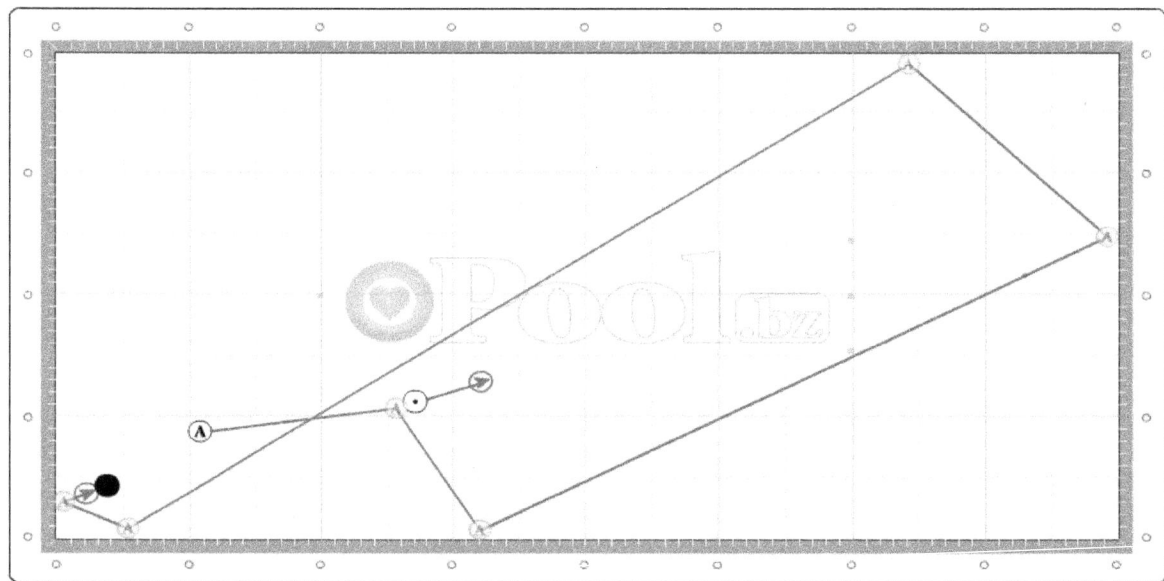

D:3d – Inrätta

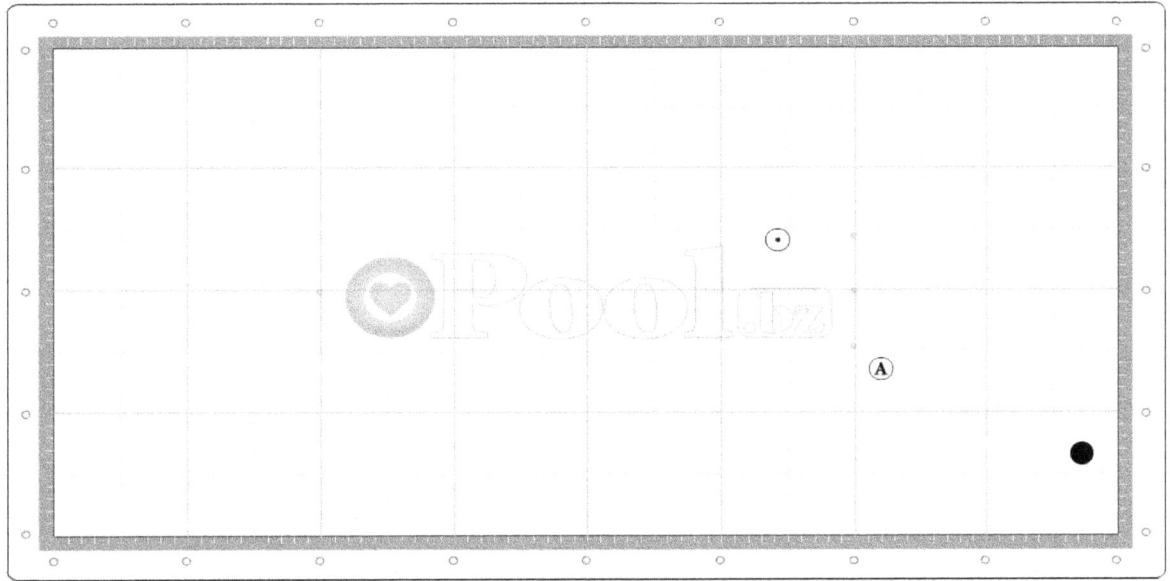

Anteckningar och idéer:

Skottmönster

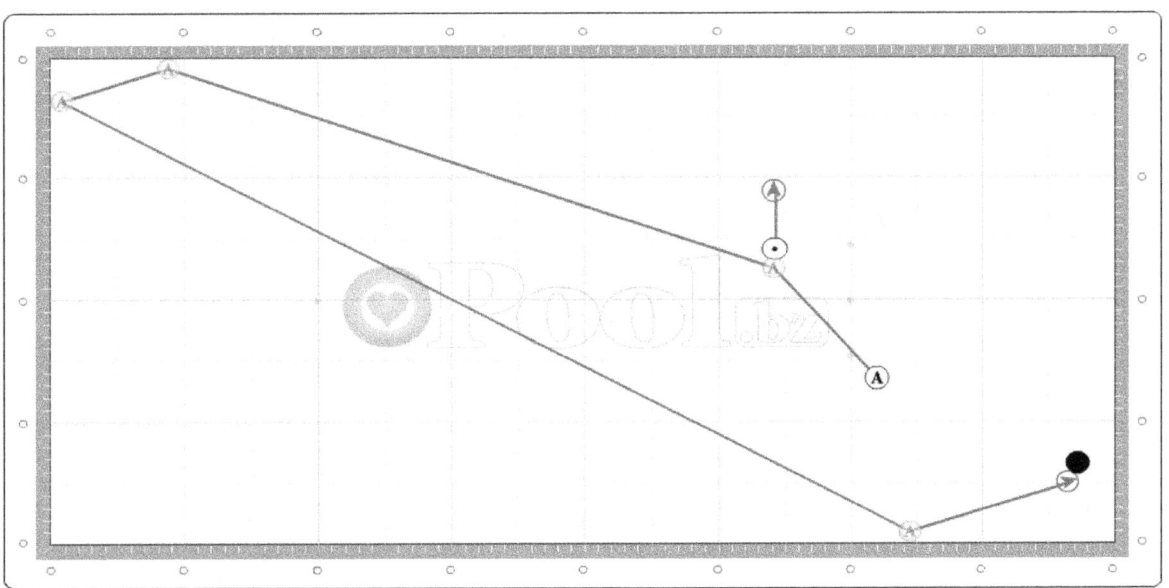

D: Grupp 4

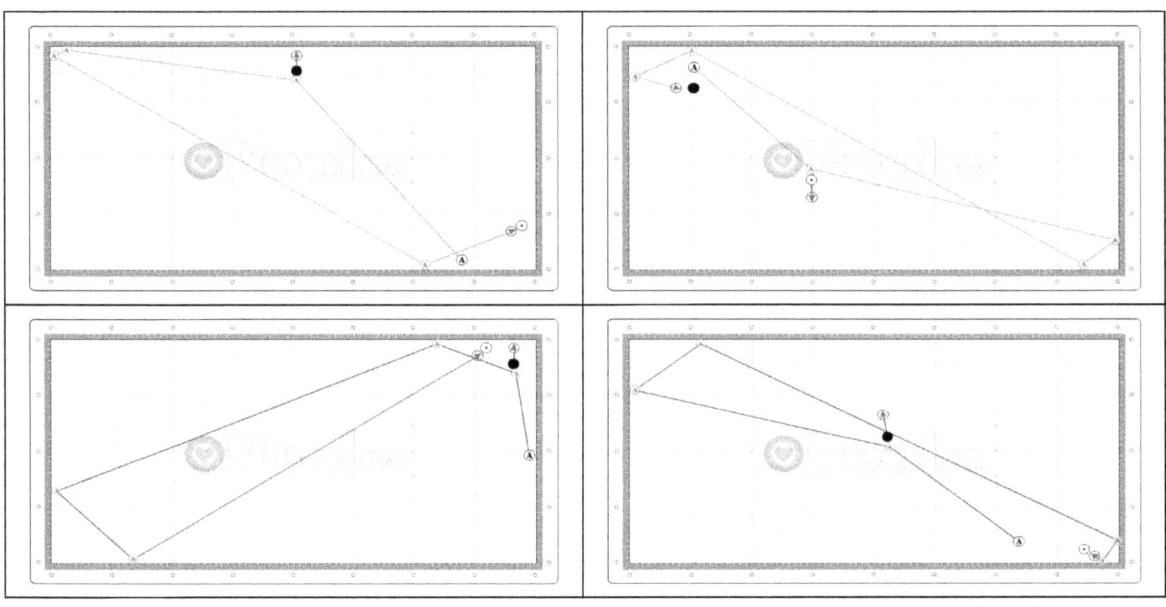

Analys:

D:4a. _____

D:4b. _____

D:4c. _____

D:4d. _____

D:4a – Inrätta

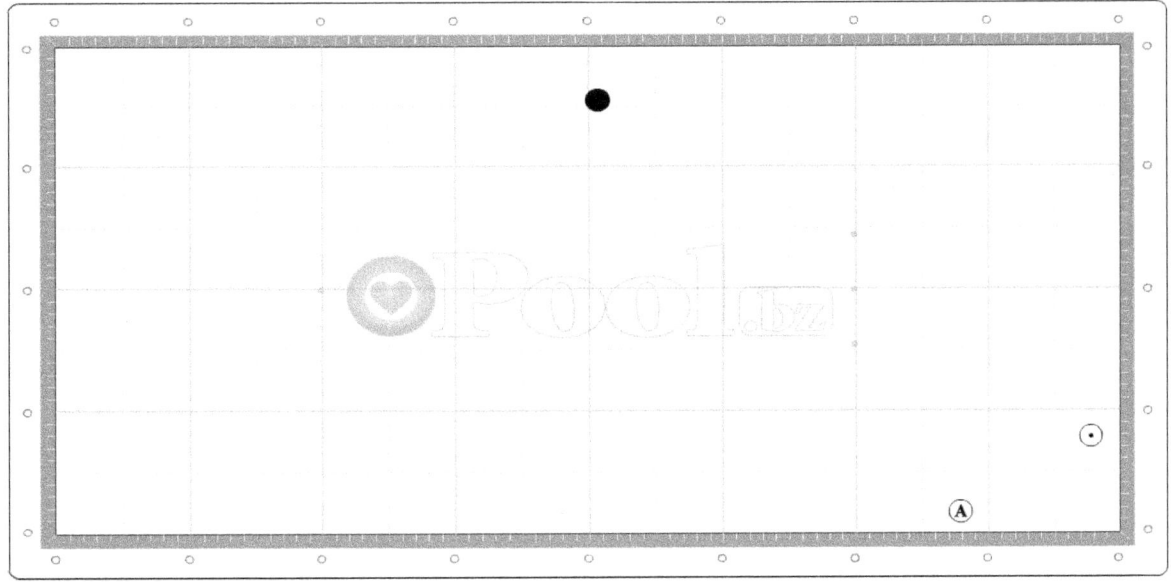

Anteckningar och idéer:

Skottmönster

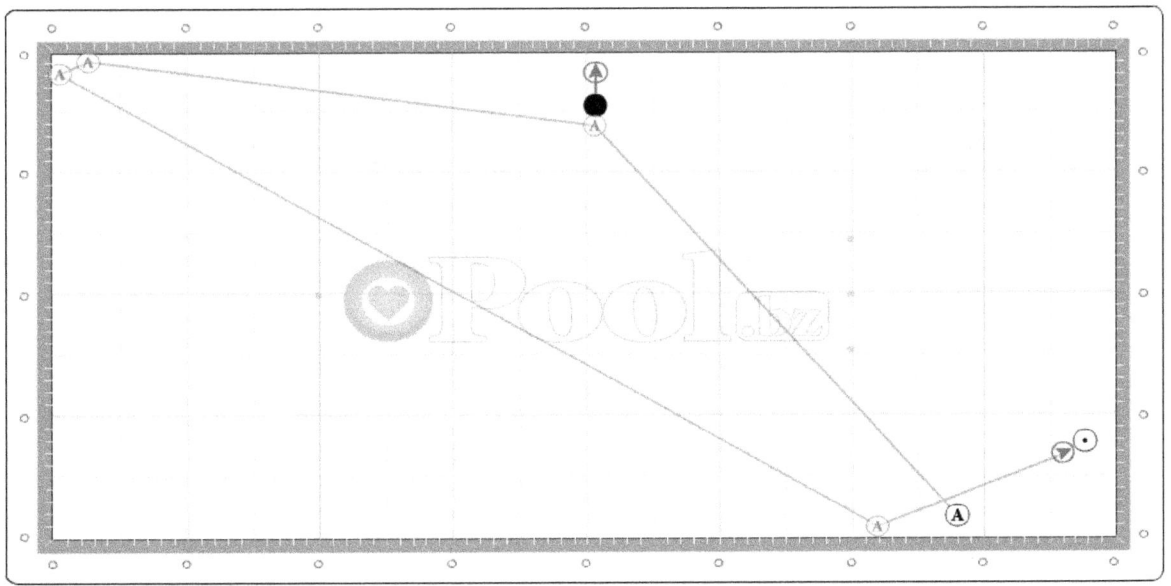

D:4b – Inrätta

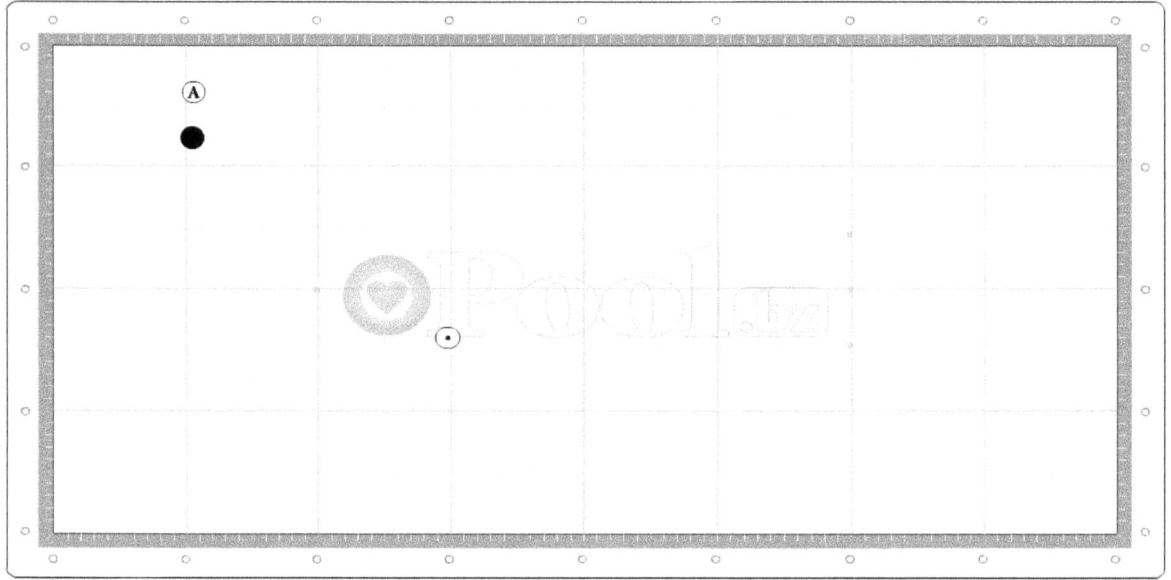

Anteckningar och idéer:

Skottmönster

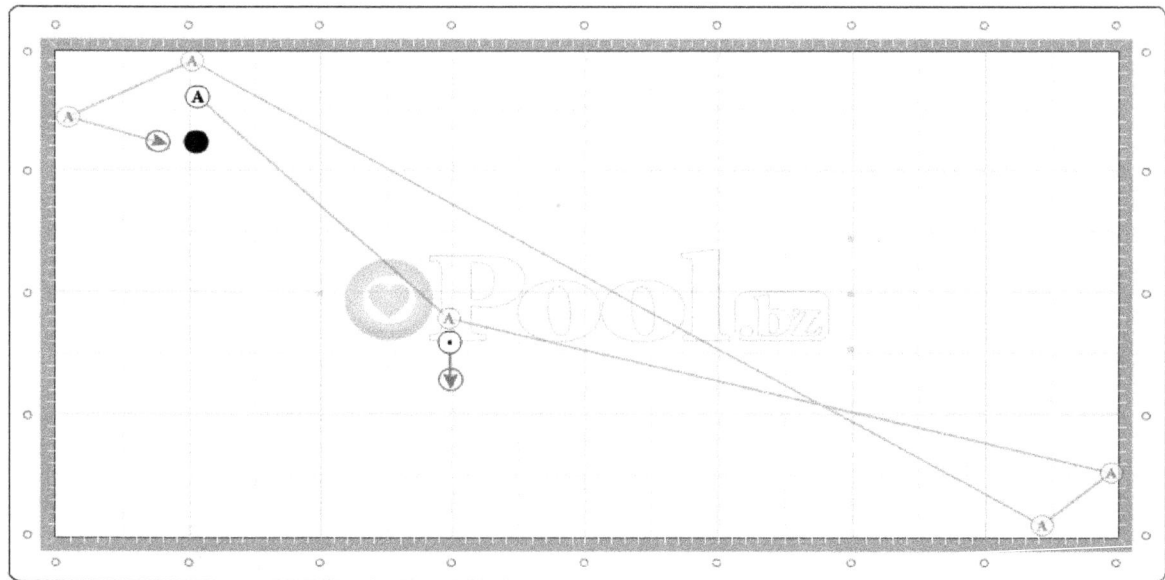

D:4c – Inrätta

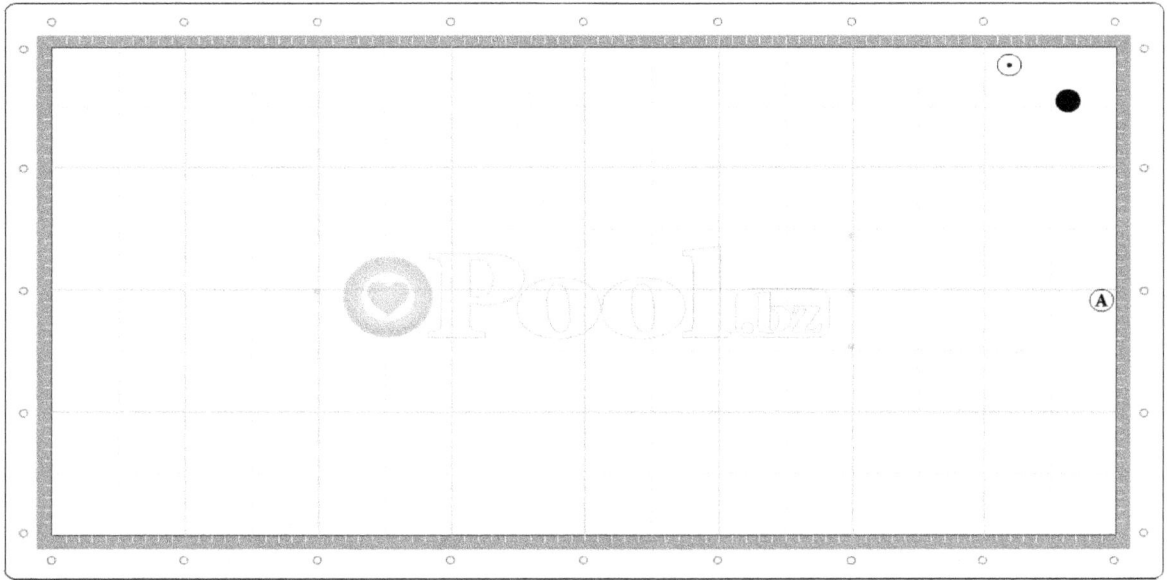

Anteckningar och idéer:

Skottmönster

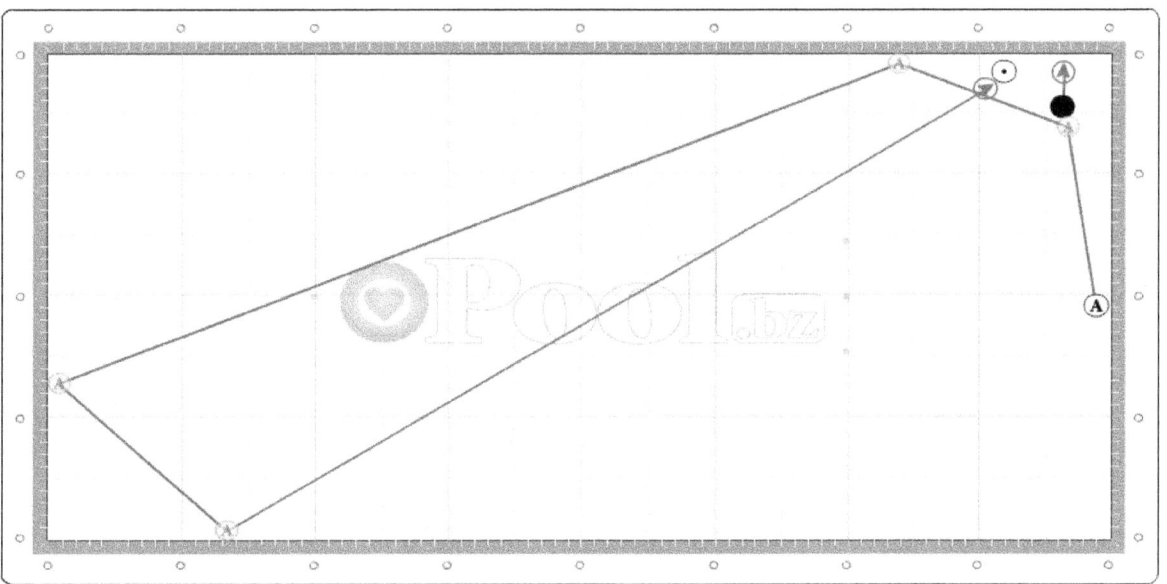

D:4d – Inrätta

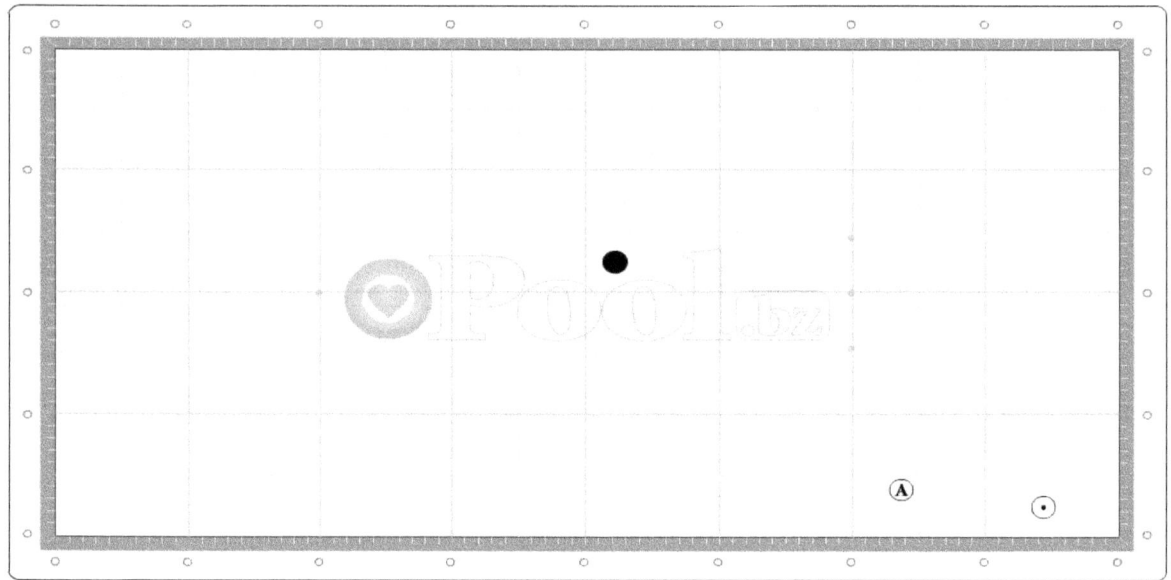

Anteckningar och idéer:

Skottmönster

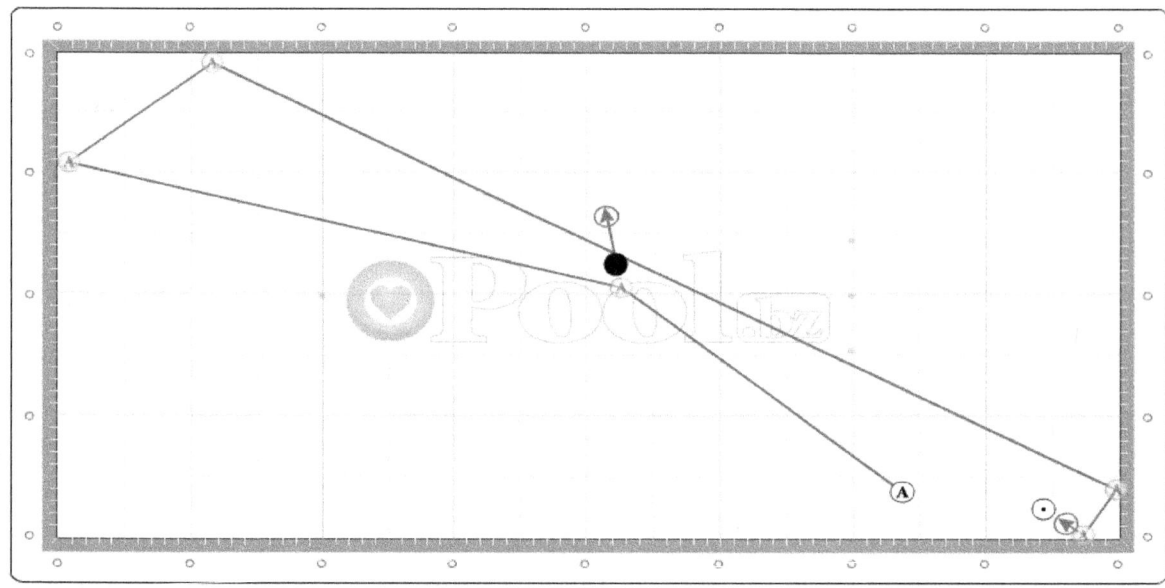

D: Grupp 5

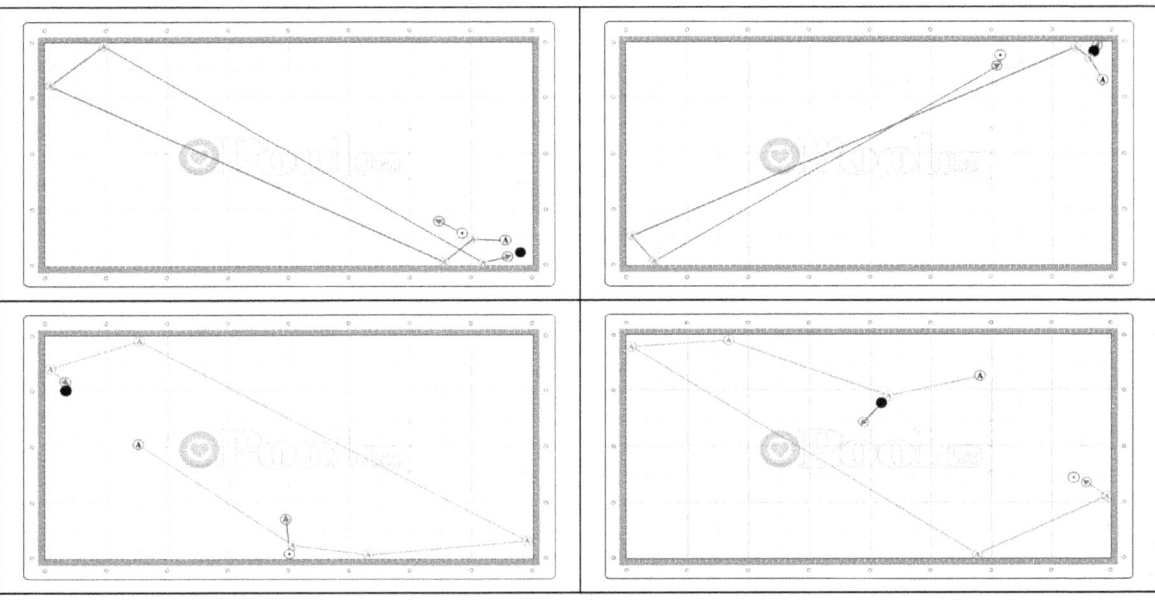

Analys:

D:5a. _____

D:5b. _____

D:5c. _____

D:5d. _____

D:5a – Inrätta

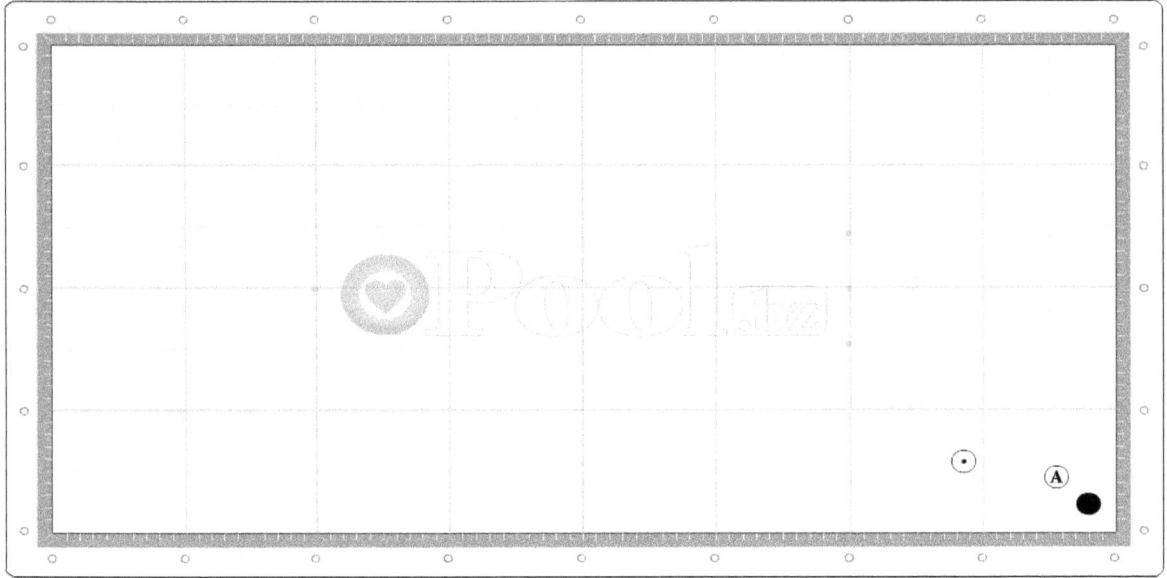

Anteckningar och idéer:

Skottmönster

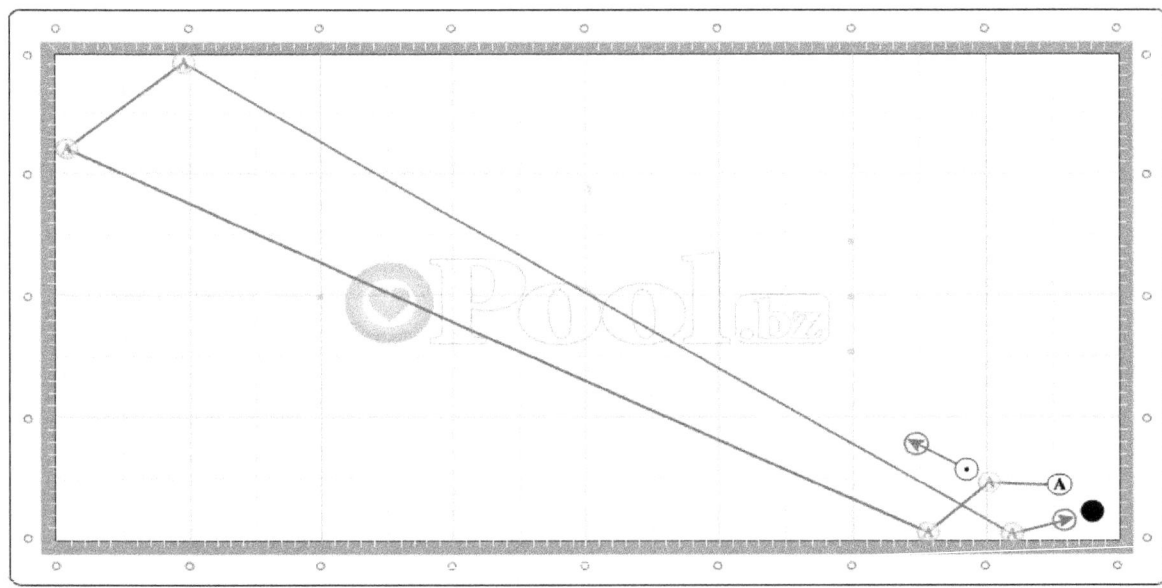

D:5b – Inrätta

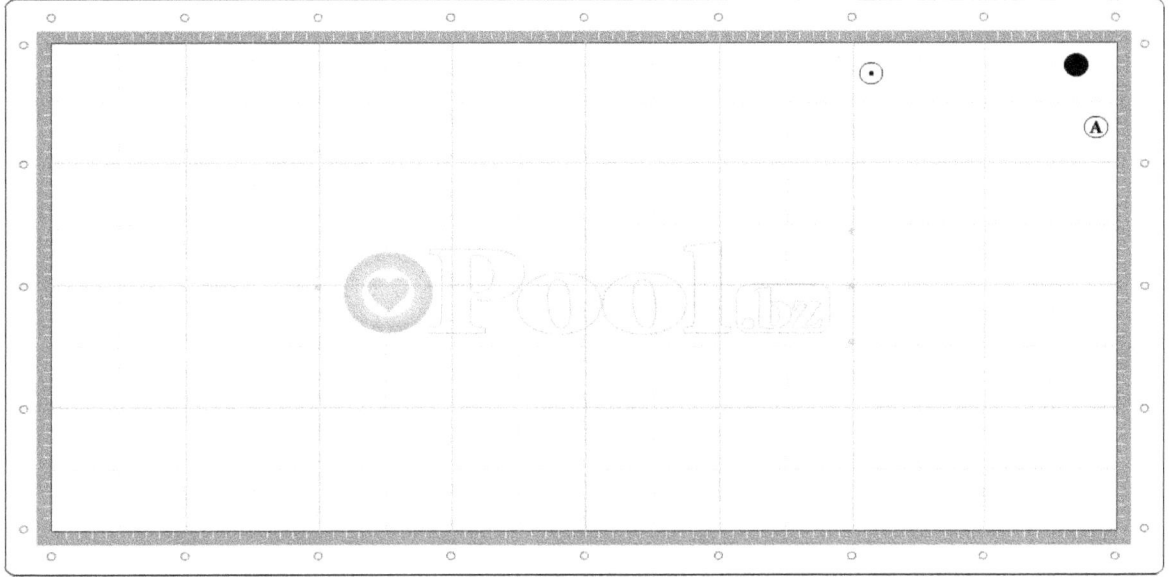

Anteckningar och idéer:

Skottmönster

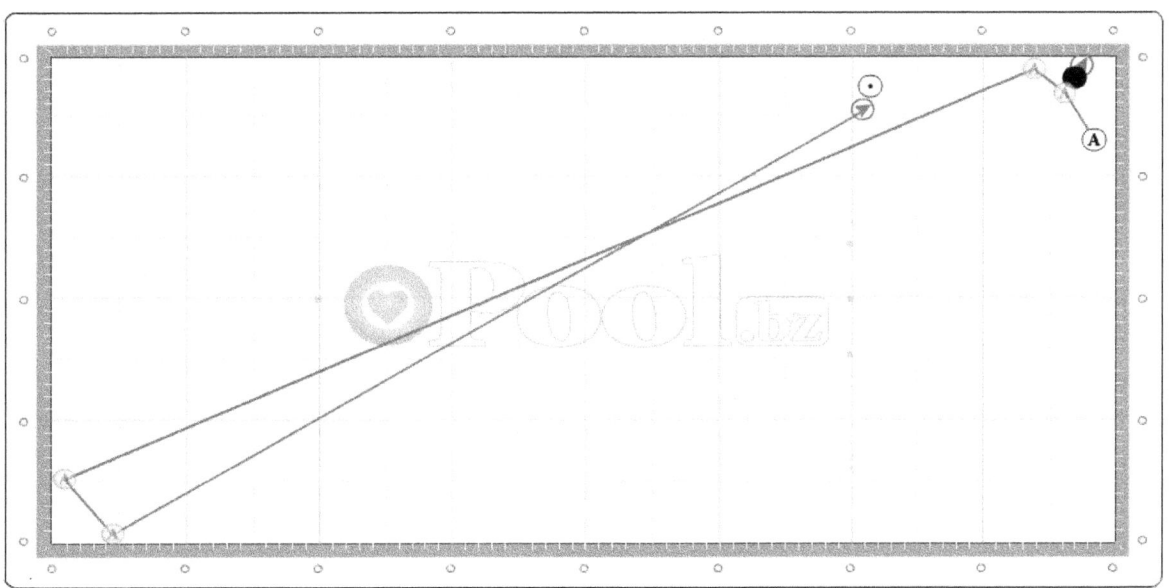

D:5c – Inrätta

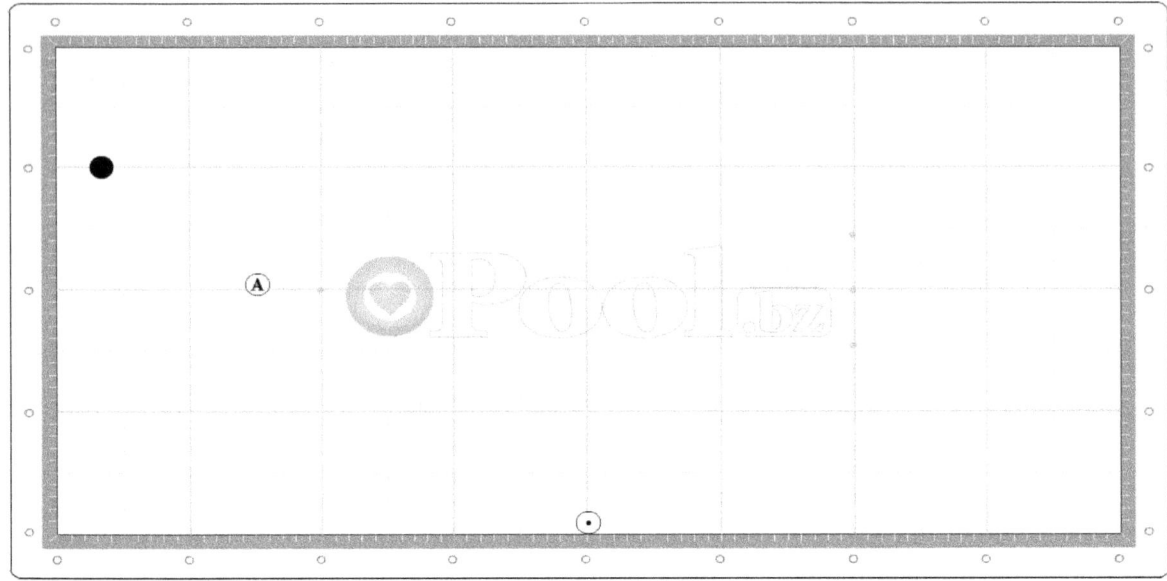

Anteckningar och idéer:

Skottmönster

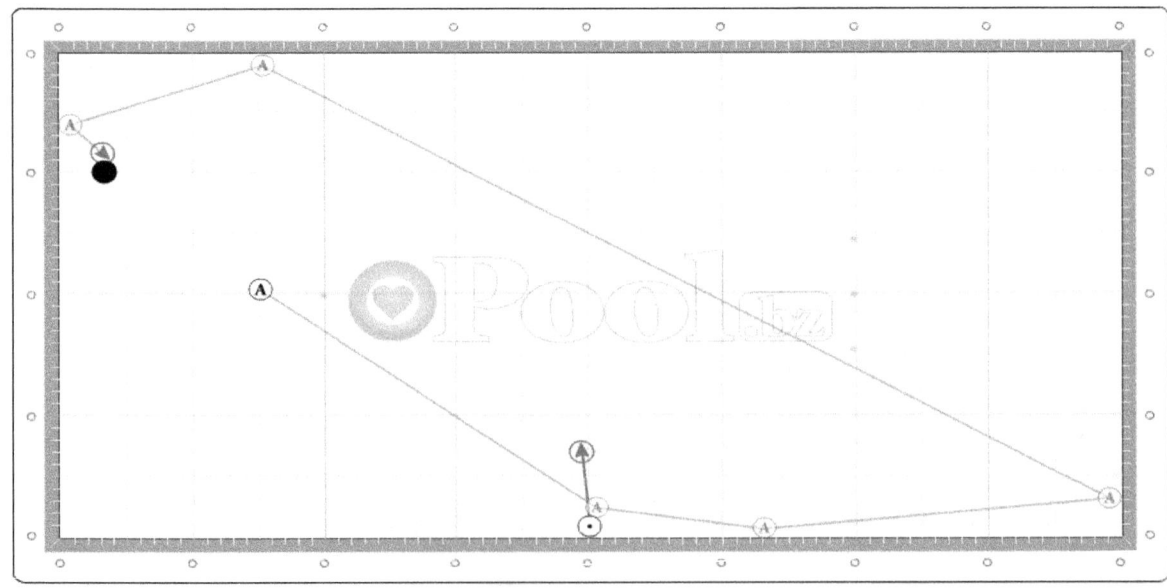

D:5d – Inrätta

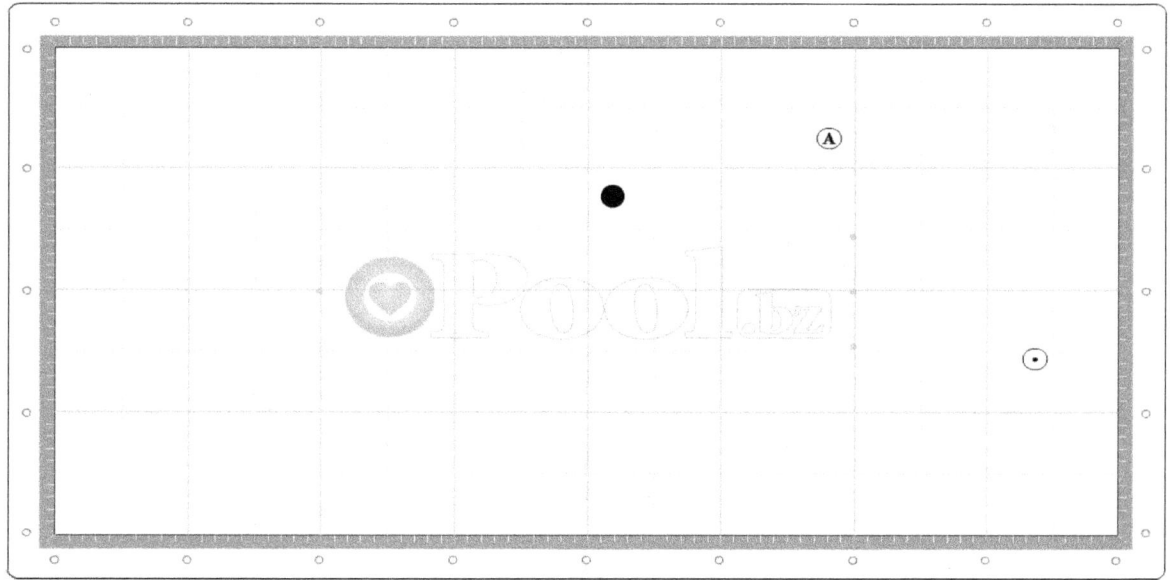

Anteckningar och idéer:

Skottmönster

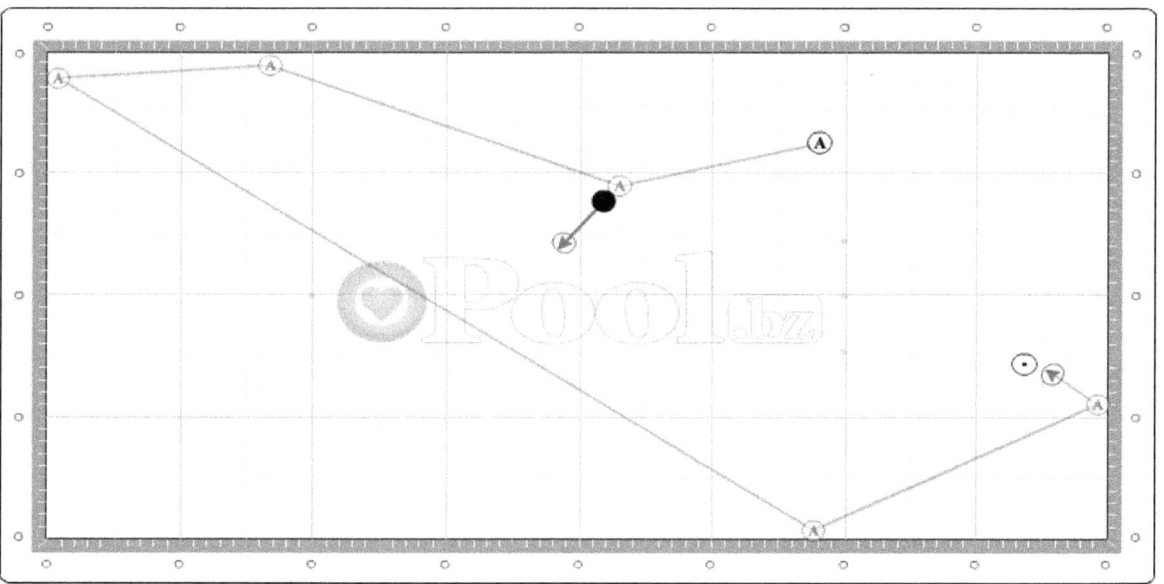

D: Grupp 6

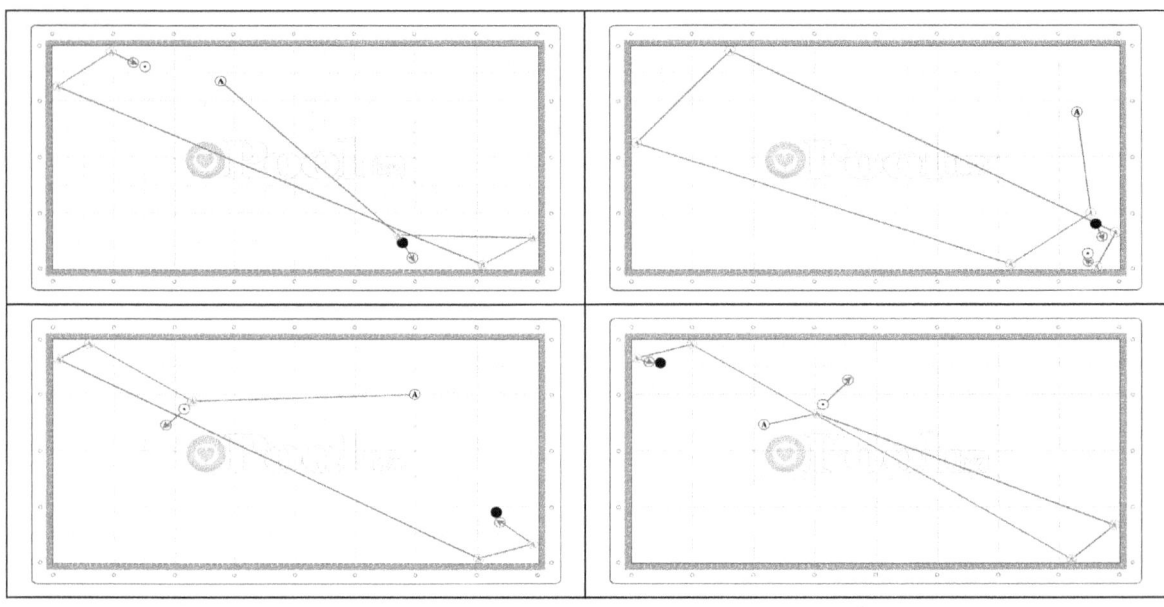

Analys:

D:6a. _____

D:6b. _____

D:6c. _____

D:6d. _____

D:6a – Inrätta

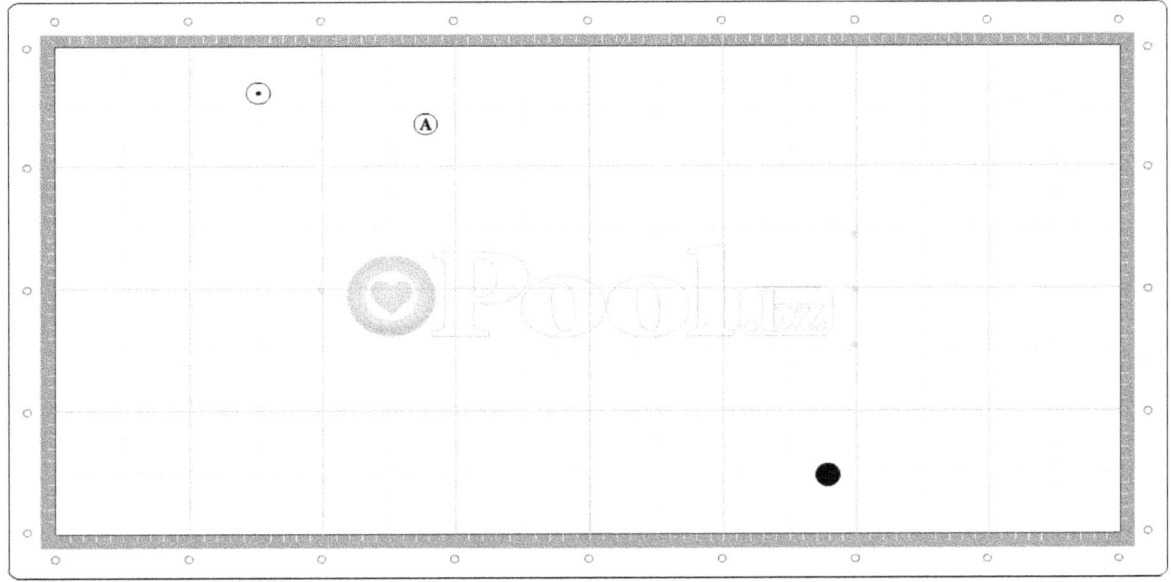

Anteckningar och idéer:

Skottmönster

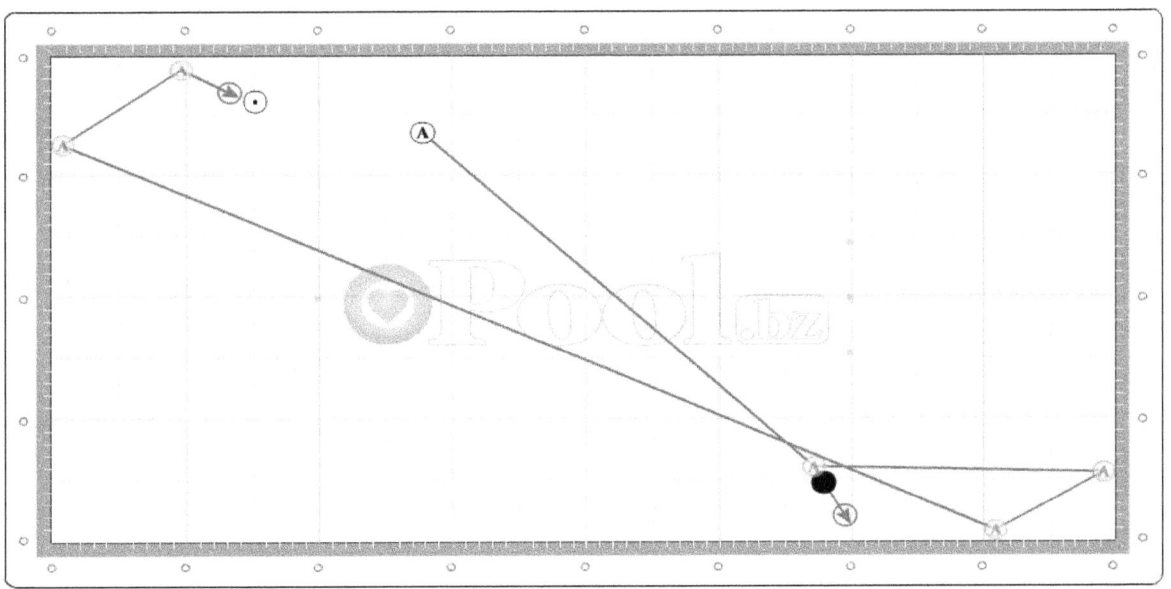

D:6b – Inrätta

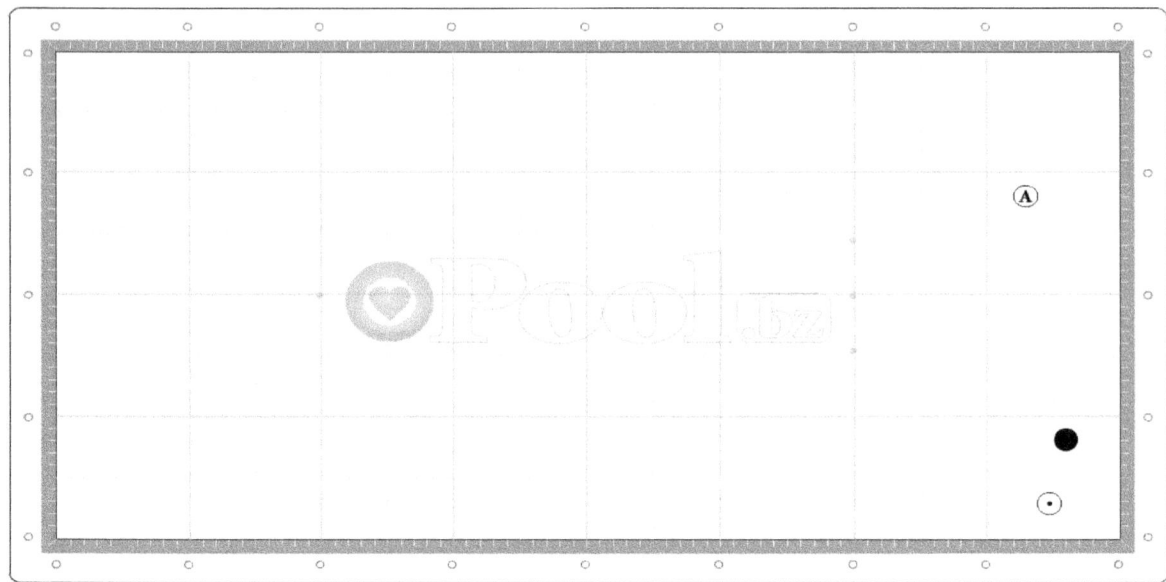

Anteckningar och idéer:

Skottmönster

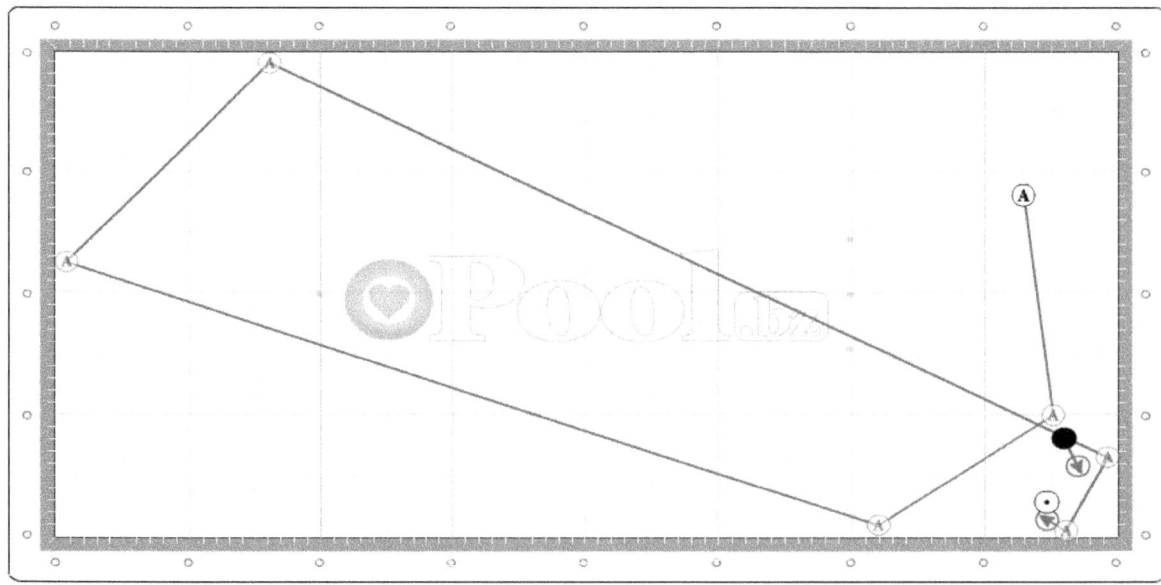

D:6c – Inrätta

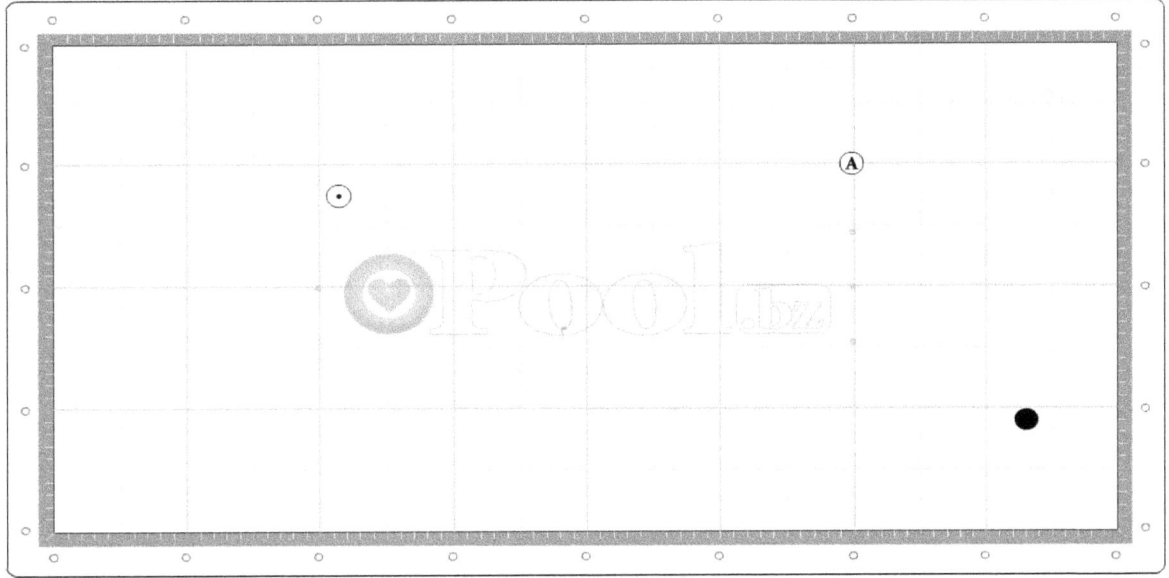

Anteckningar och idéer:

Skottmönster

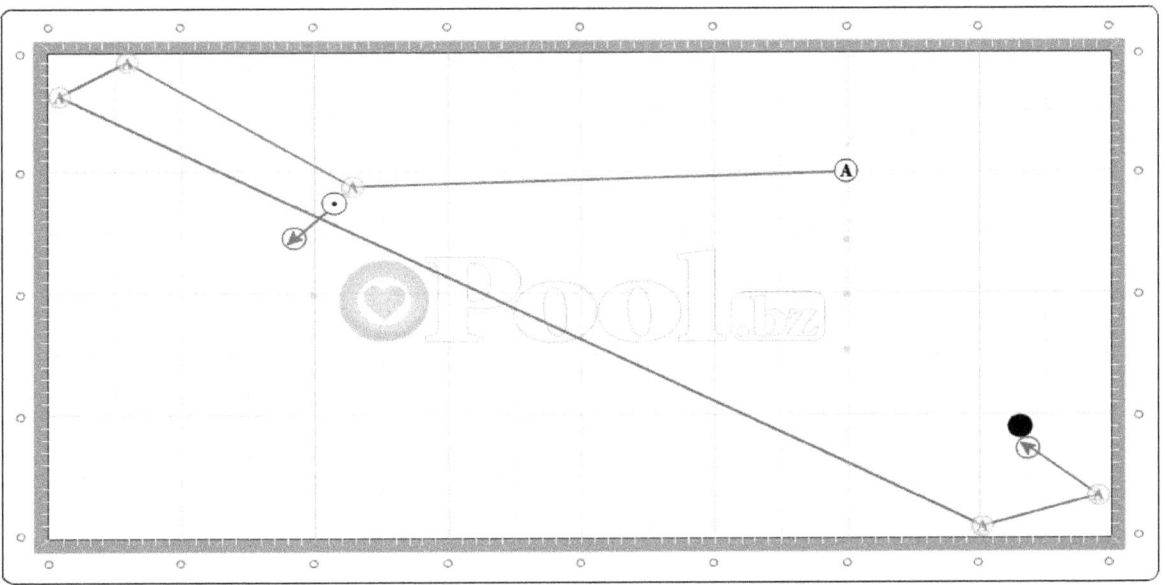

D:6d – Inrätta

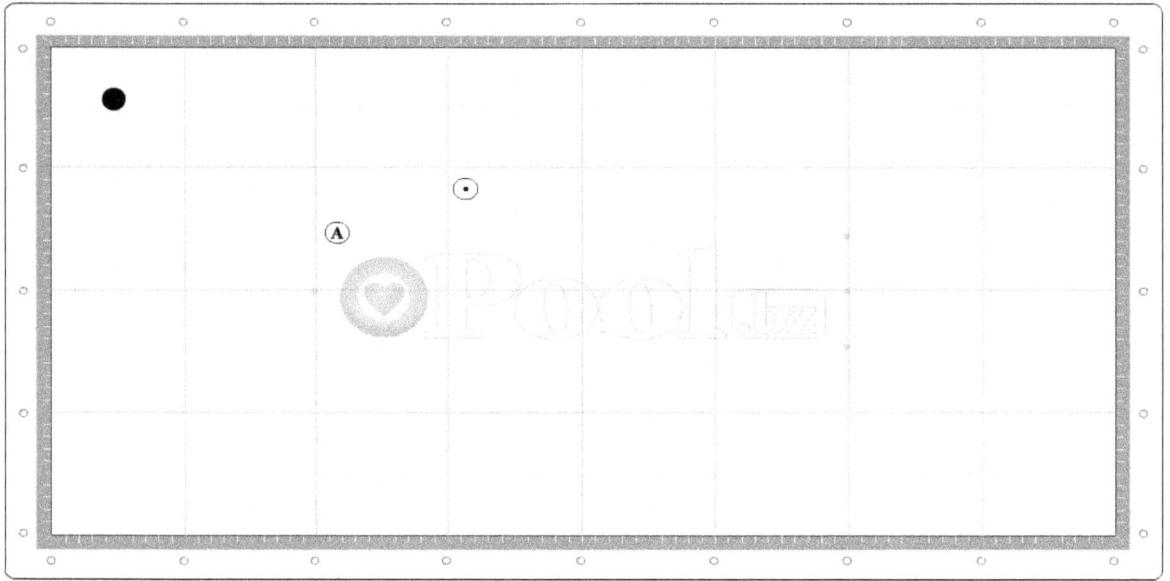

Anteckningar och idéer:

Skottmönster

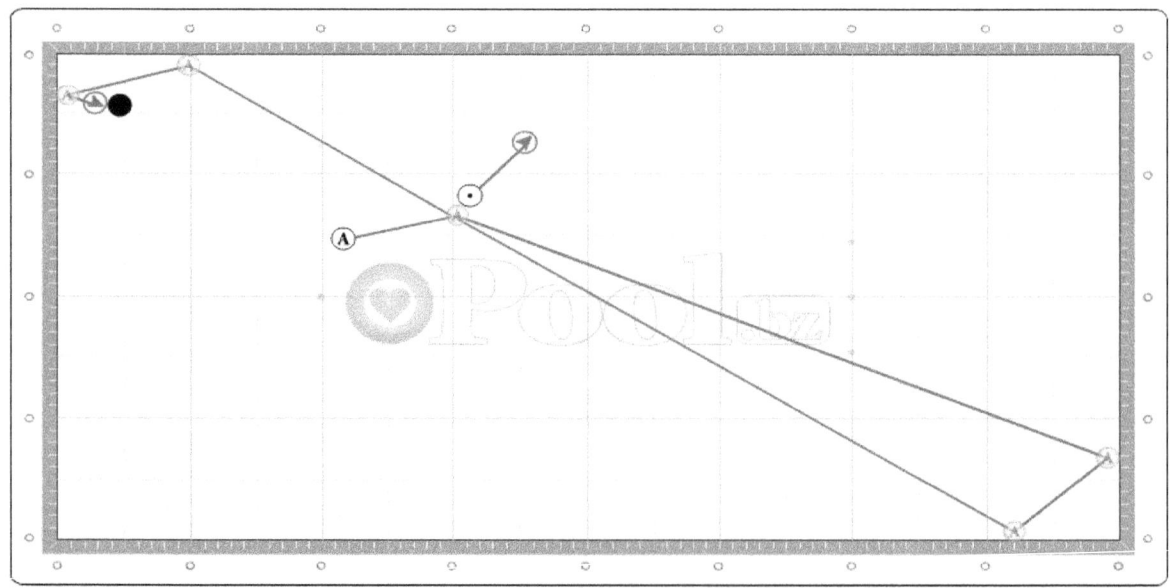

D: Grupp 7

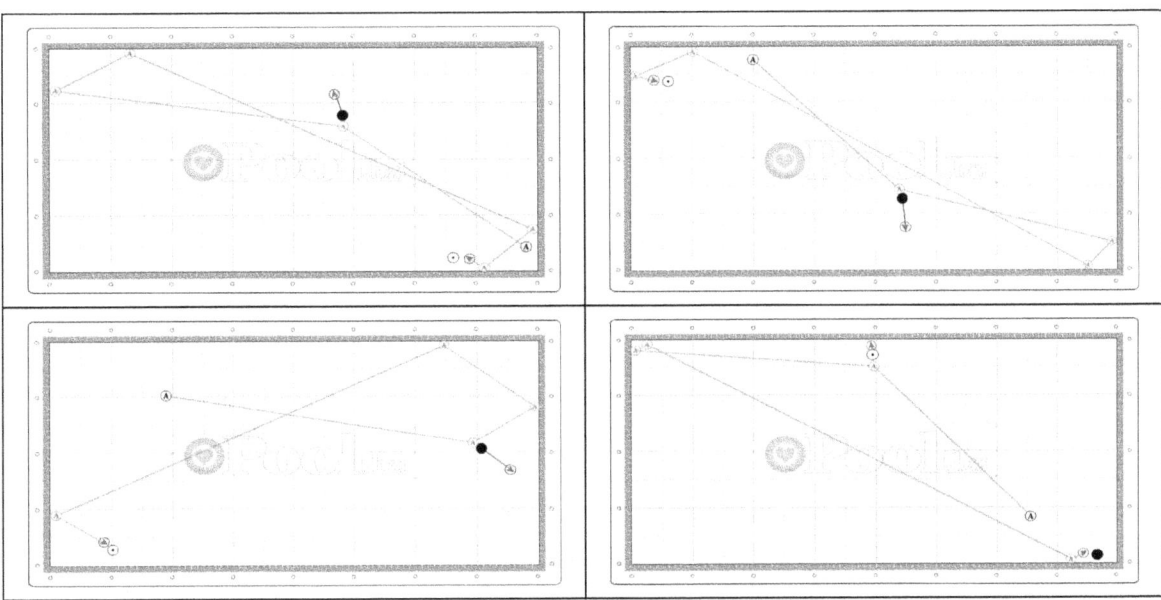

Analys:

D:7a. _____

D:7b. _____

D:7c. _____

D:7d. _____

D:7a – Inrätta

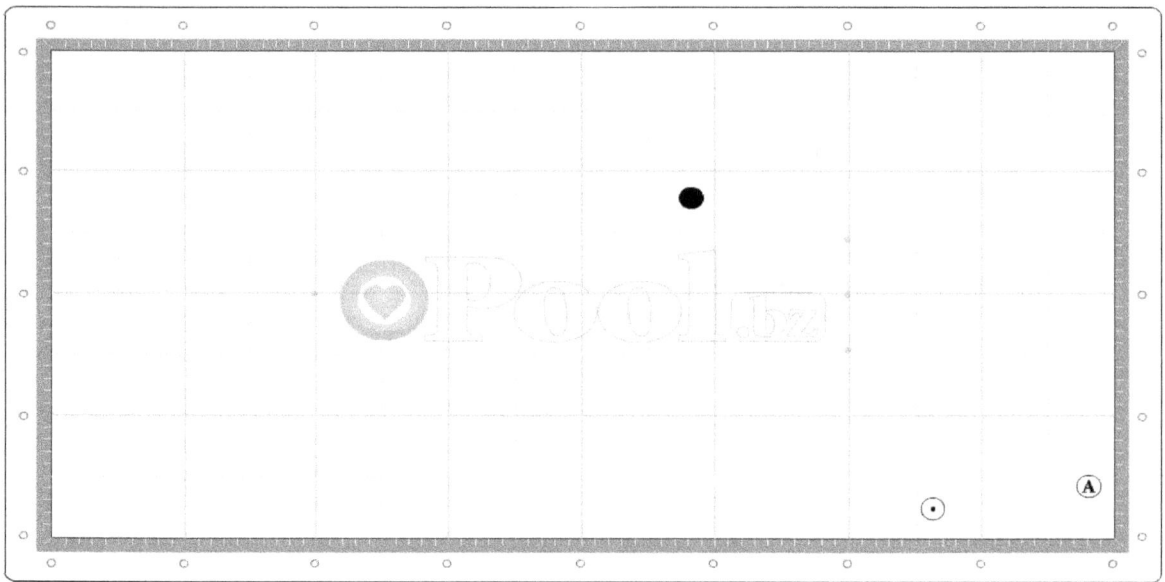

Anteckningar och idéer:

Skottmönster

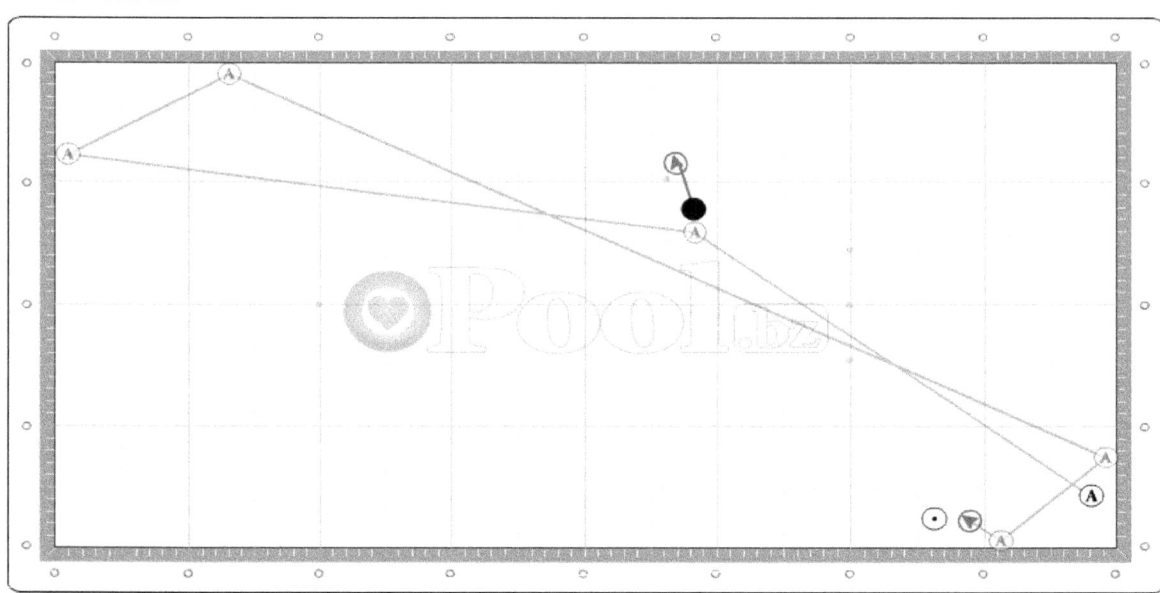

Trevallars carambole: Korsa hörn diagonala mönster

D:7b – Inrätta

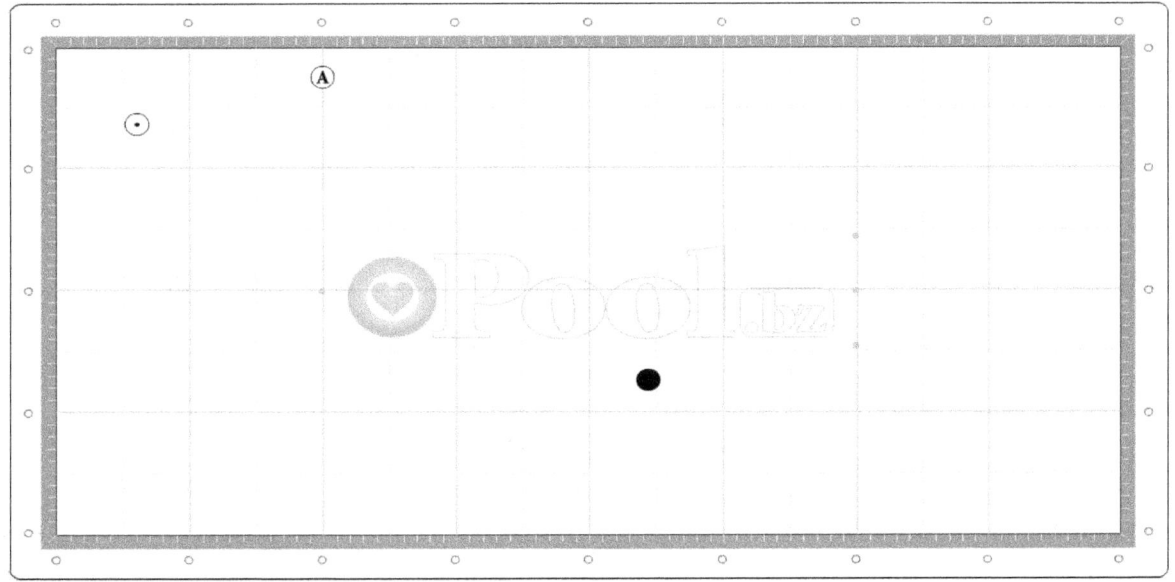

Anteckningar och idéer:

Skottmönster

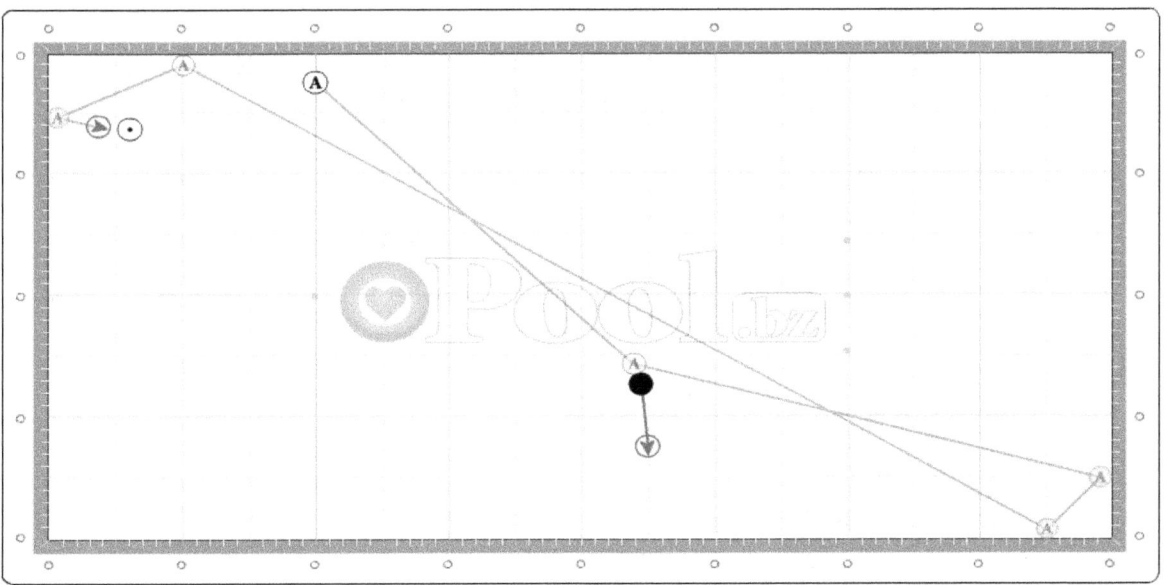

D:7c – Inrätta

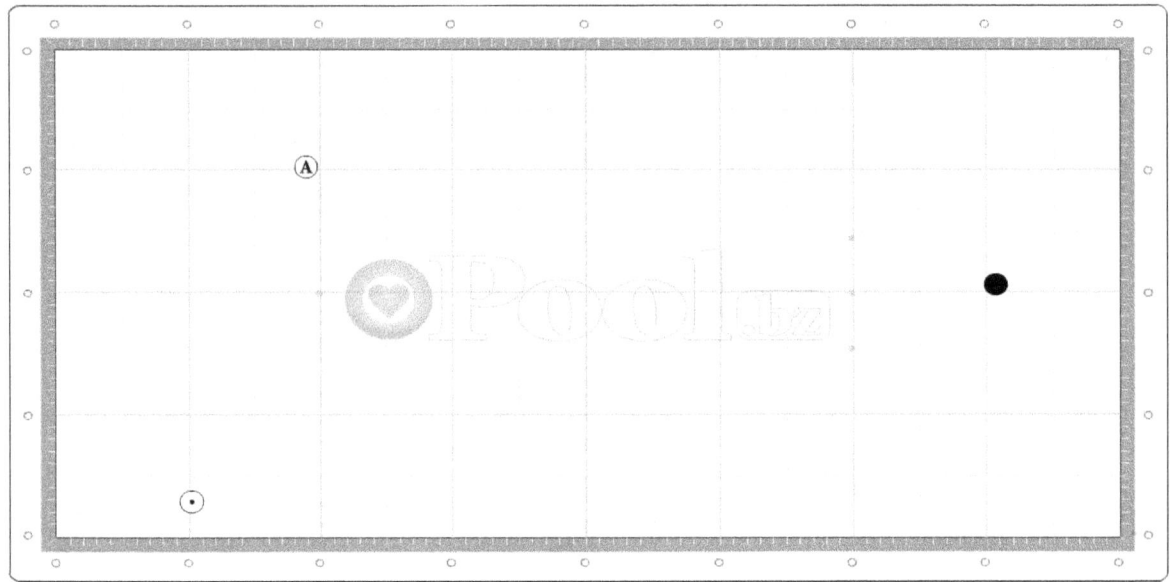

Anteckningar och idéer:

Skottmönster

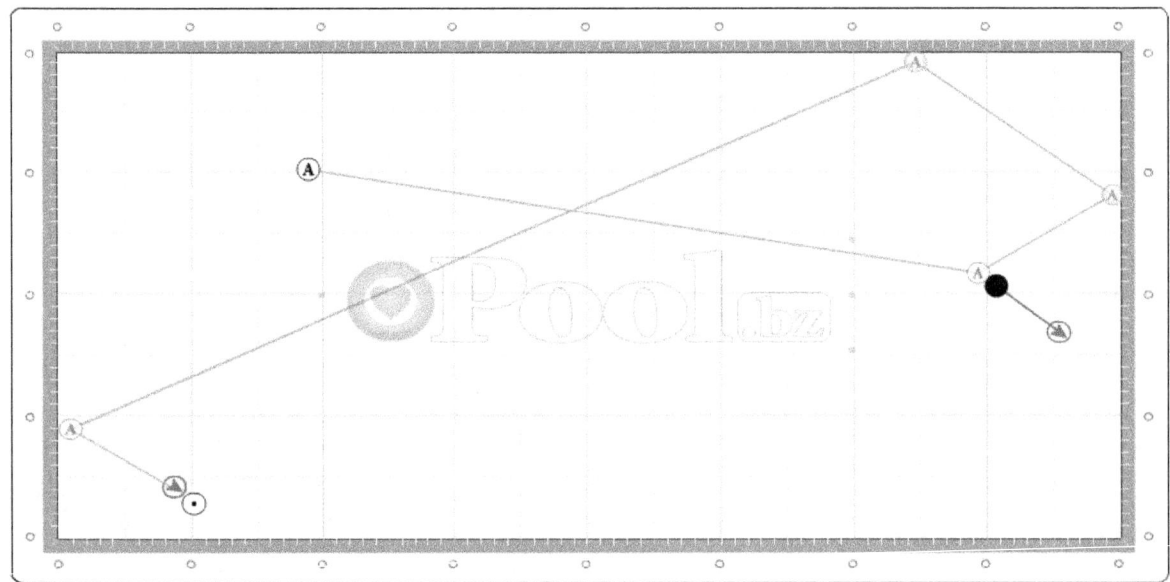

D:7d – Inrätta

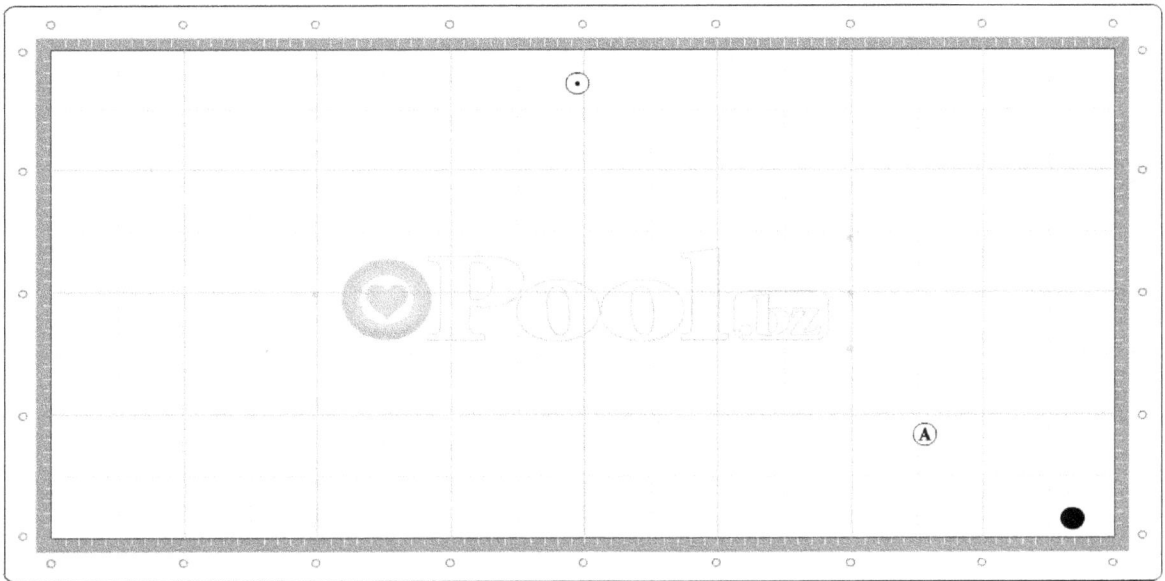

Anteckningar och idéer:

Skottmönster

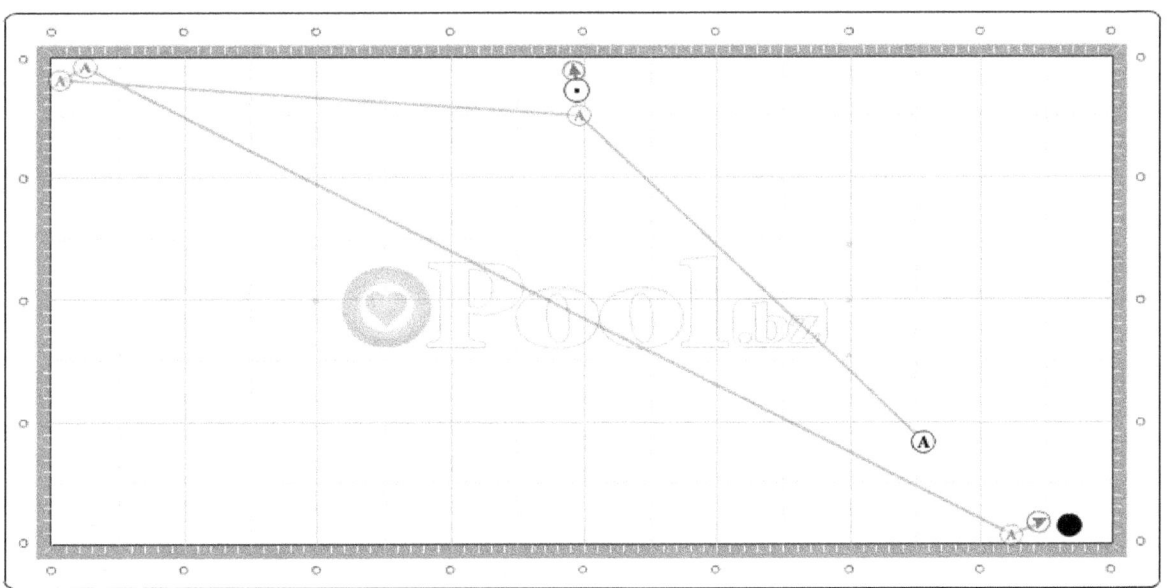

E: Dubbeldiagonal (modifierad)

(CB) kommer från den första (OB) och startar diagonalmönstret. (CB) går in i hörnet och återkommer sedan på en diagonal väg för att komma i kontakt med den andra (OB).

Ⓐ (CB) (din biljardboll) - ☉ (OB) (motståndare biljardboll) - ● (OB) (röd biljardboll)

E: Grupp 1

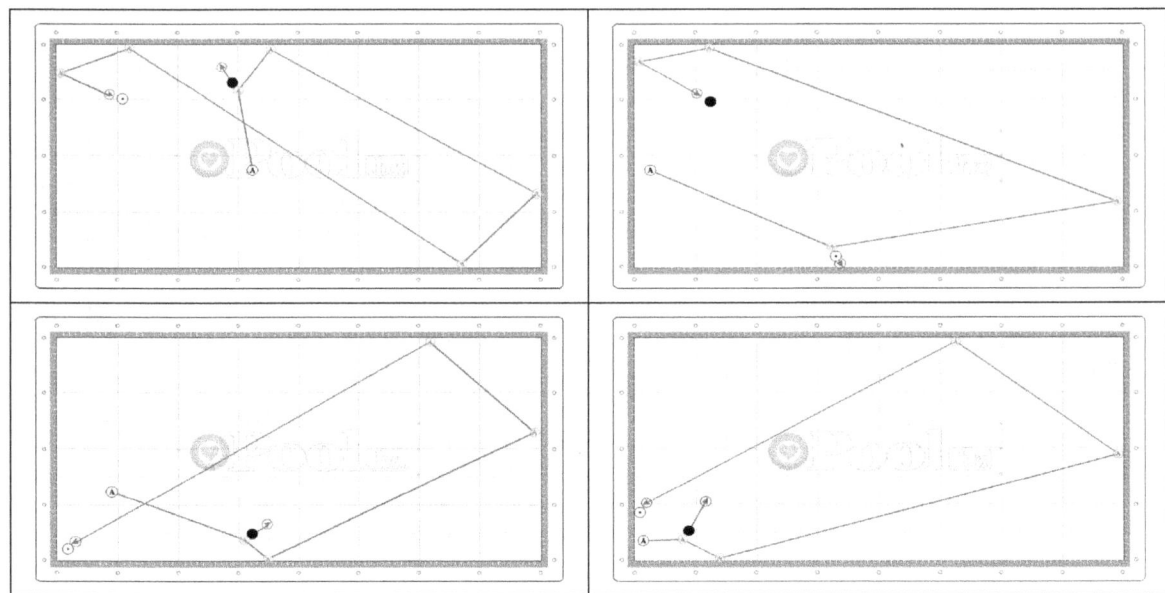

Analys:

E:1a. _____

E:1b. _____

E:1c. _____

E:1d. _____

E:1a – Inrätta

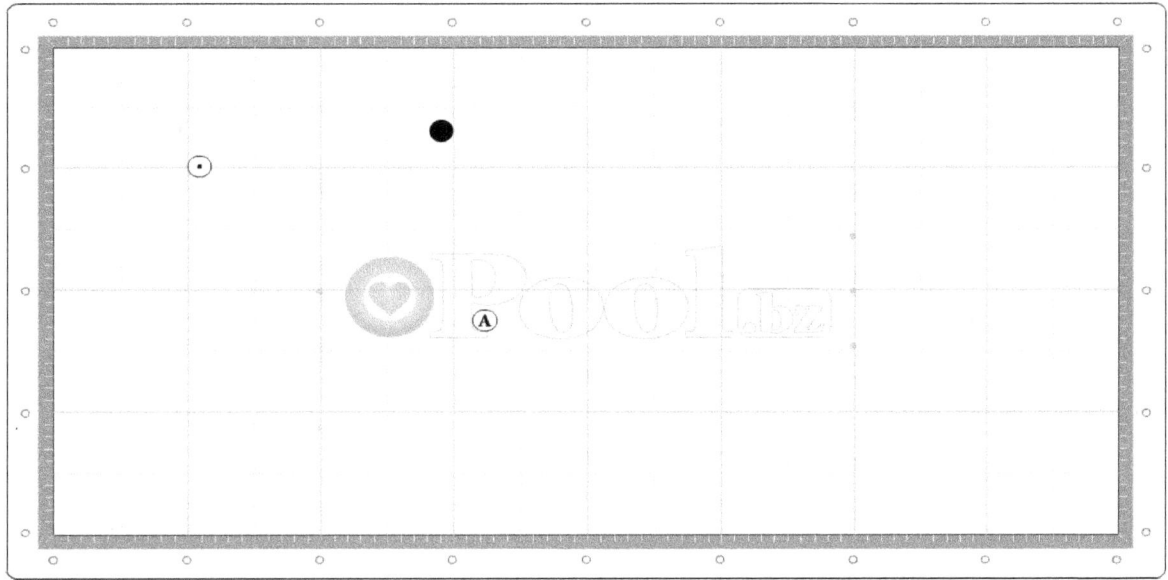

Anteckningar och idéer:

Skottmönster

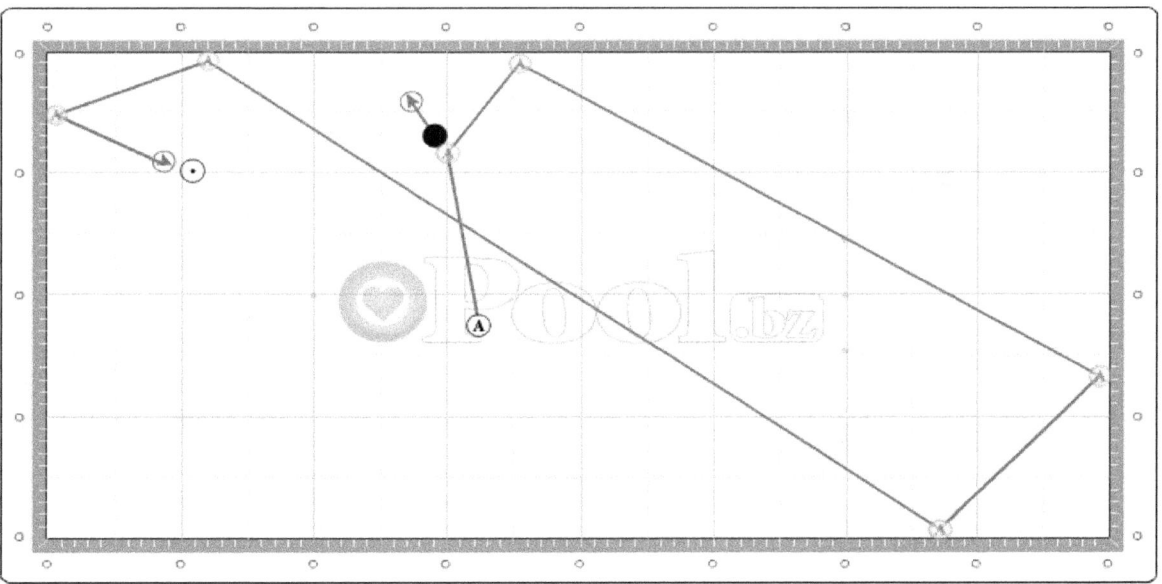

E:1b – Inrätta

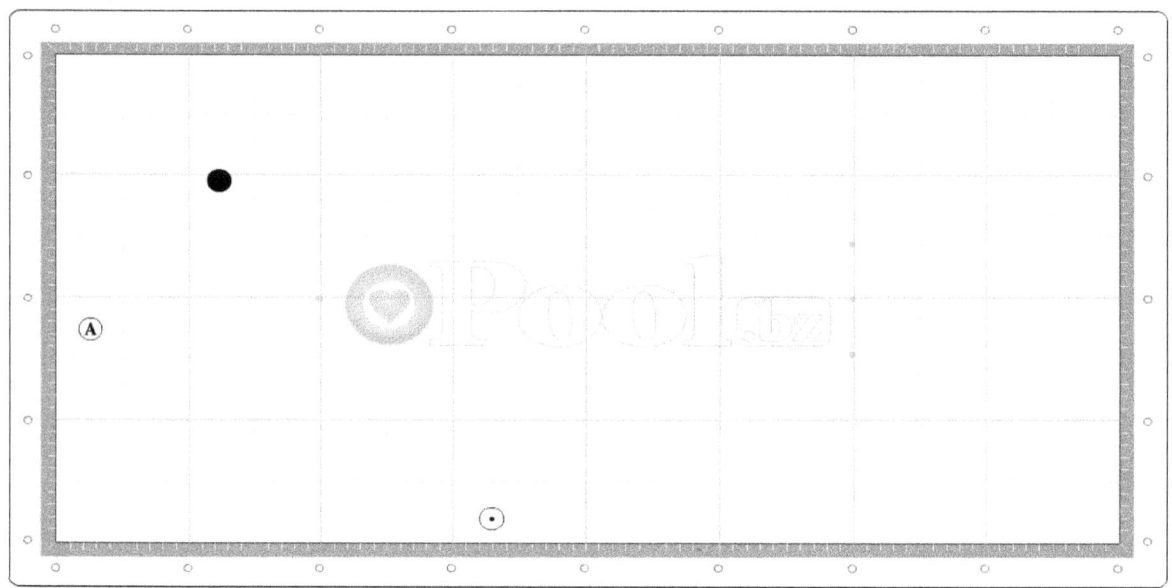

Anteckningar och idéer:

Skottmönster

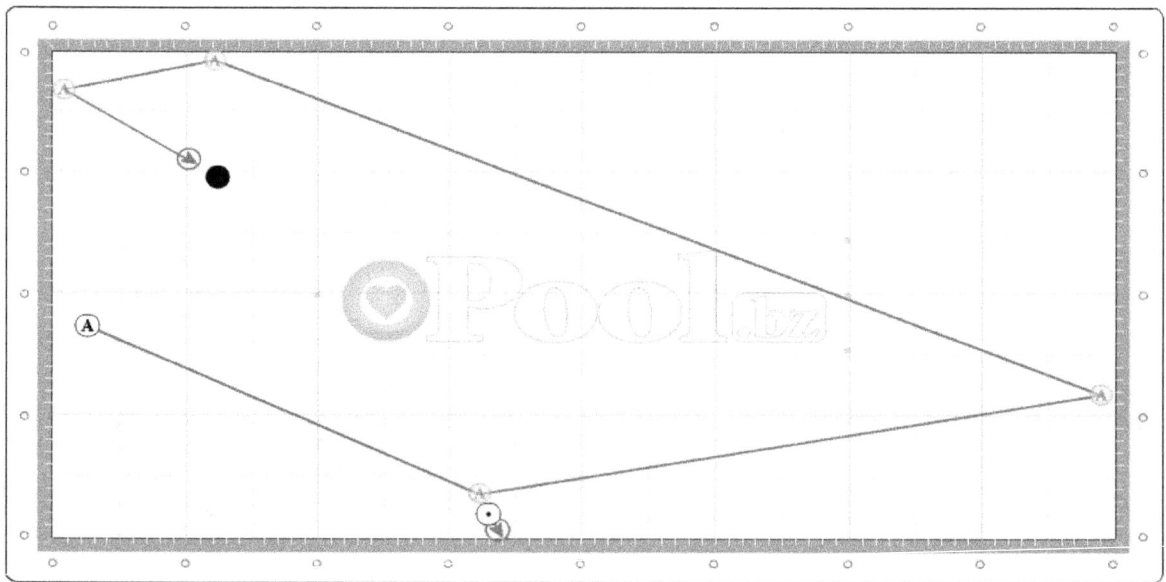

E:1c – Inrätta

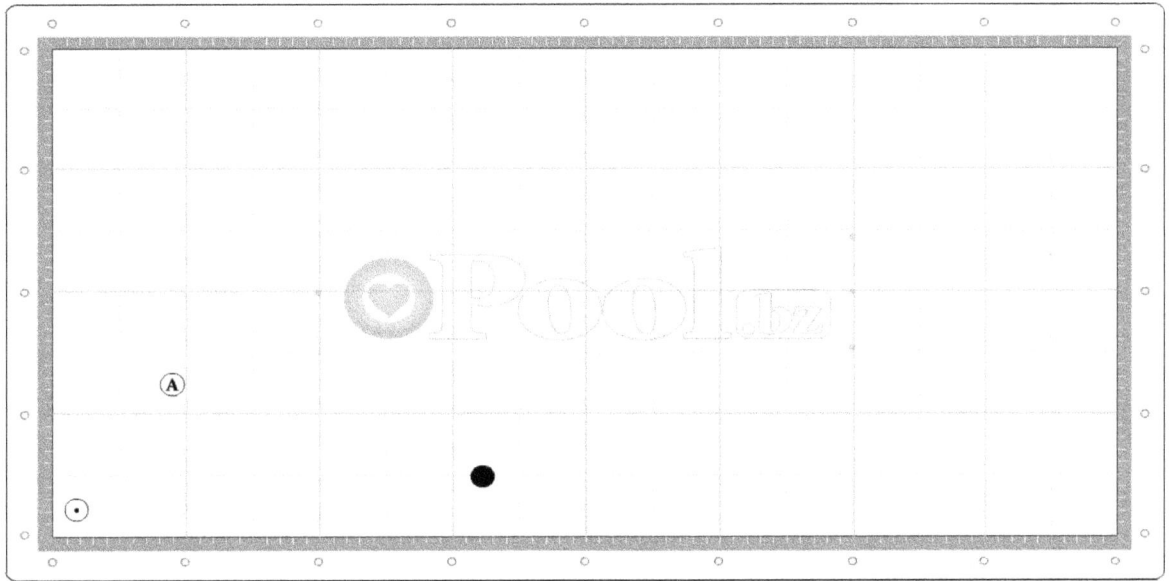

Anteckningar och idéer:

Skottmönster

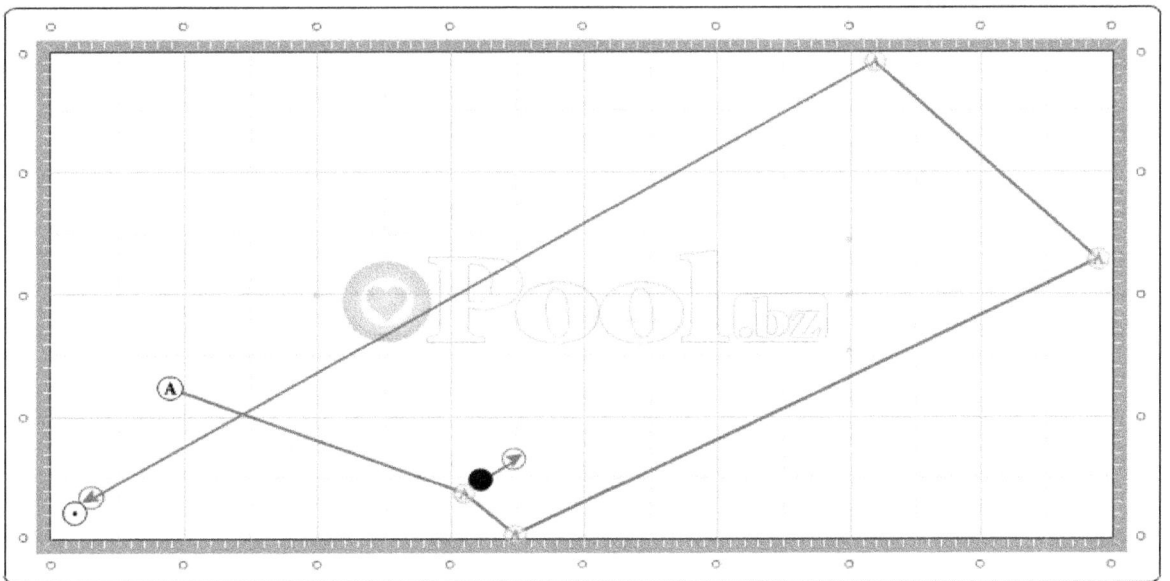

E:1d – Inrätta

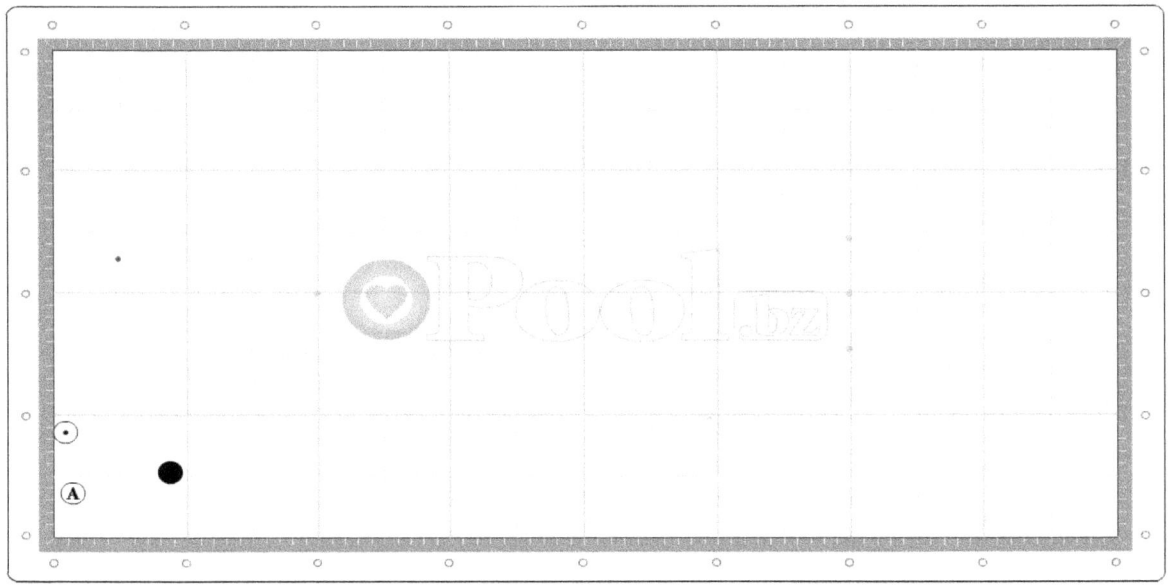

Anteckningar och idéer:

Skottmönster

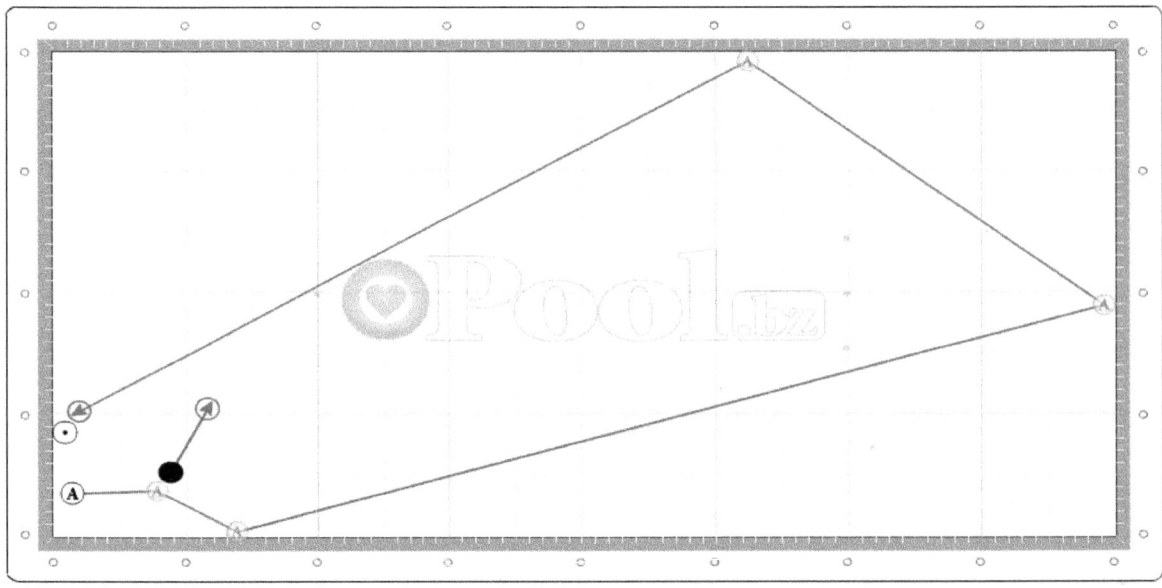

Trevallars carambole: Korsa hörn diagonala mönster

E: Grupp 2

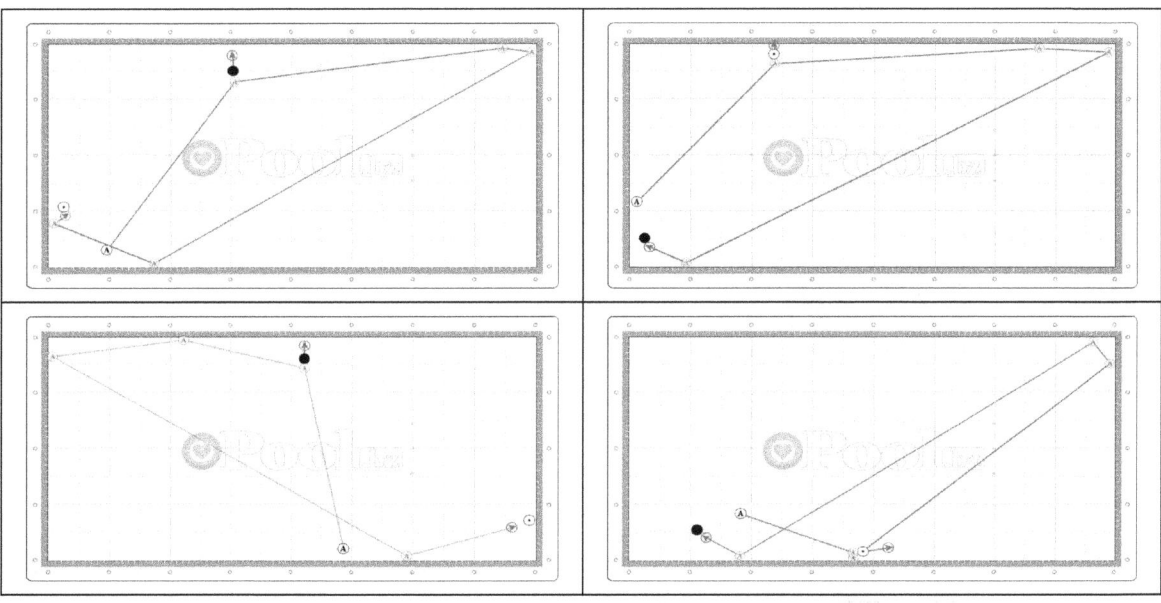

Analys:

E:2a. _____

E:2b. _____

E:2c. _____

E:2d. _____

E:2a – Inrätta

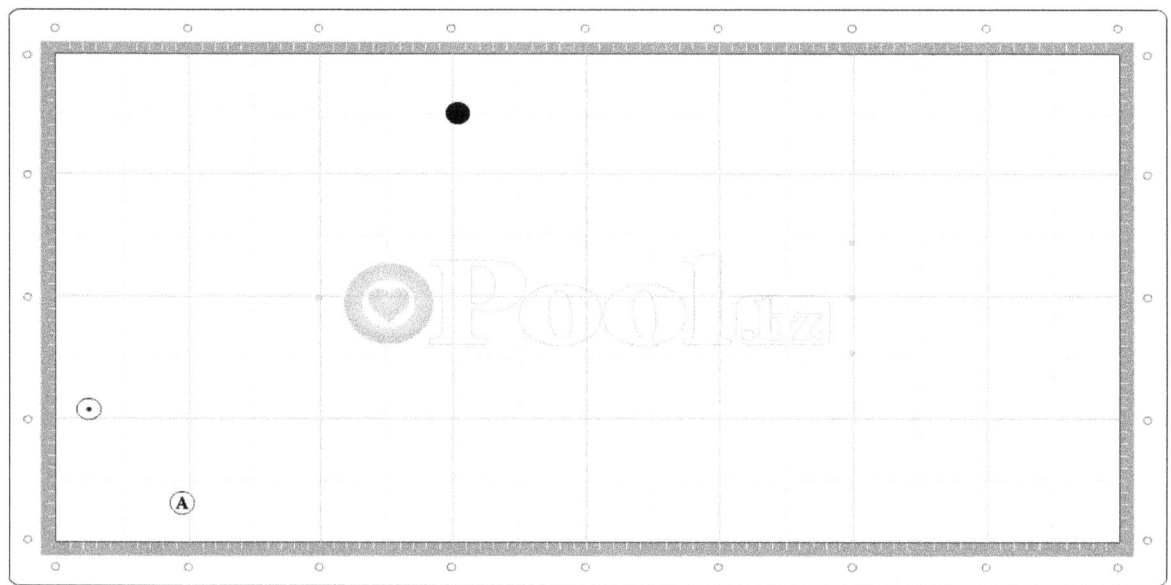

Anteckningar och idéer:

Skottmönster

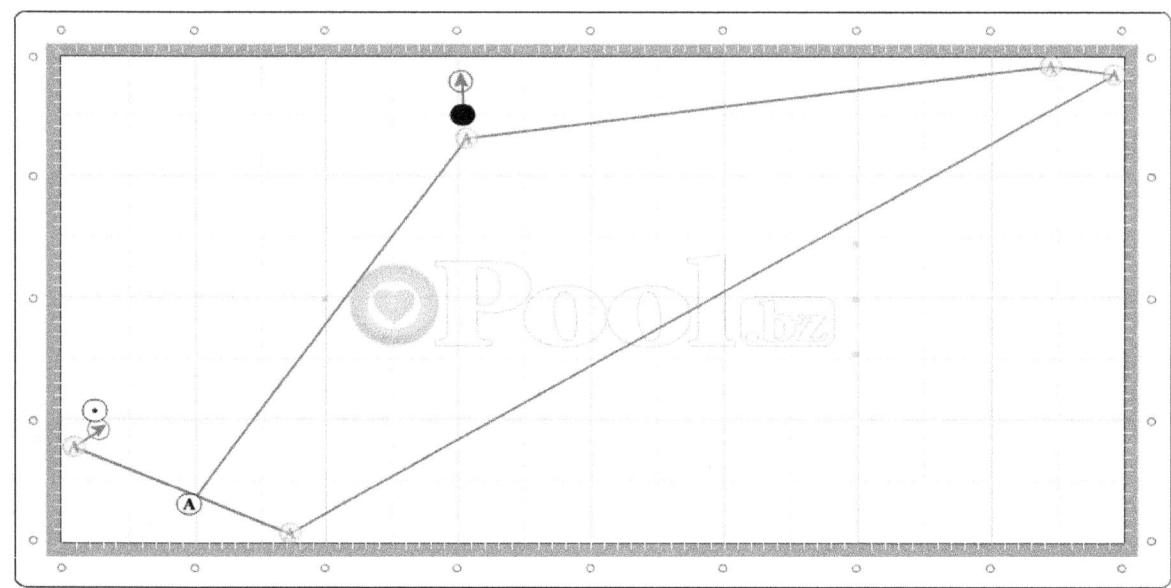

E:2b – Inrätta

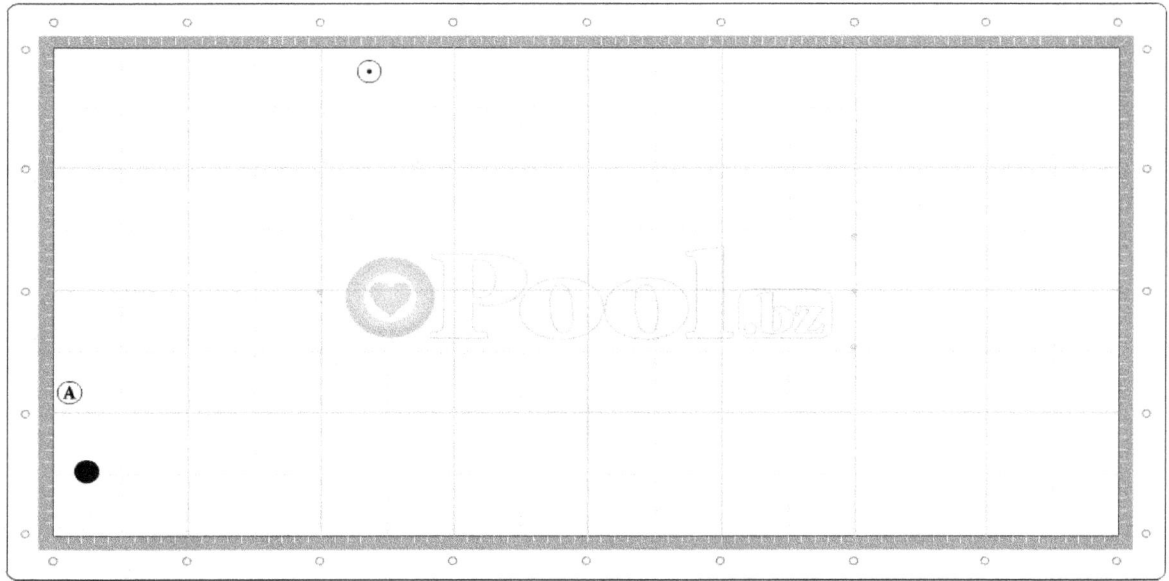

Anteckningar och idéer:

Skottmönster

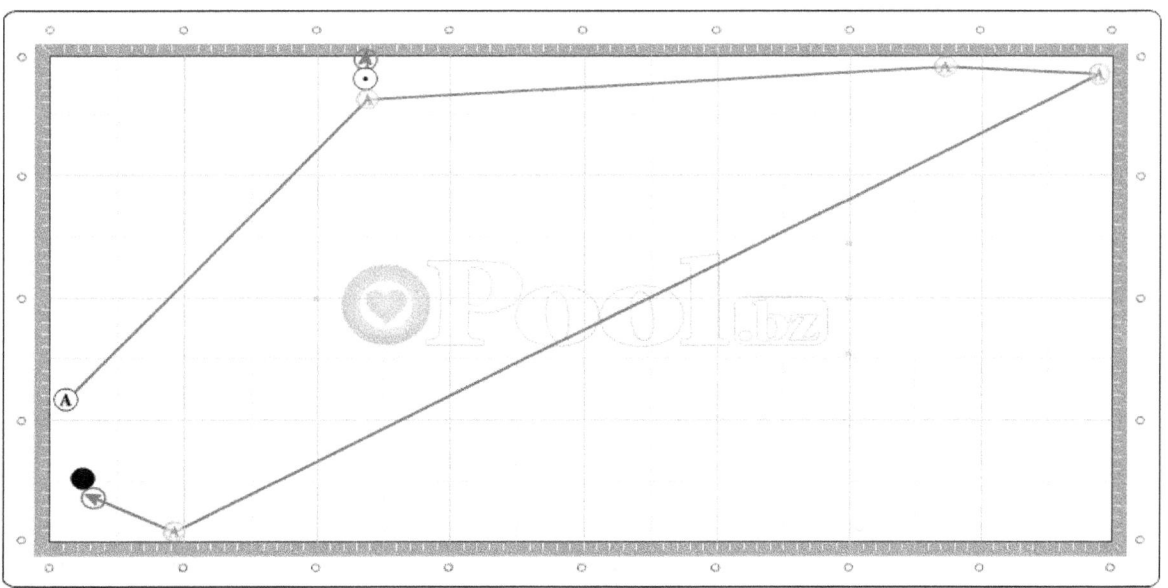

E:2c – Inrätta

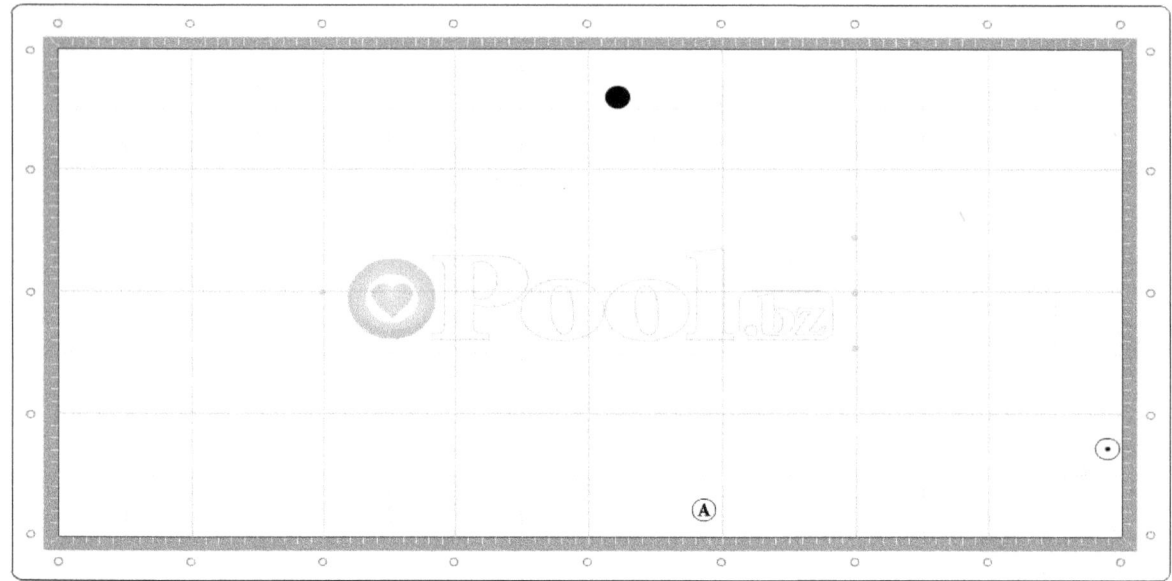

Anteckningar och idéer:

Skottmönster

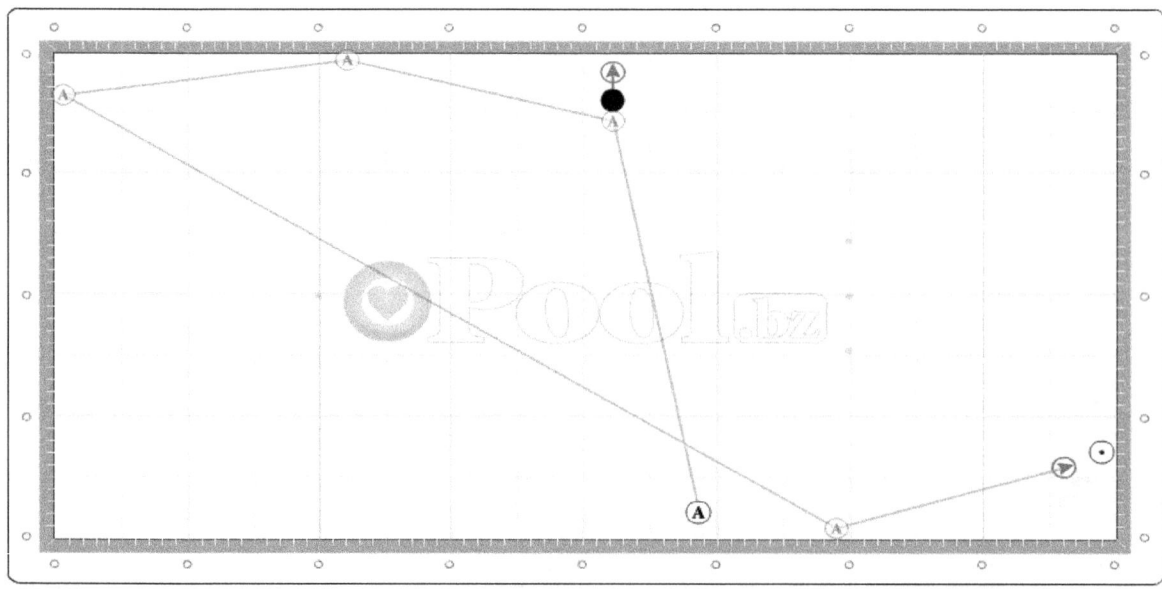

E:2d – Inrätta

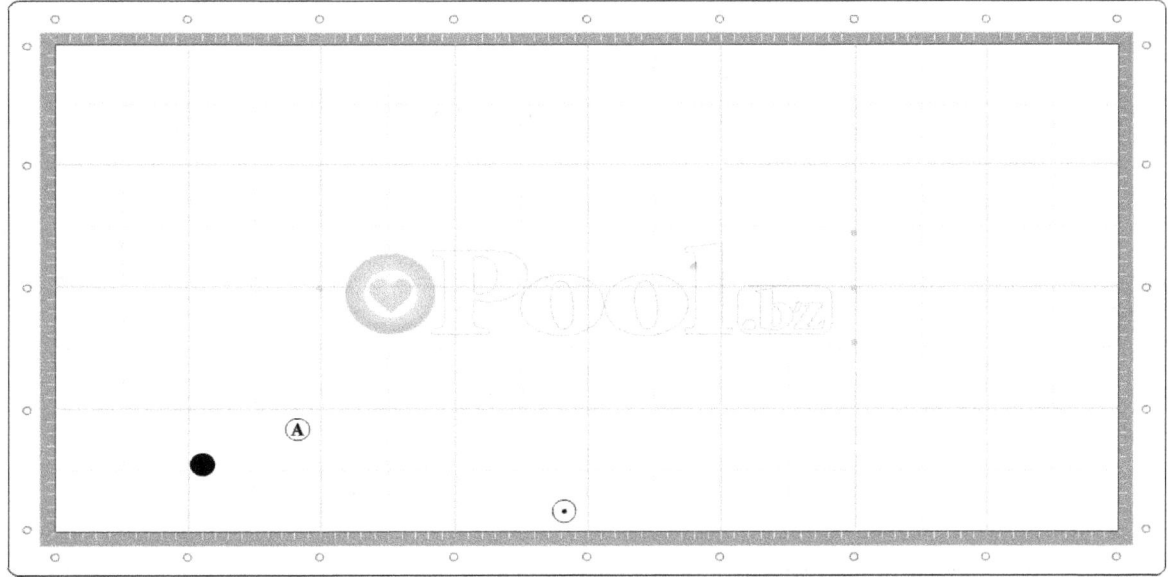

Anteckningar och idéer:

Skottmönster

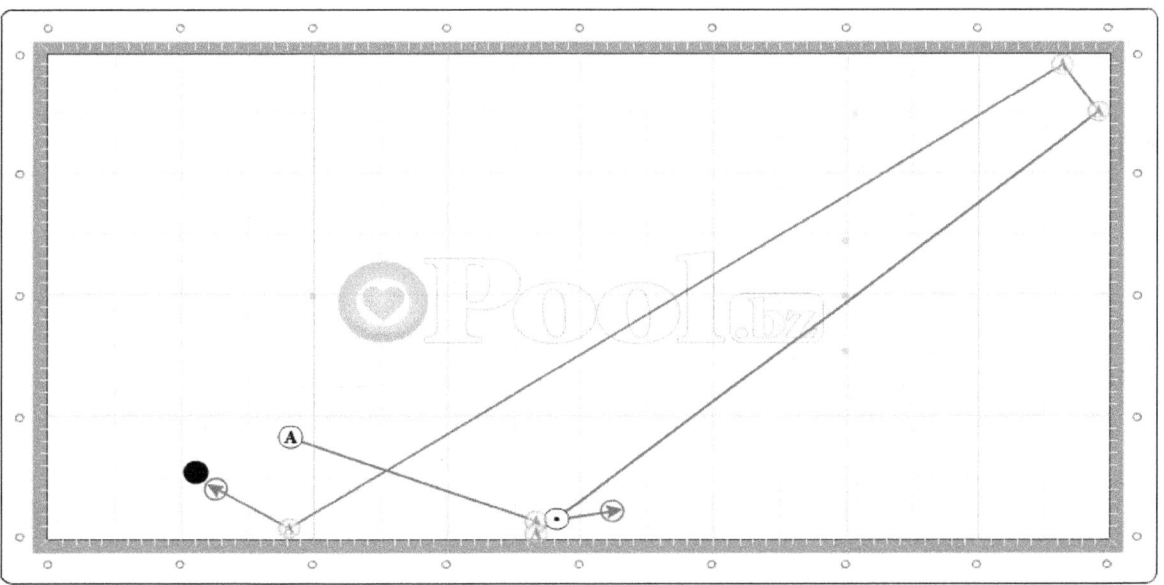

E: Grupp 3

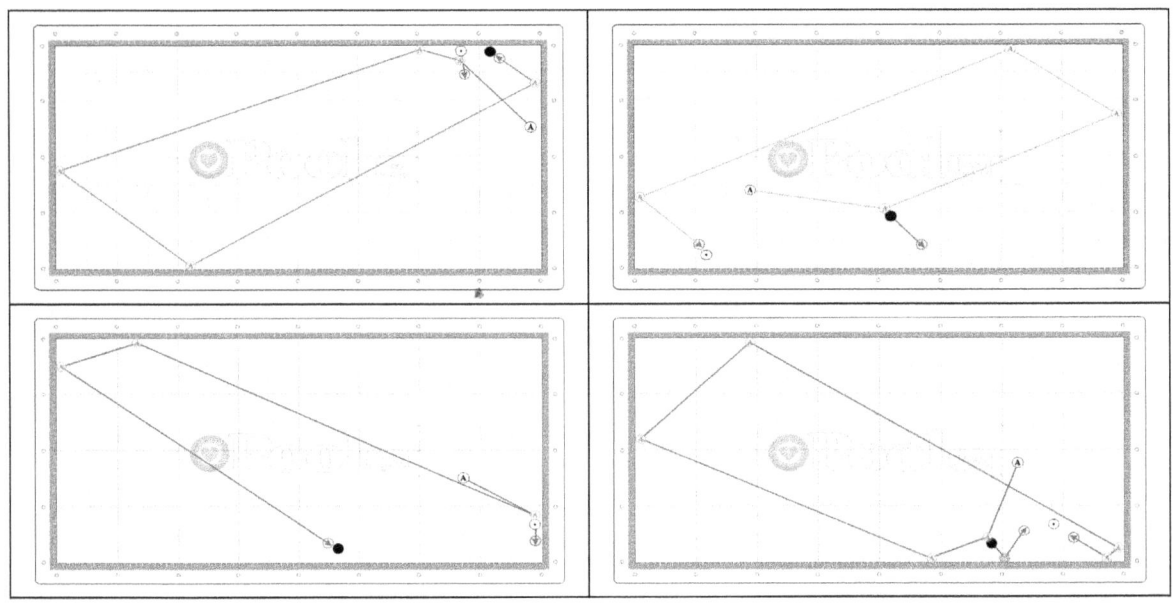

Analys:

E:3a. _____

E:3b. _____

E:3c. _____

E:3d. _____

E:3a – Inrätta

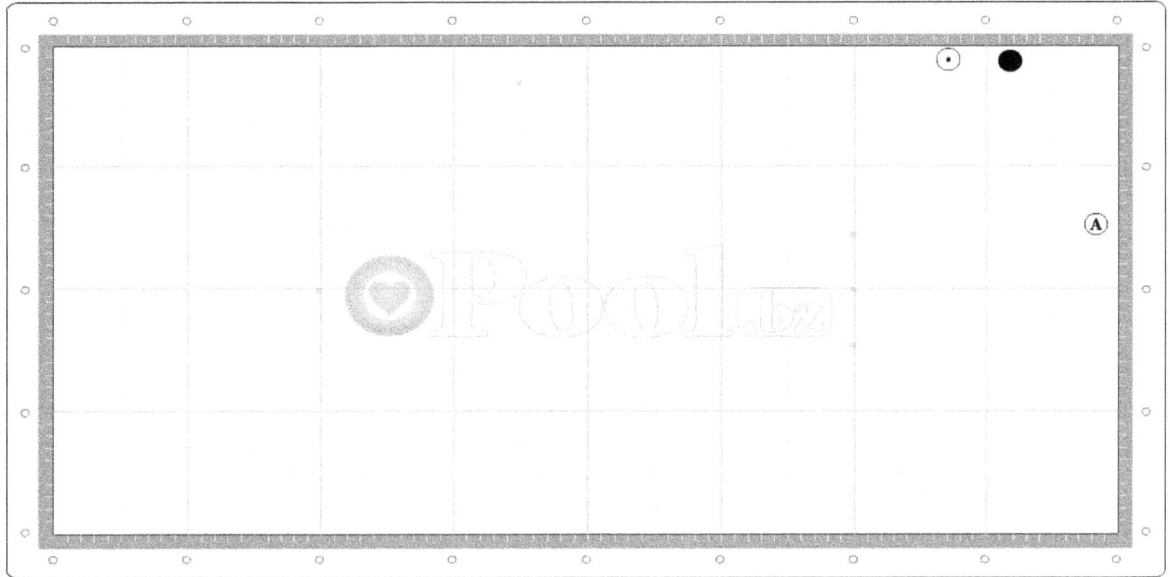

Anteckningar och idéer:

Skottmönster

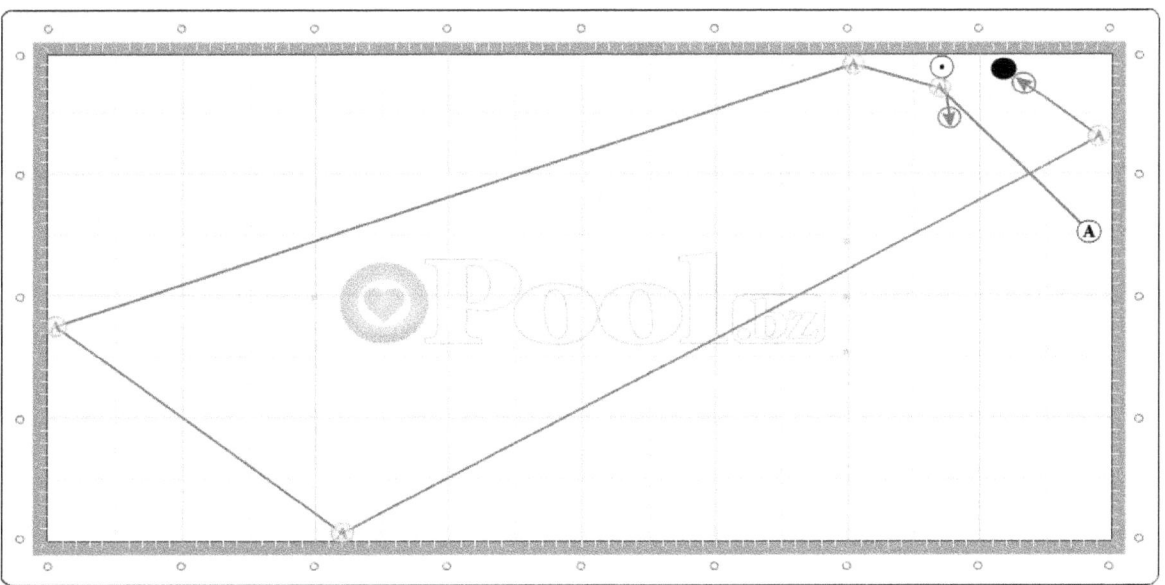

E:3b – Inrätta

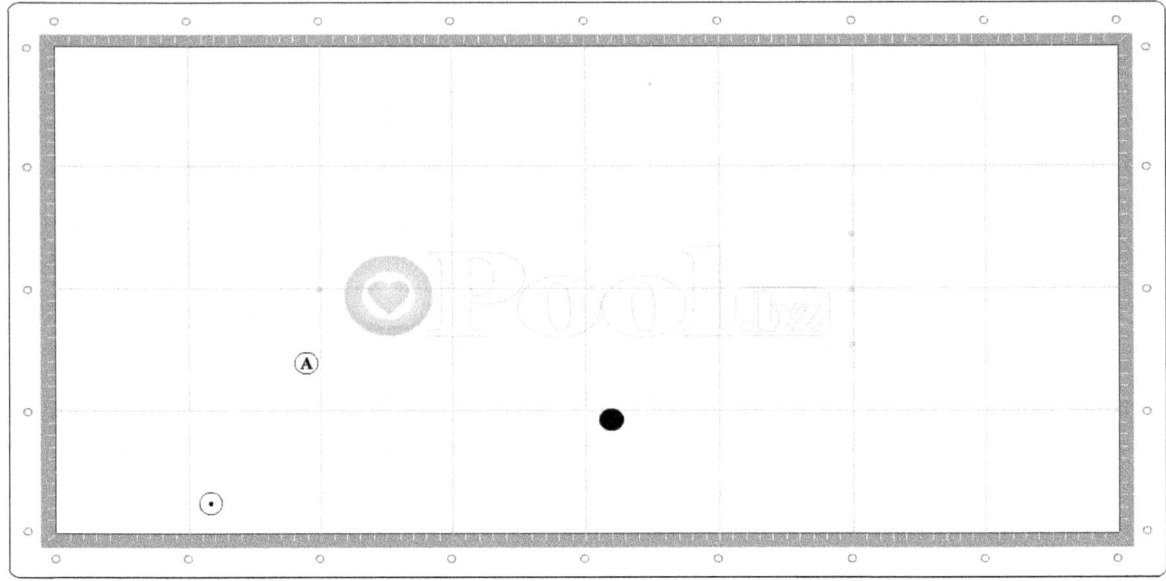

Anteckningar och idéer:

Skottmönster

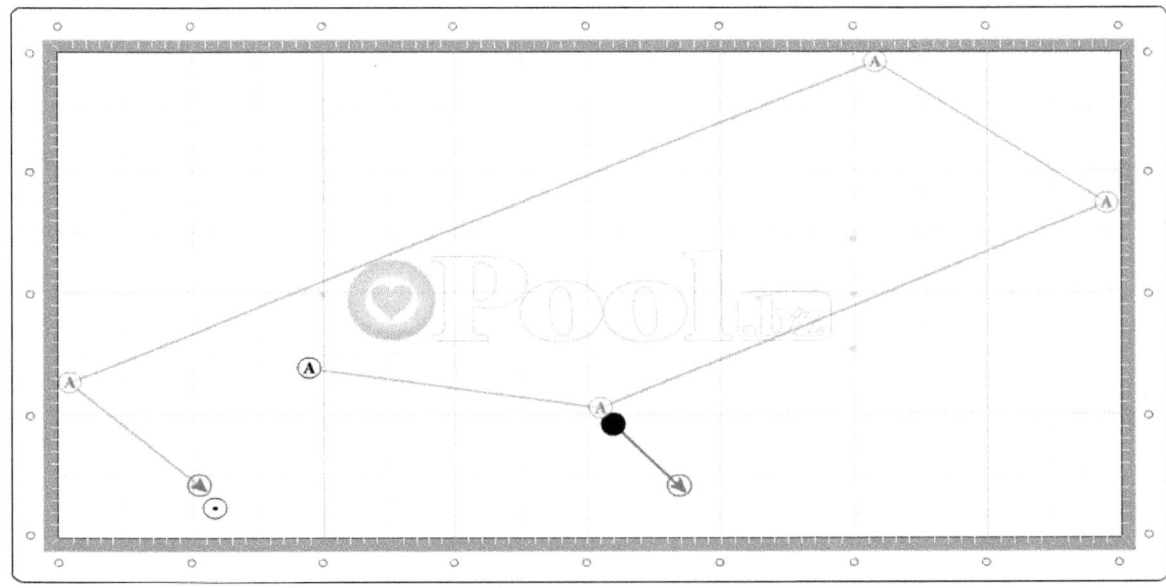

E:3c – Inrätta

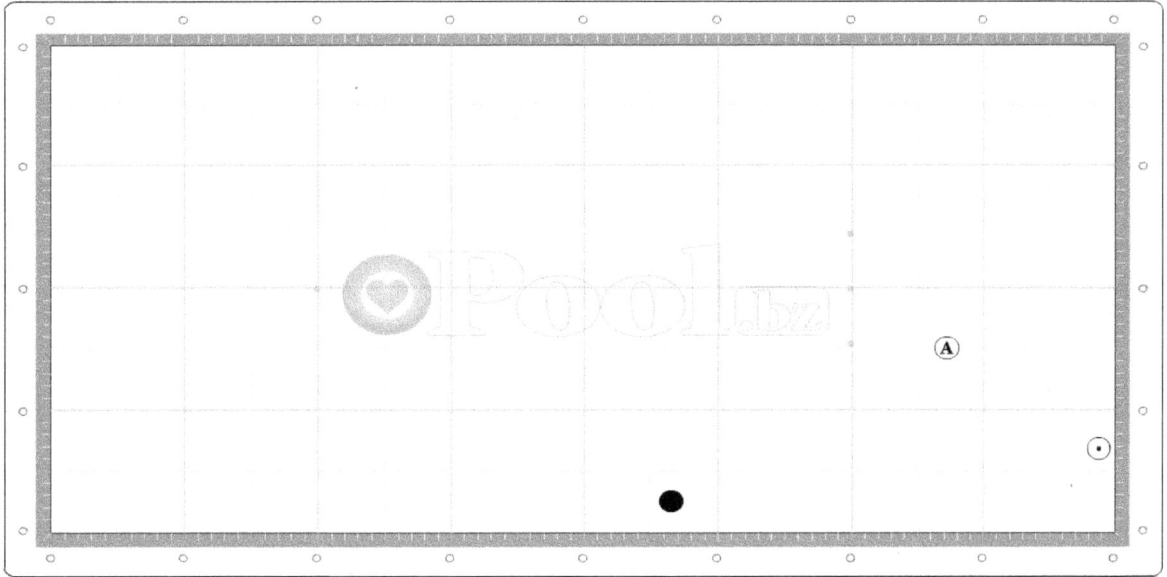

Anteckningar och idéer:

Skottmönster

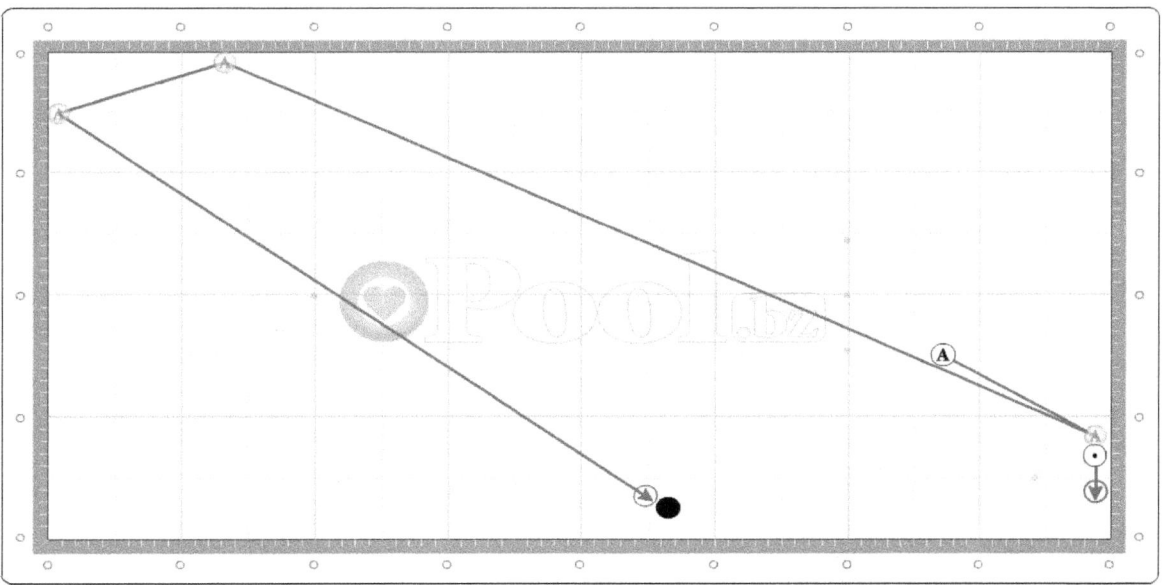

E:3d – Inrätta

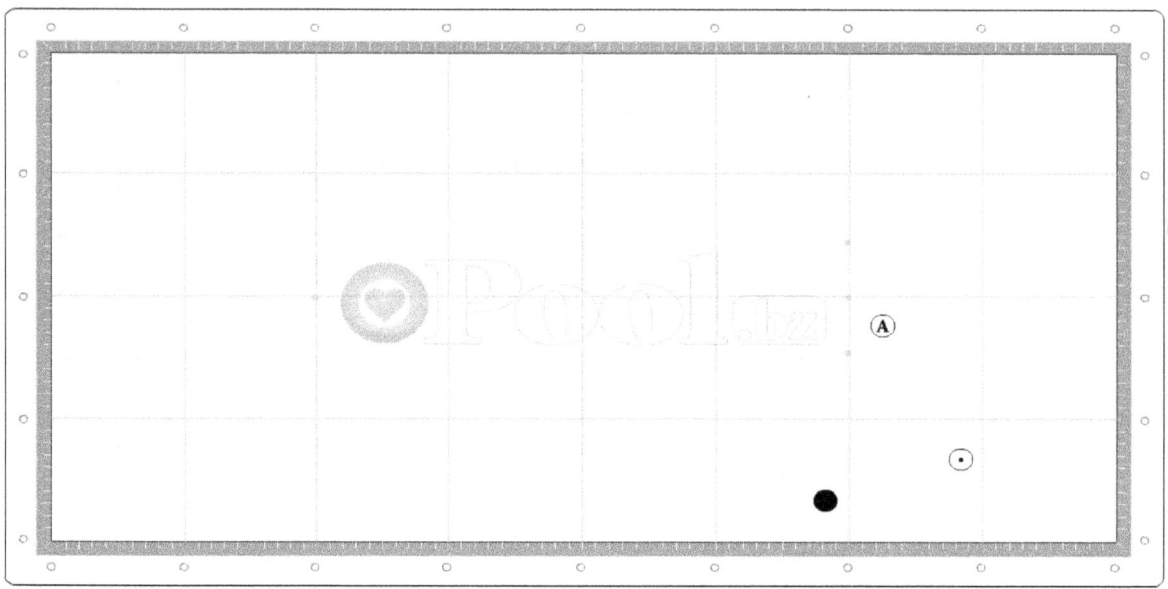

Anteckningar och idéer:

Skottmönster

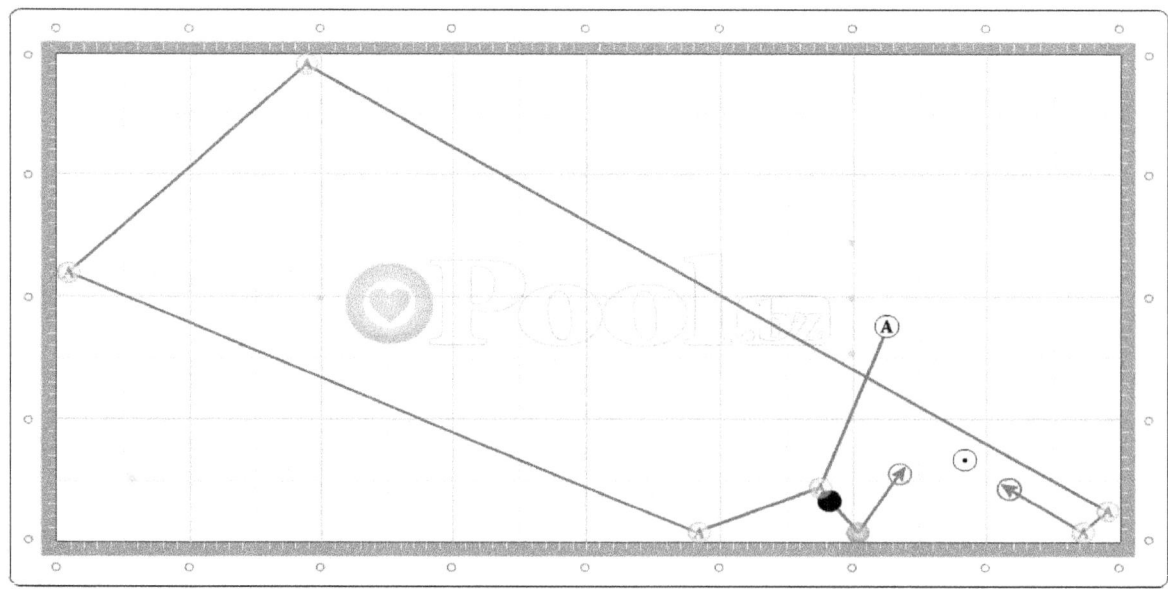

E: Grupp 4

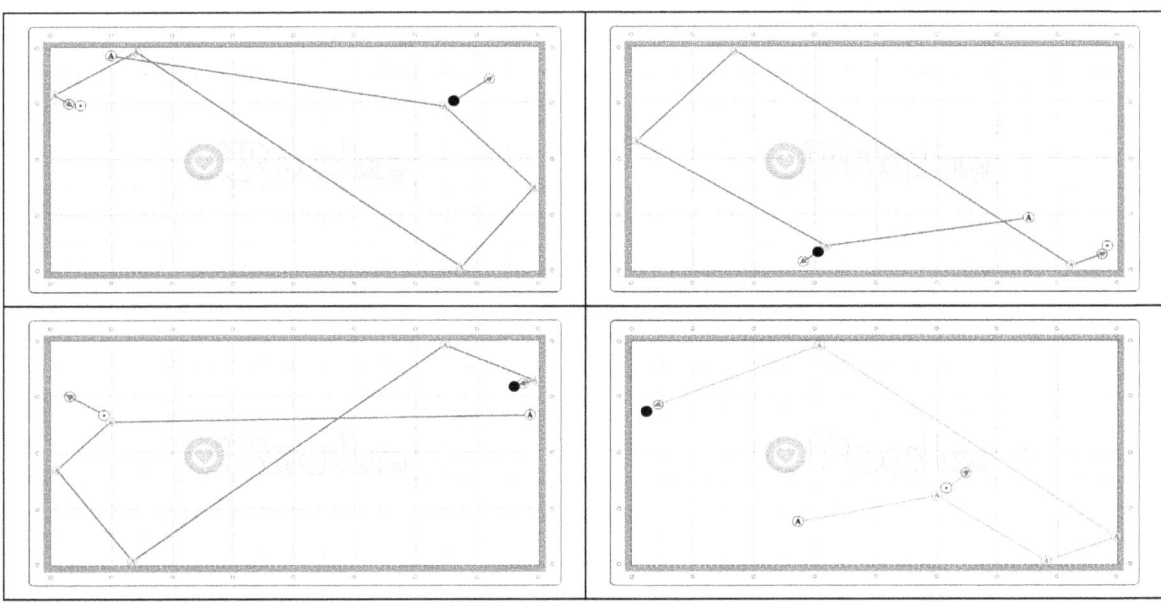

Analys:

E:4a. _____

E:4b. _____

E:4c. _____

E:4d. _____

E:4a – Inrätta

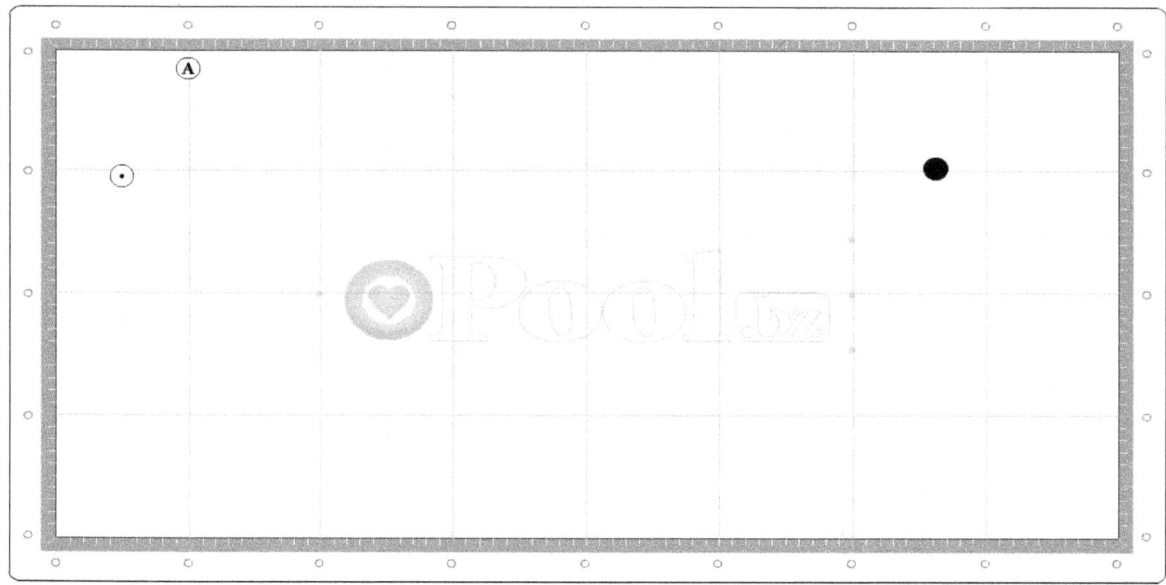

Anteckningar och idéer:

Skottmönster

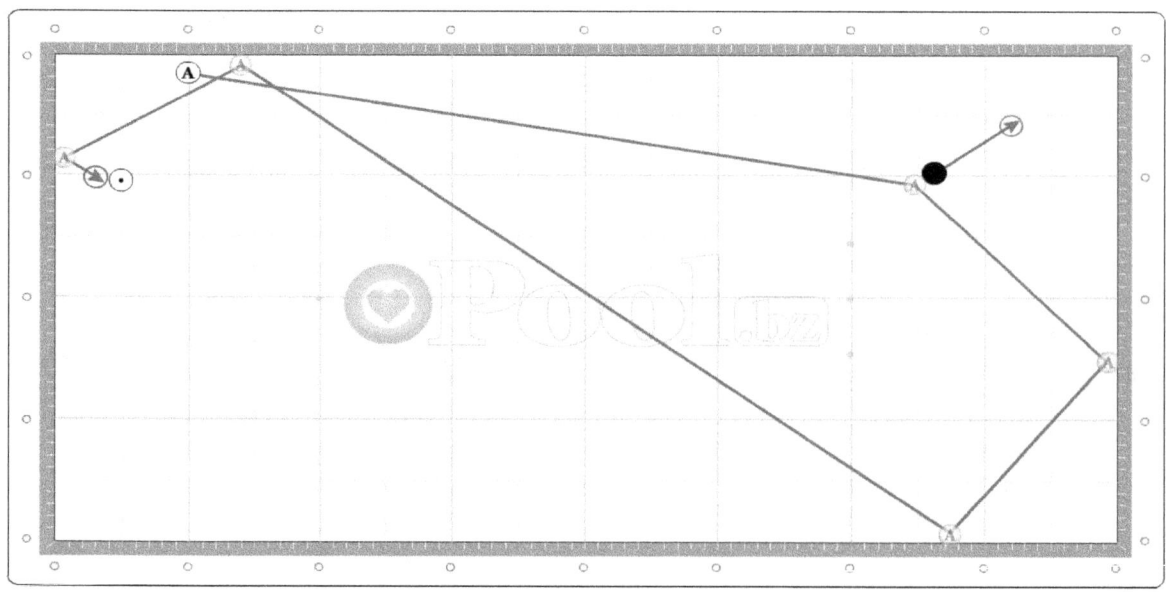

E:4b – Inrätta

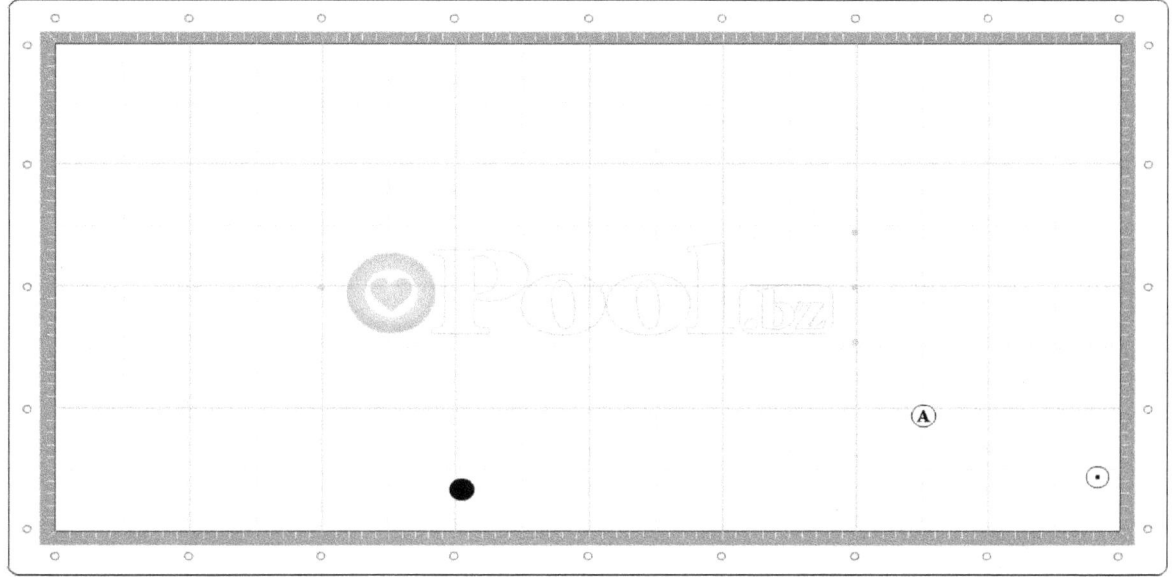

Anteckningar och idéer:

Skottmönster

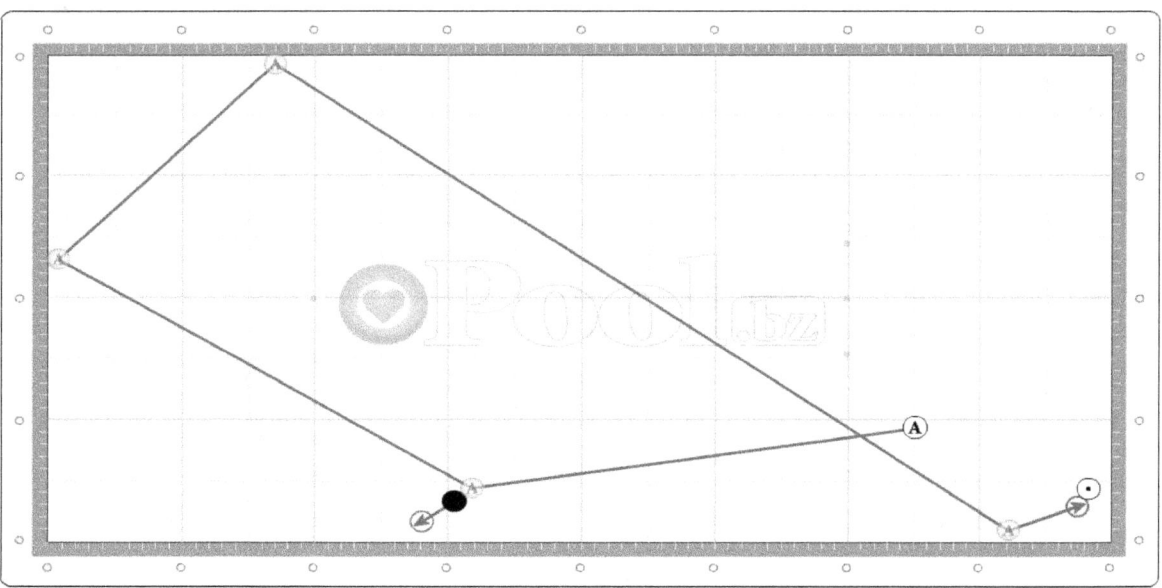

E:4c – Inrätta

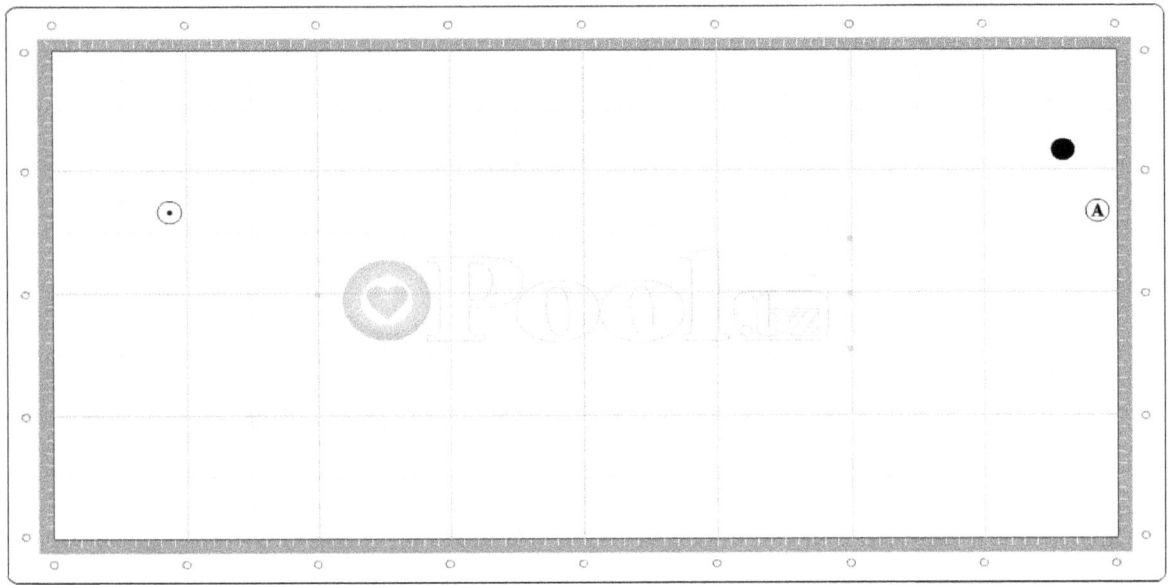

Anteckningar och idéer:

Skottmönster

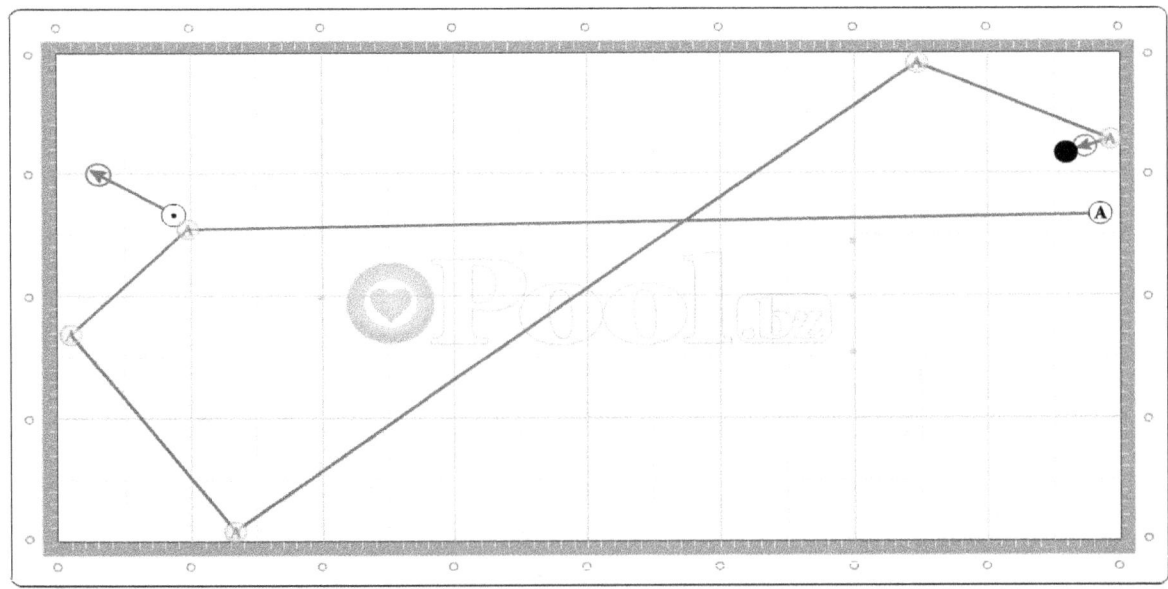

E:4d – Inrätta

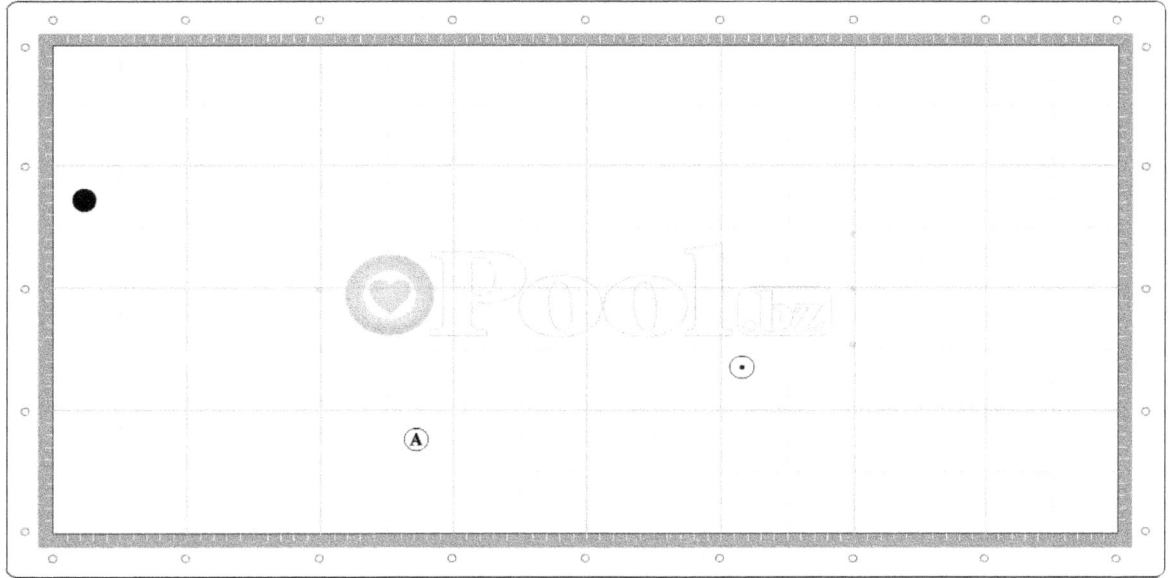

Anteckningar och idéer:

Skottmönster

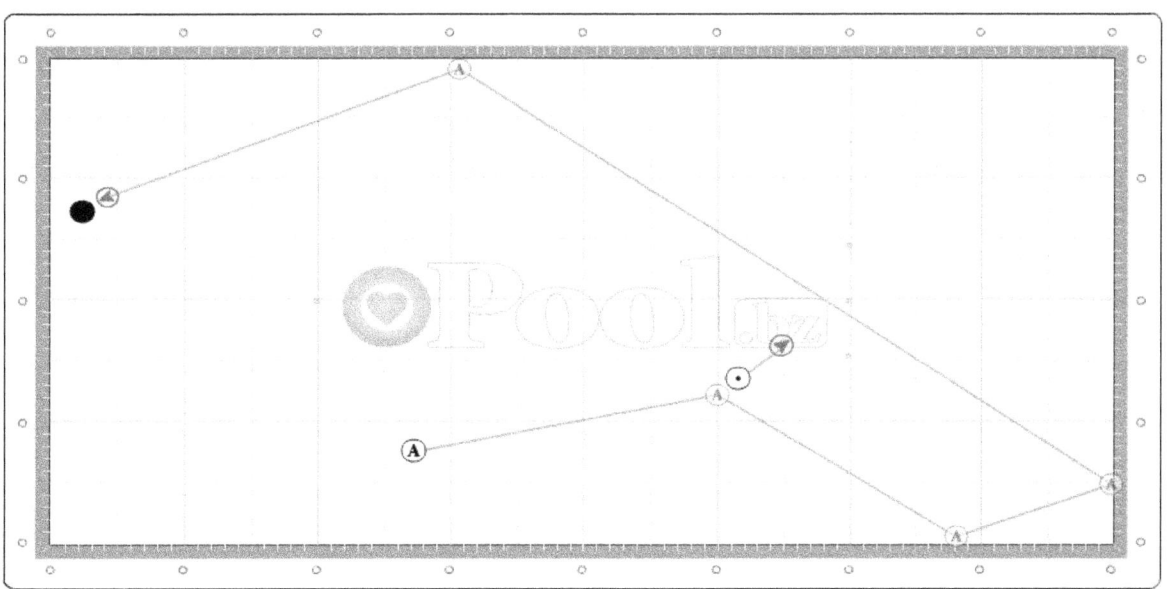

E: Grupp 5

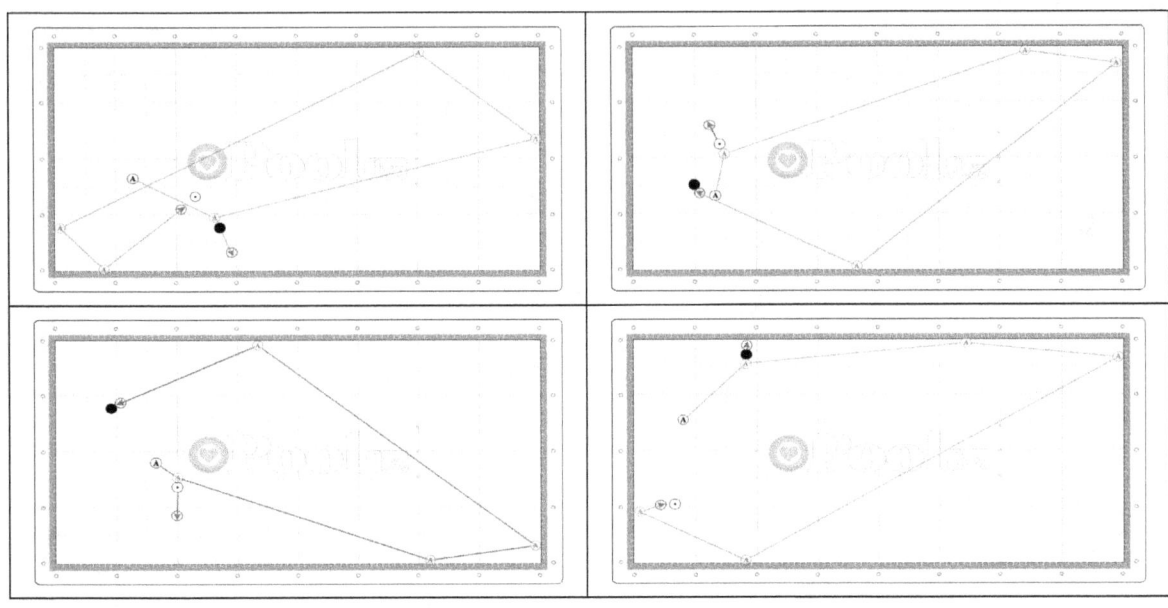

Analys:

E:5a. _____

E:5b. _____

E:5c. _____

E:5d. _____

E:5a – Inrätta

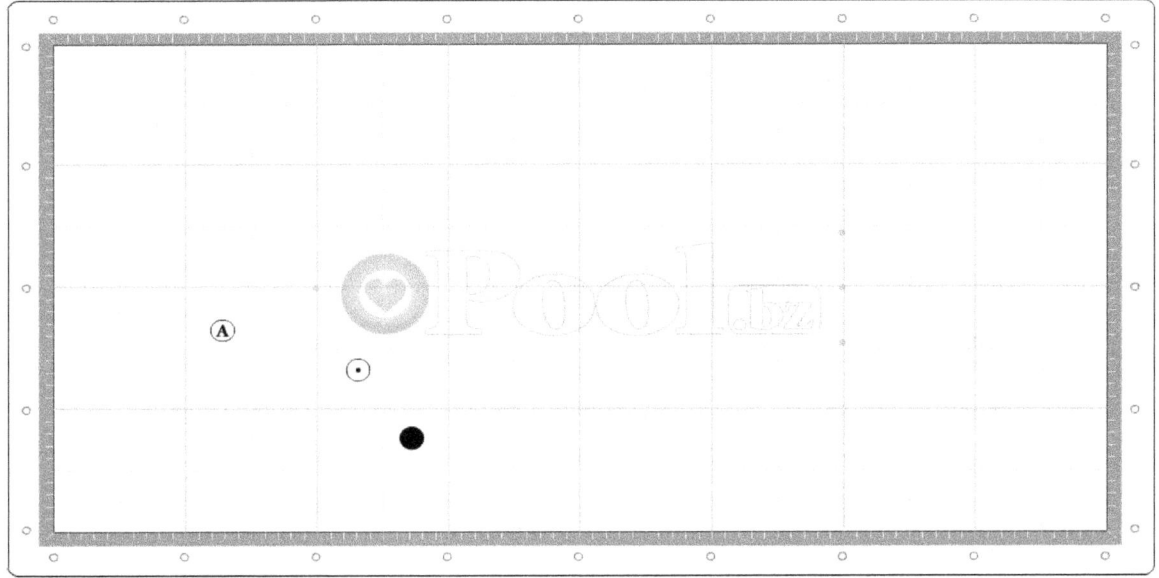

Anteckningar och idéer:

Skottmönster

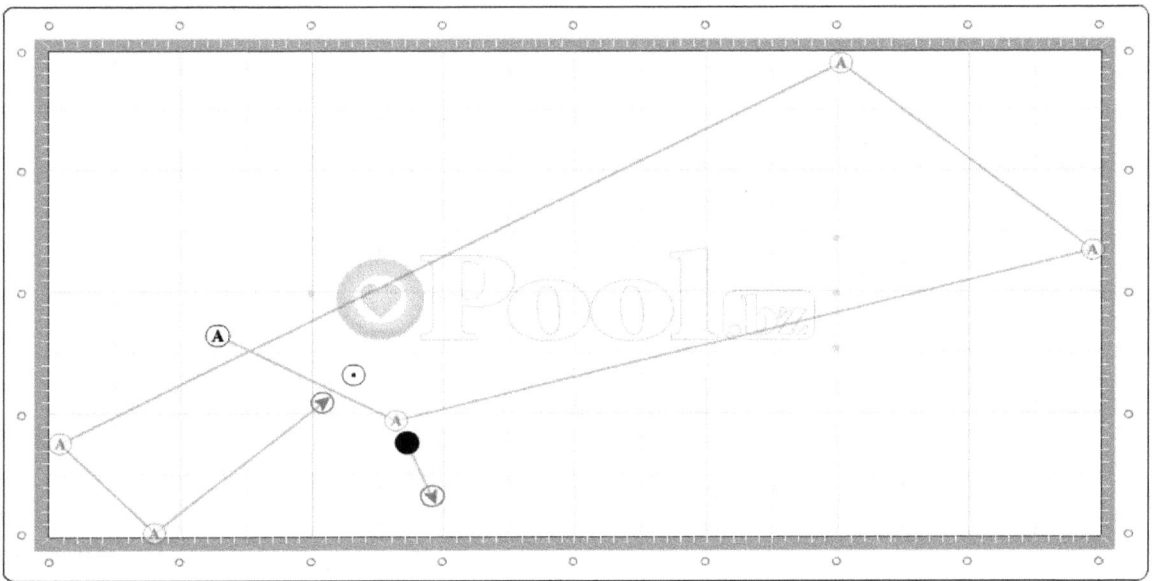

E:5b – Inrätta

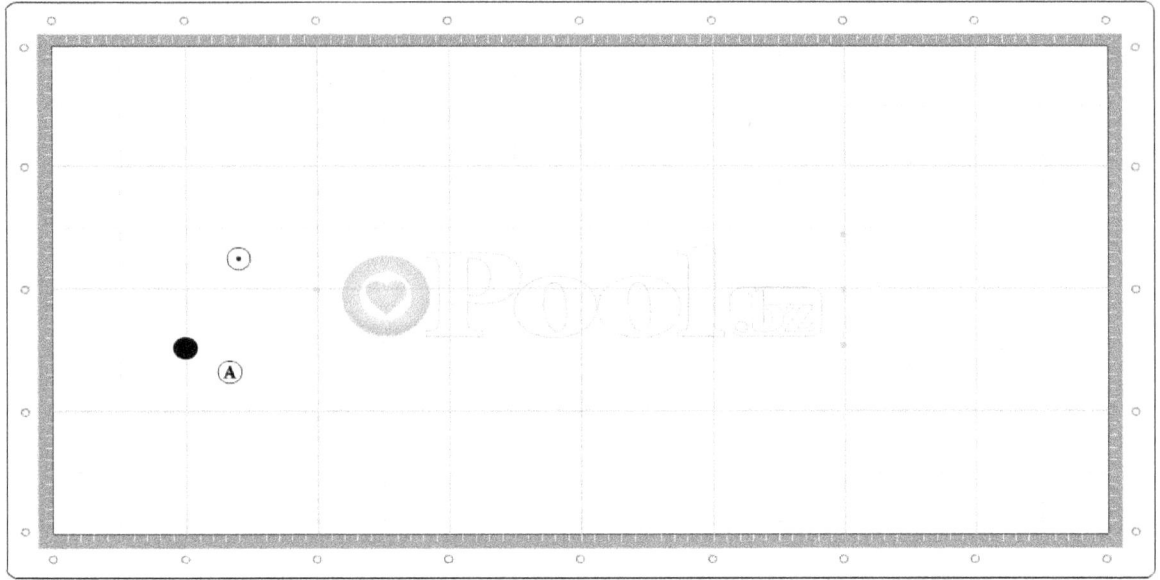

Anteckningar och idéer:

Skottmönster

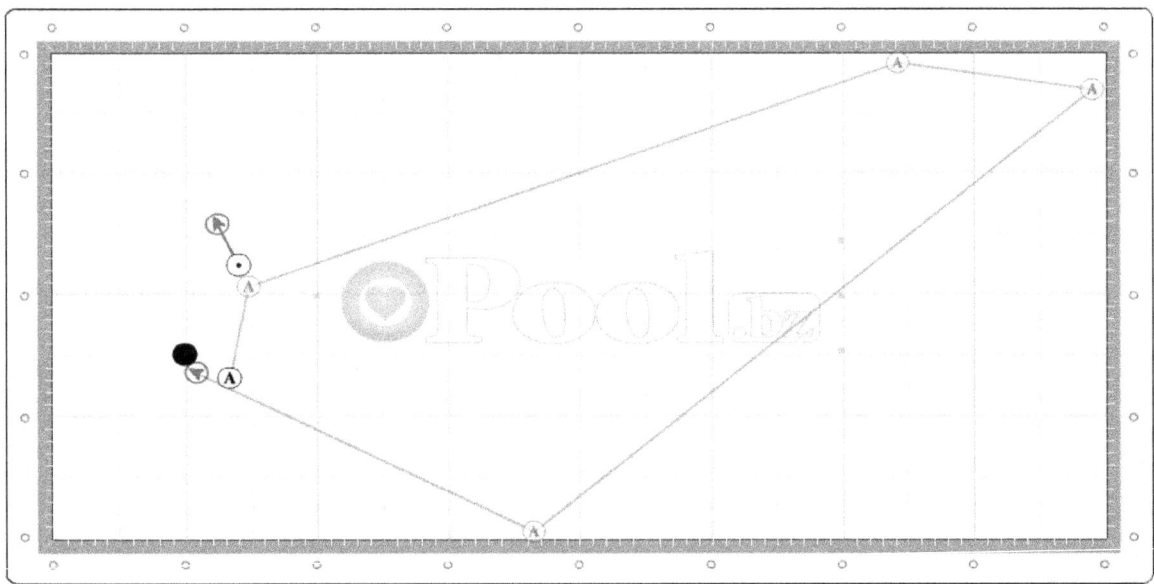

E:5c – Inrätta

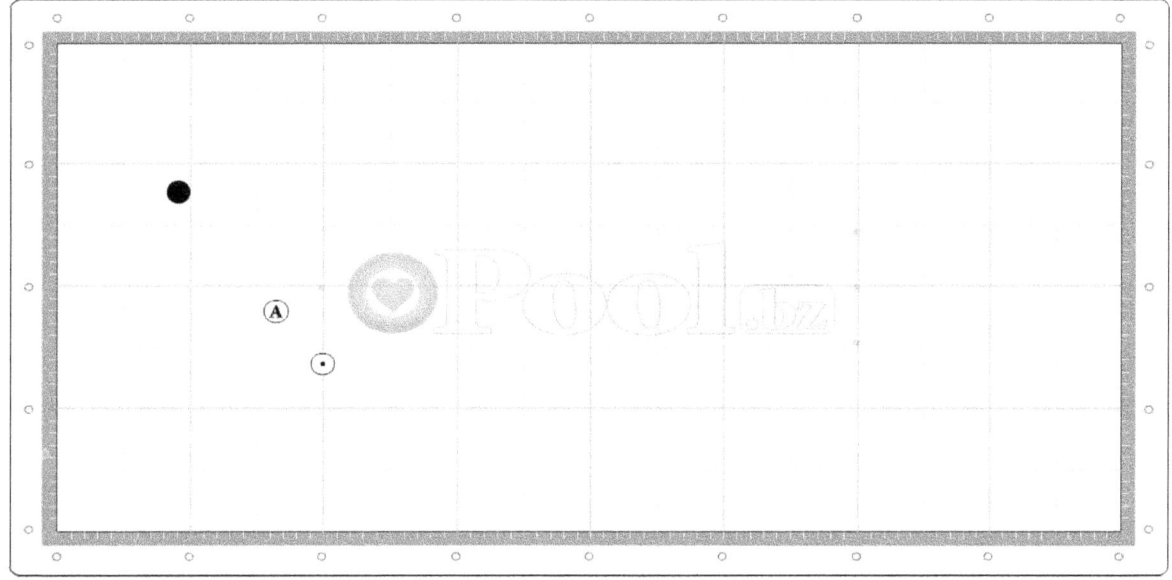

Anteckningar och idéer:

Skottmönster

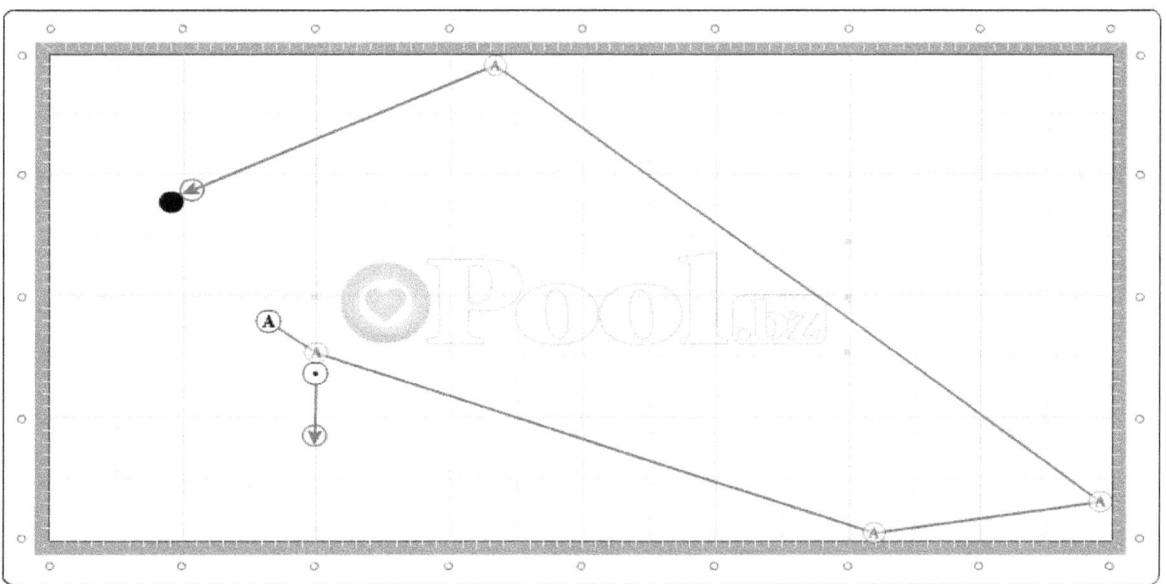

E:5d – Inrätta

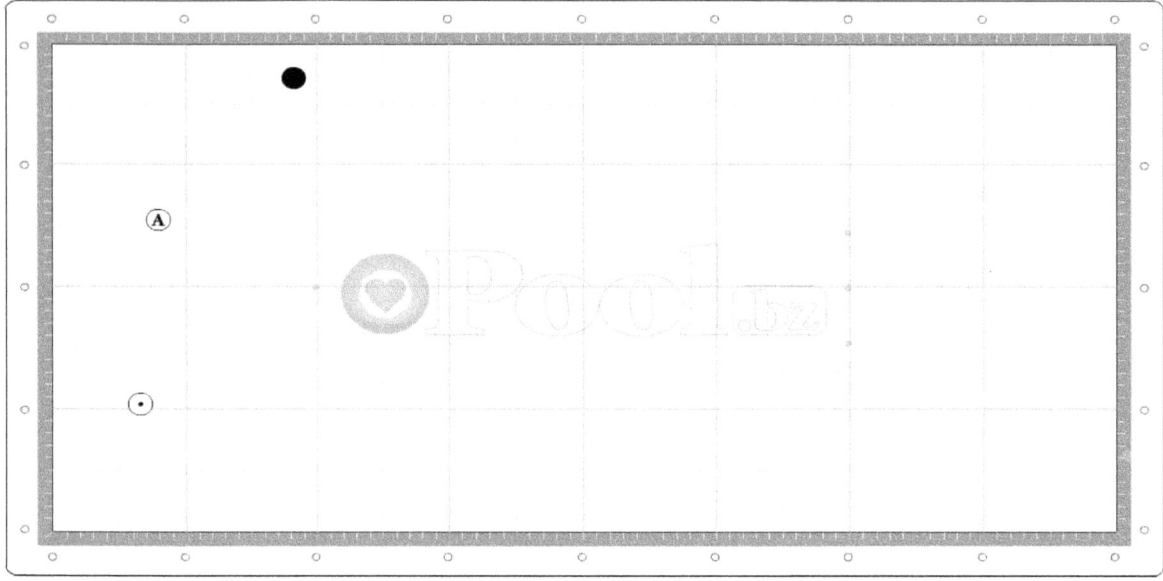

Anteckningar och idéer:

Skottmönster

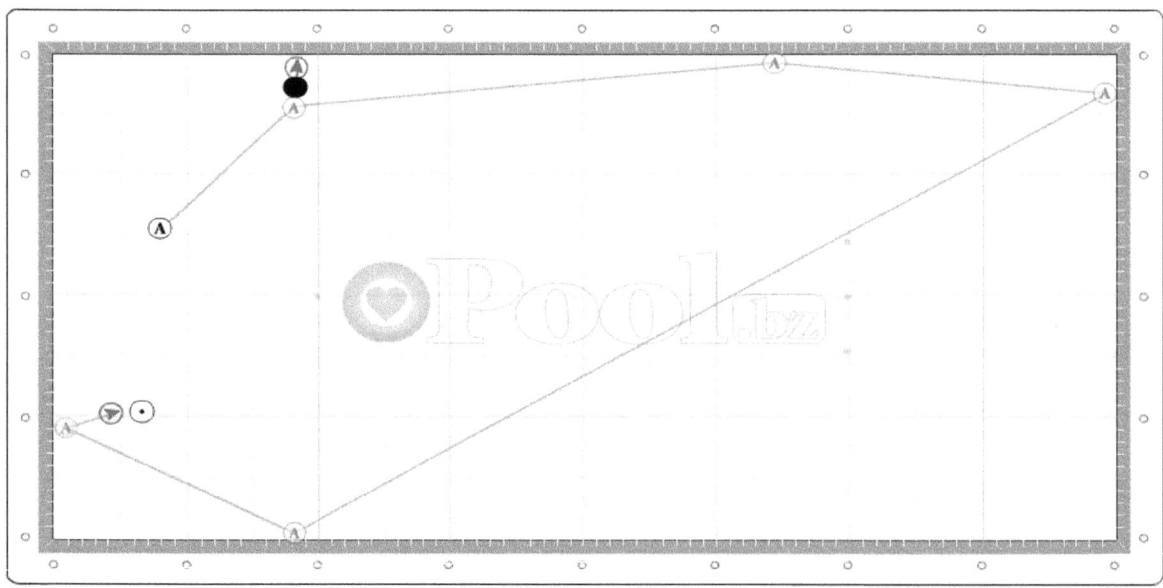

E: Grupp 6

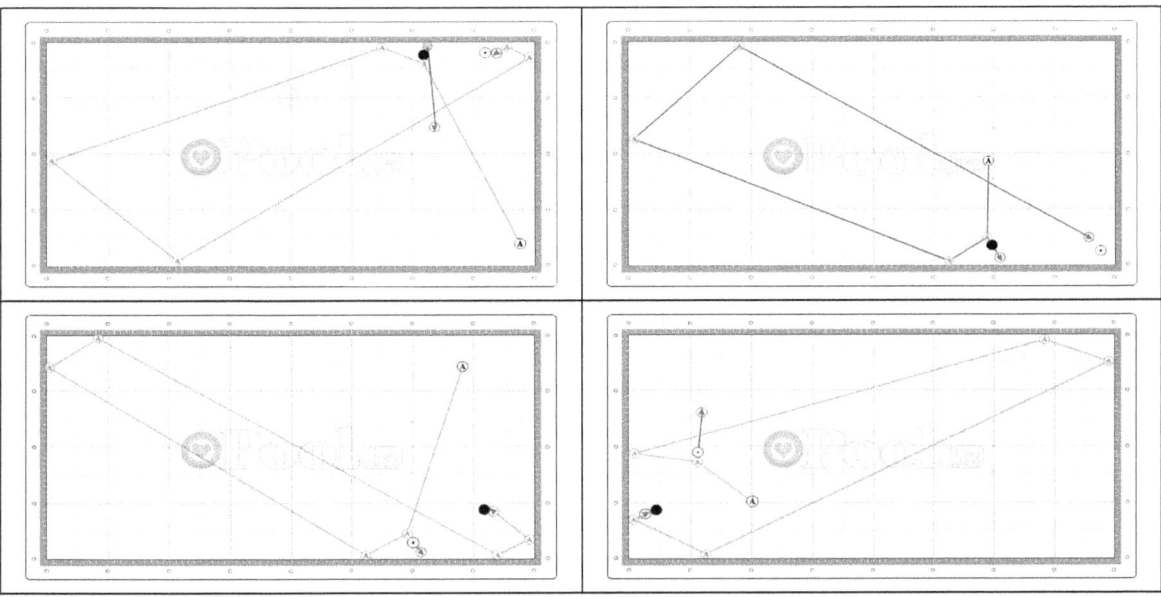

Analys:

E:6a. _____

E:6b. _____

E:6c. _____

E:6d. _____

E:6a – Inrätta

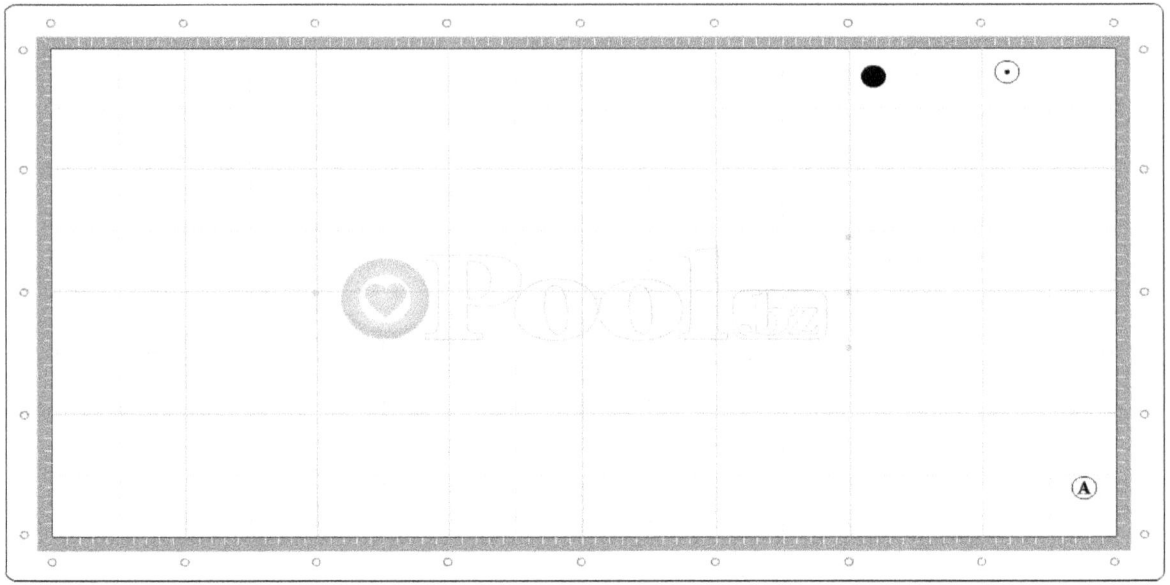

Anteckningar och idéer:

Skottmönster

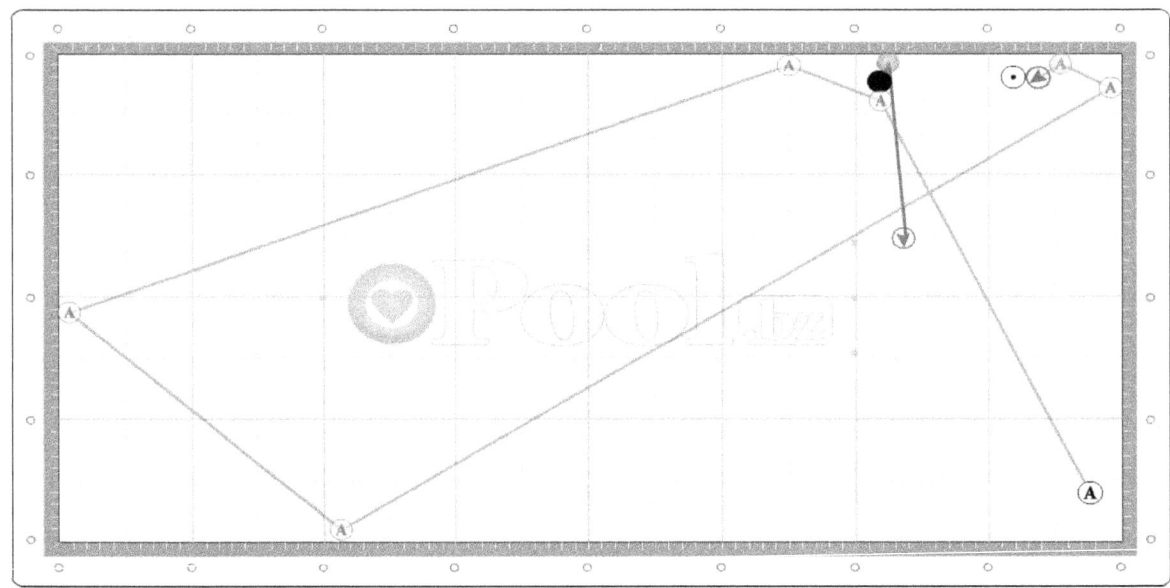

E:6b – Inrätta

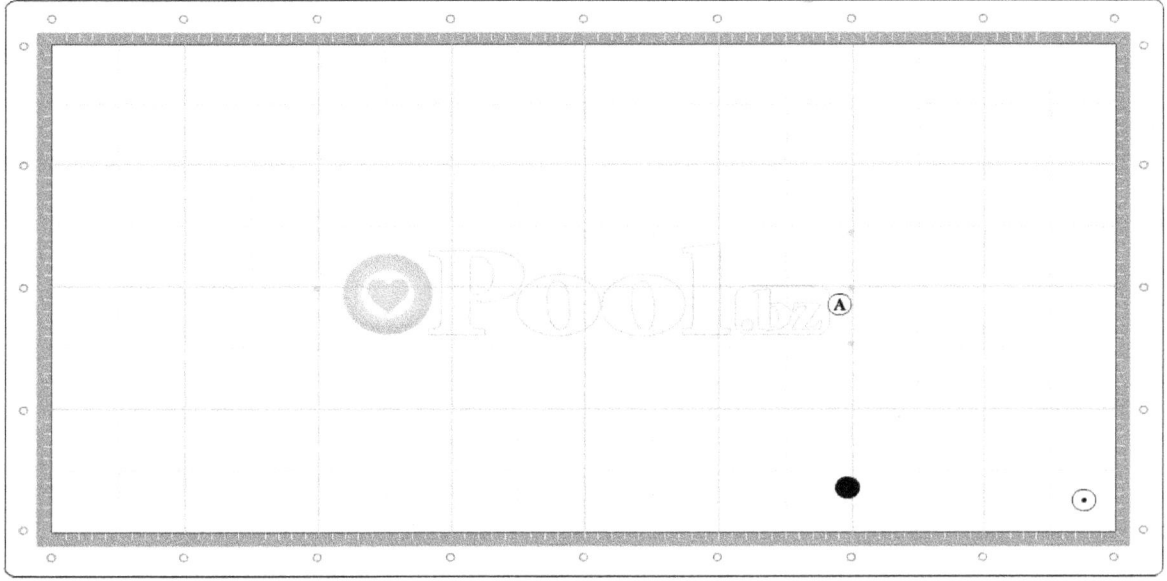

Anteckningar och idéer:

Skottmönster

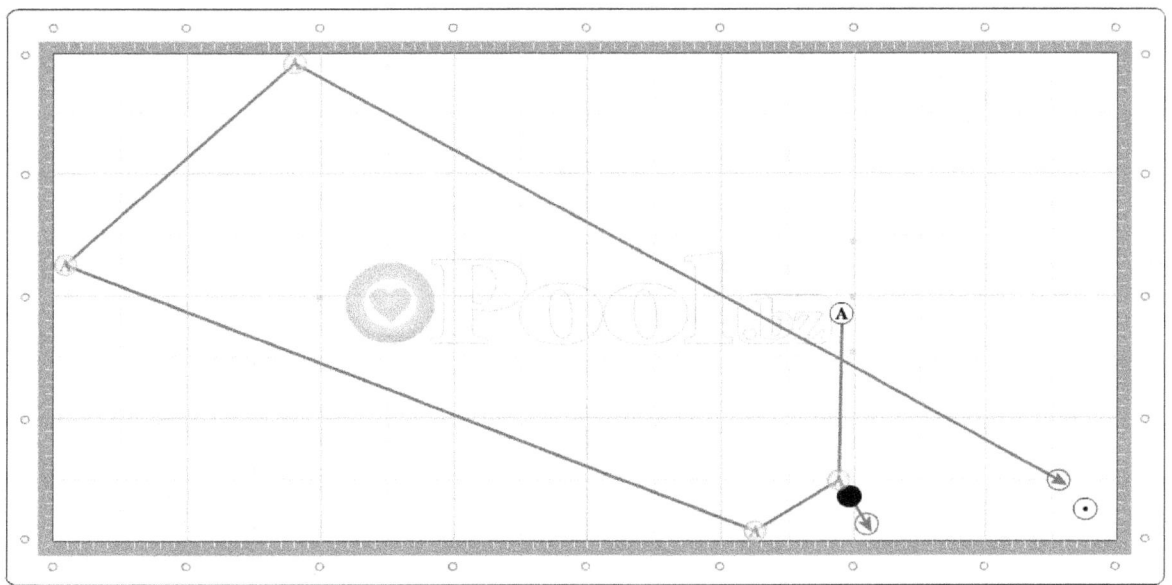

E:6c – Inrätta

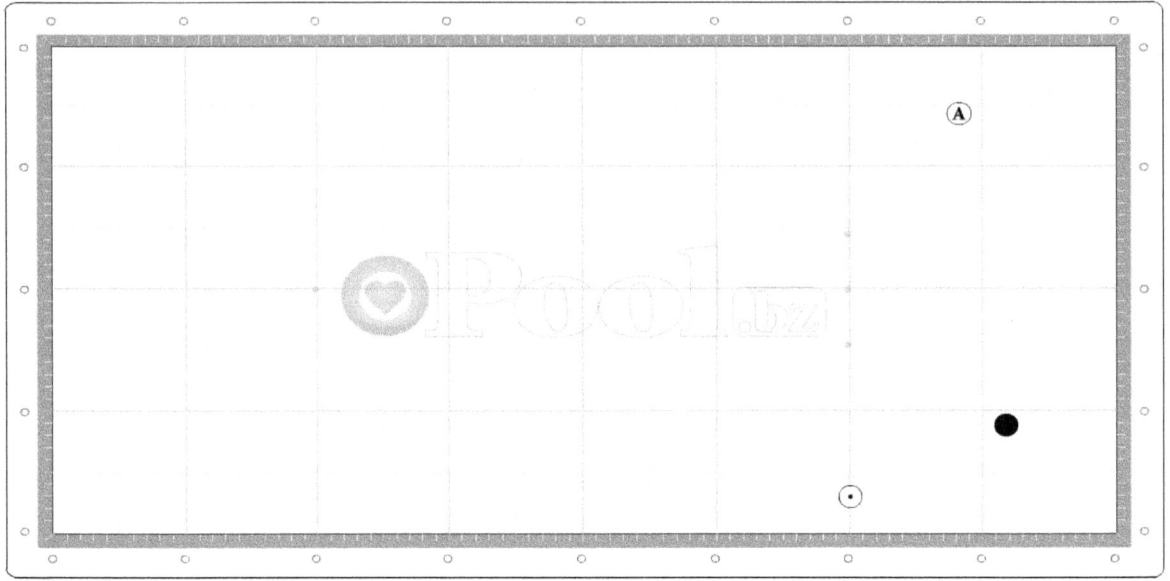

Anteckningar och idéer:

Skottmönster

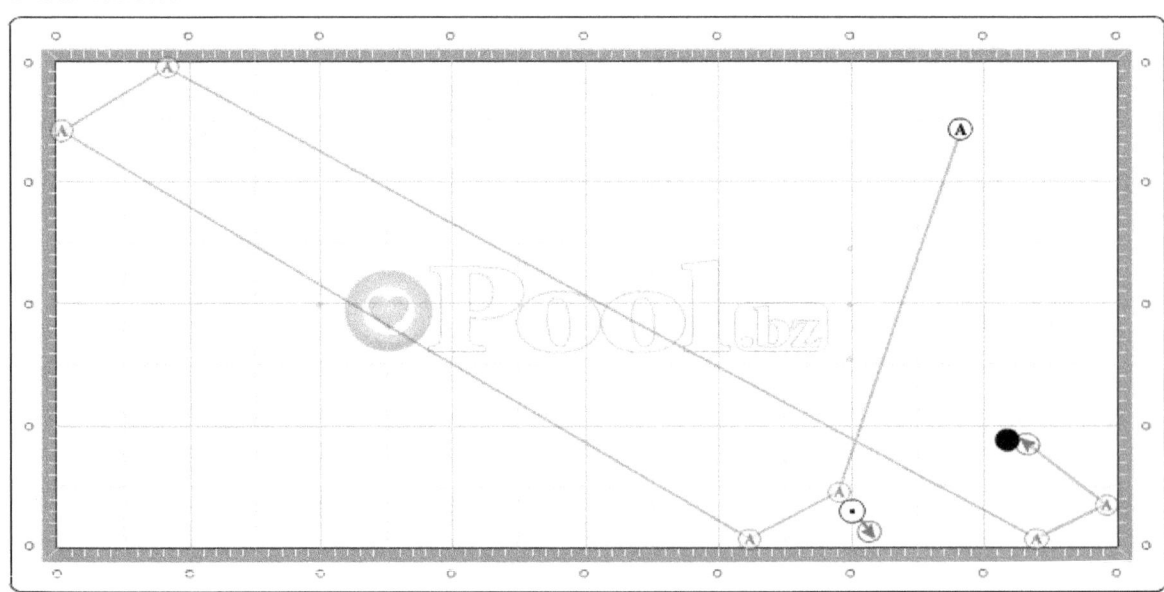

E:6d – Inrätta

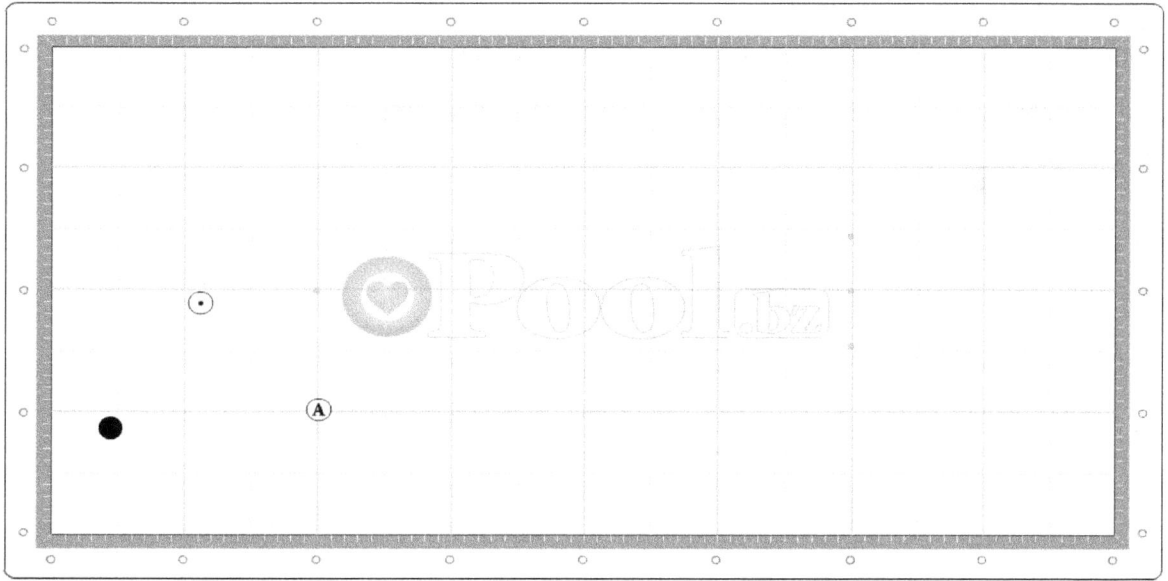

Anteckningar och idéer:

Skottmönster

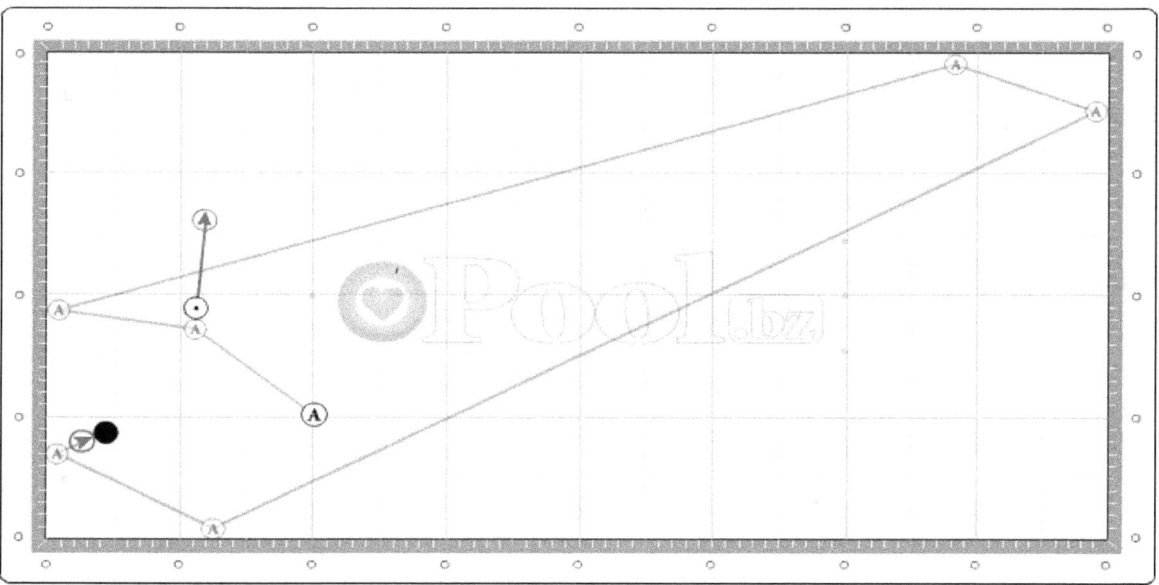

F: Trippel diagonal

(CB) kommer från den första (OB) och går sedan in i diagonalmönstret. Dessa är intressanta lösningar eftersom (CB) flyttar upp och ner på bordet tre gånger.

(Ⓐ) (CB) (din biljardboll) - ⊙ (OB) (motståndare biljardboll) - ● (OB) (röd biljardboll)

F: Grupp 1

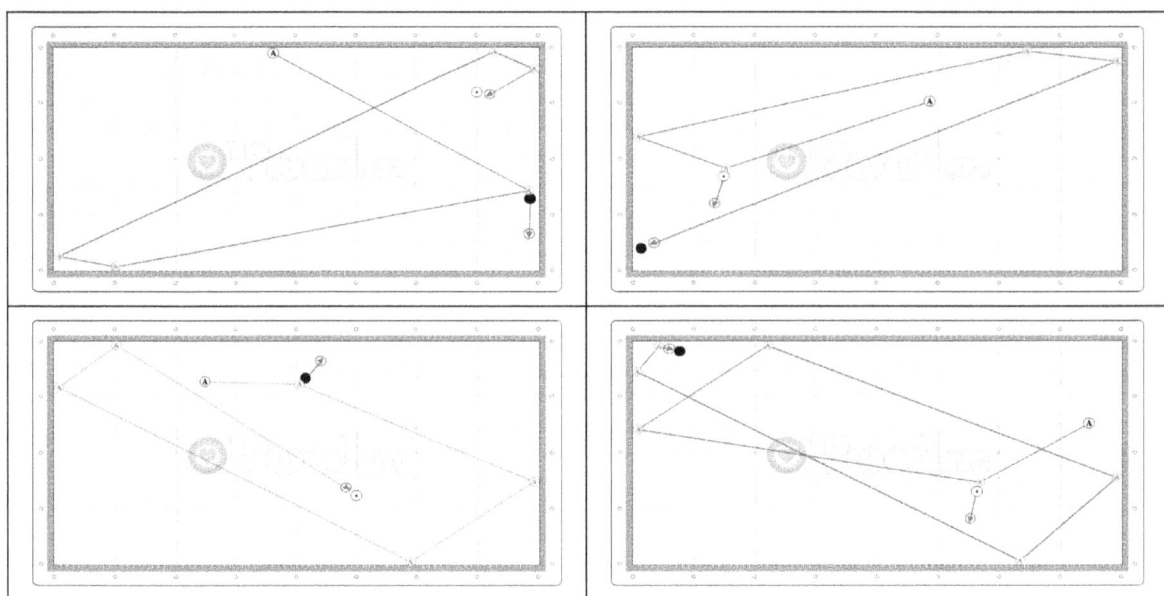

Analys:

F:1a. _____

F:1b. _____

F:1c. _____

F:1d. _____

Trevallars carambole: Korsa hörn diagonala mönster

F:1a – Inrätta

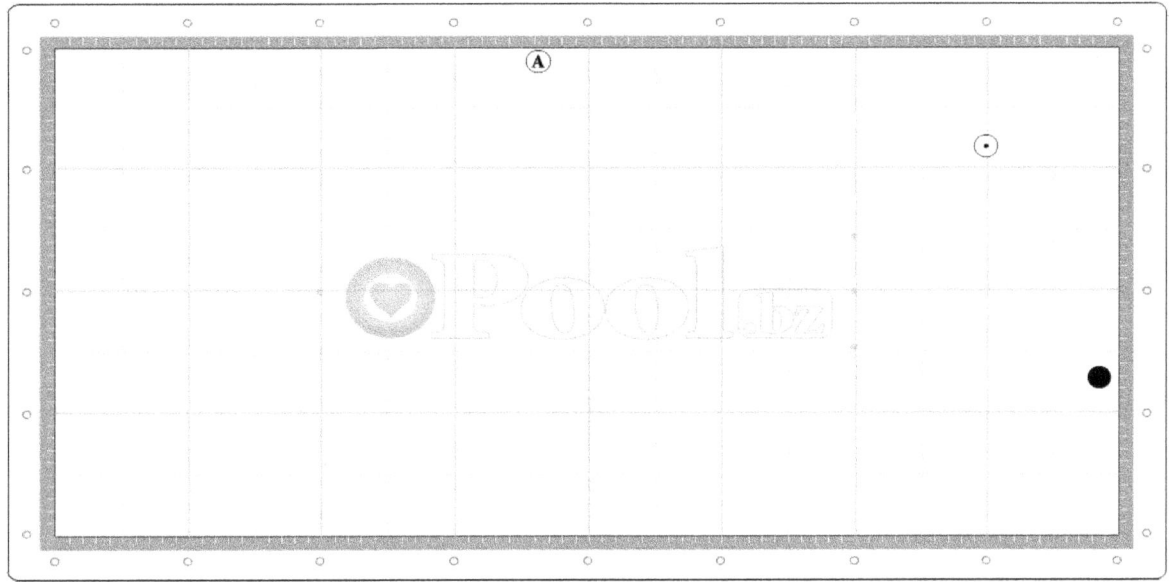

Anteckningar och idéer:

Skottmönster

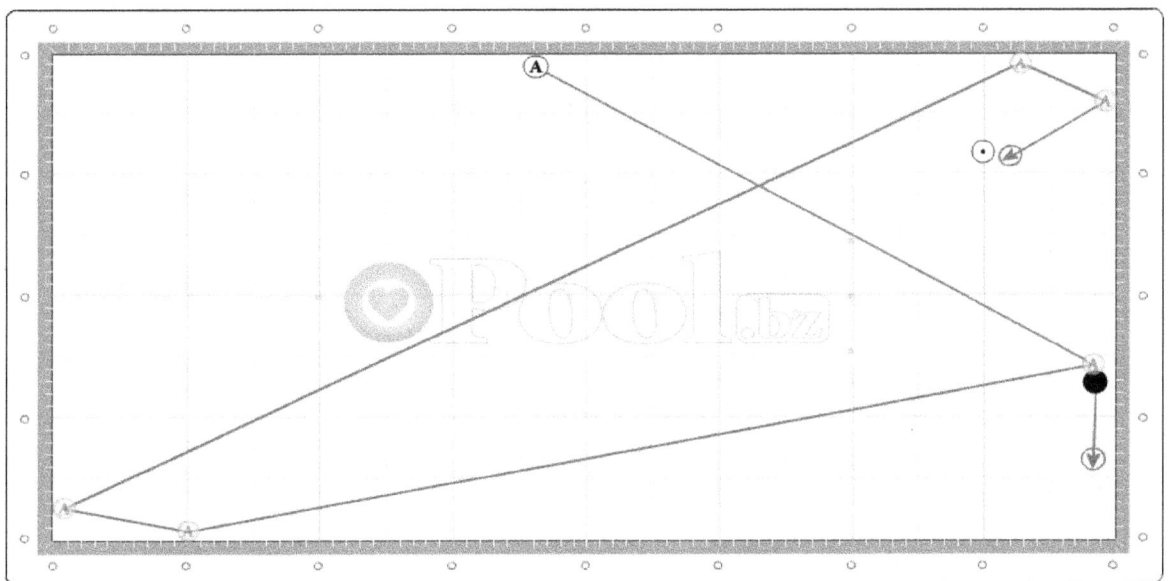

F:1b – Inrätta

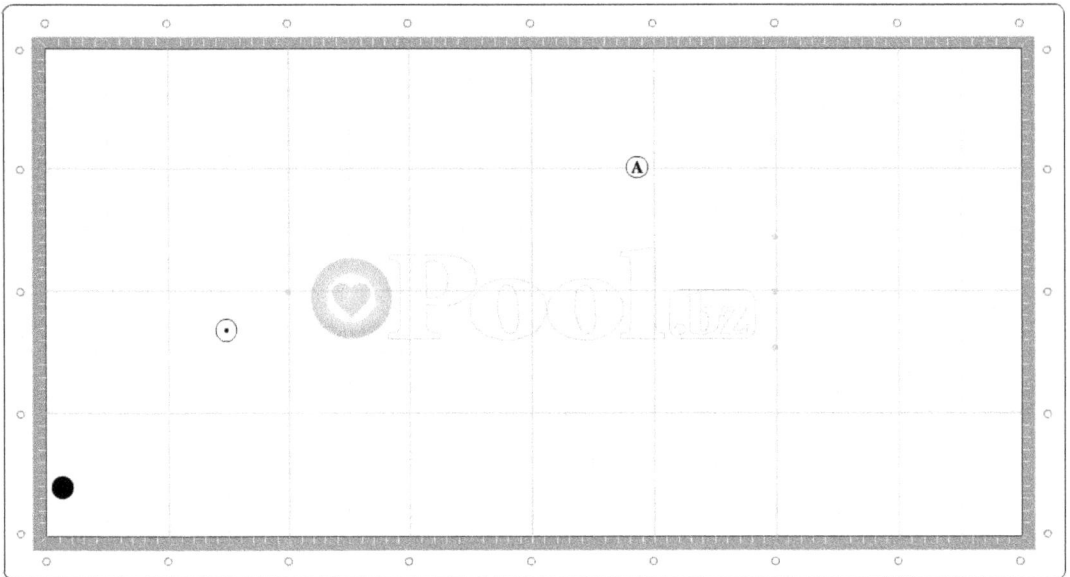

Anteckningar och idéer:

Skottmönster

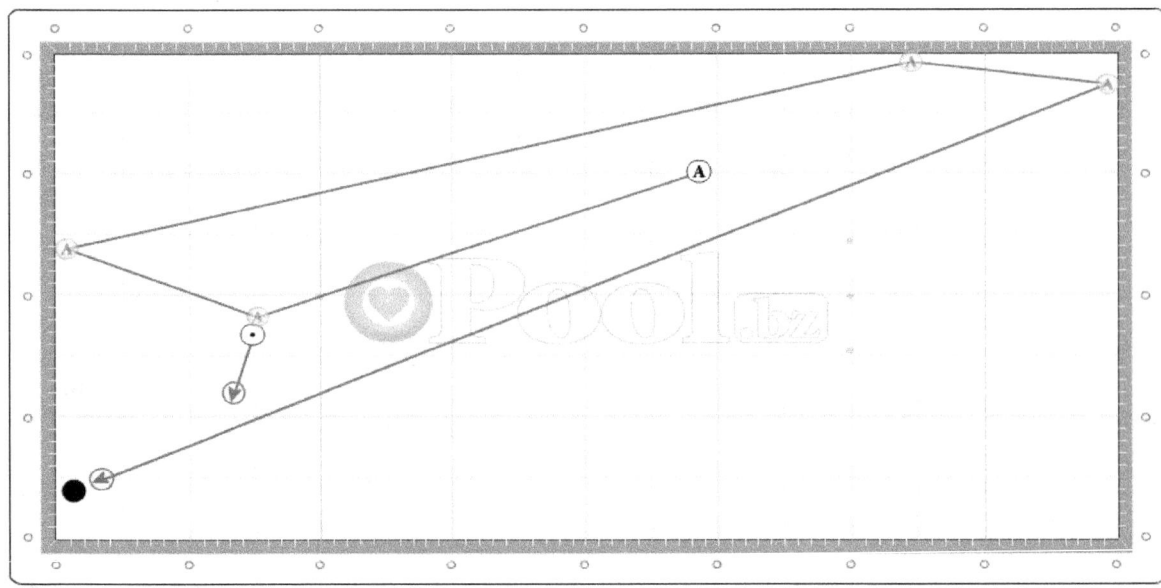

Trevallars carambole: Korsa hörn diagonala mönster

F:1c – Inrätta

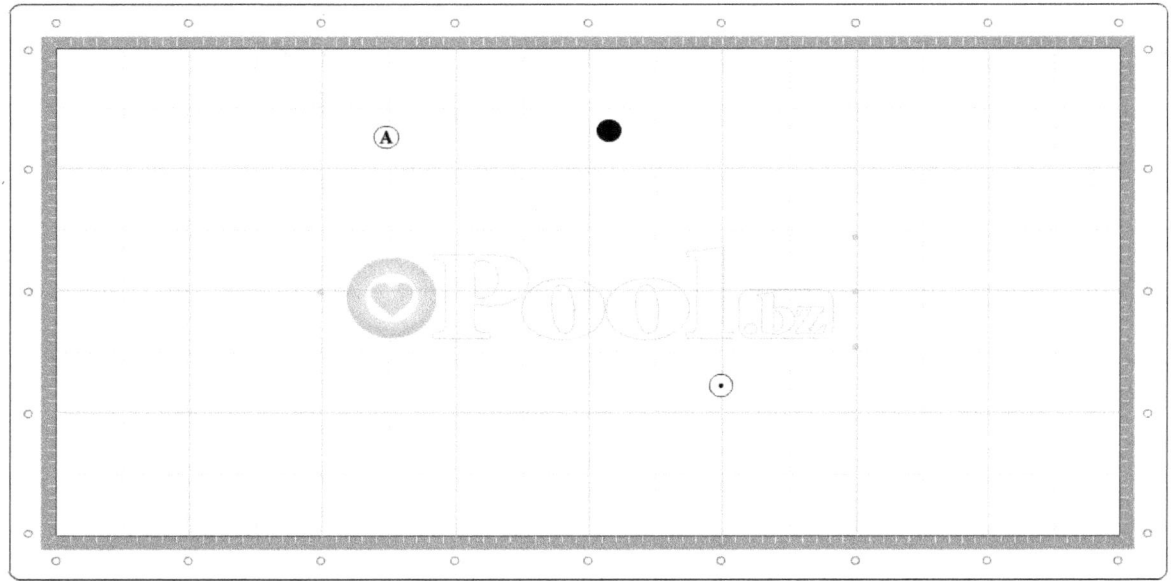

Anteckningar och idéer:

Skottmönster

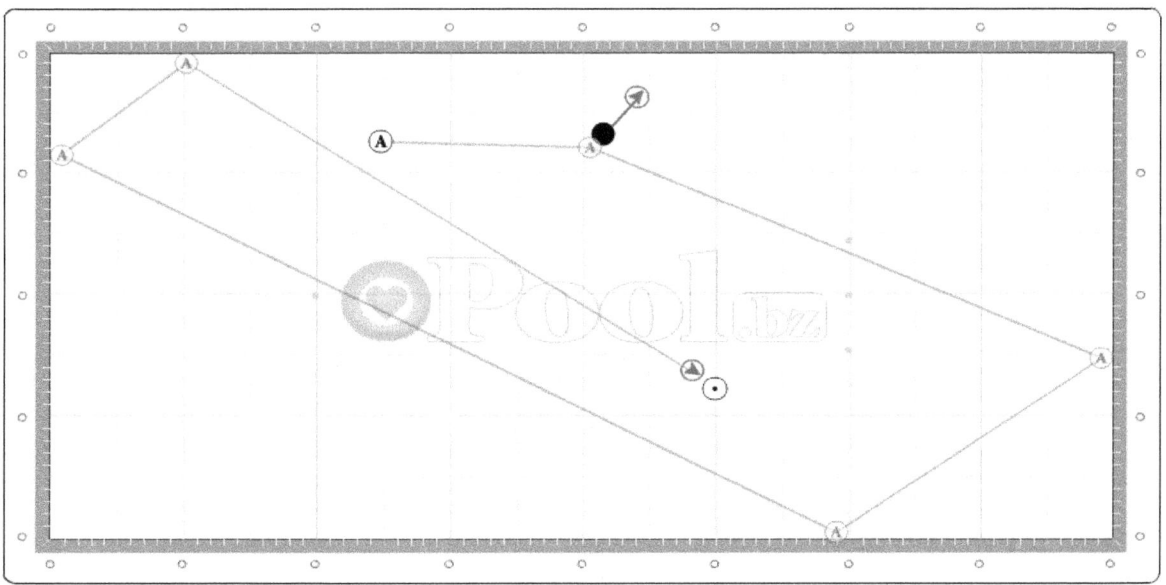

F:1d – Inrätta

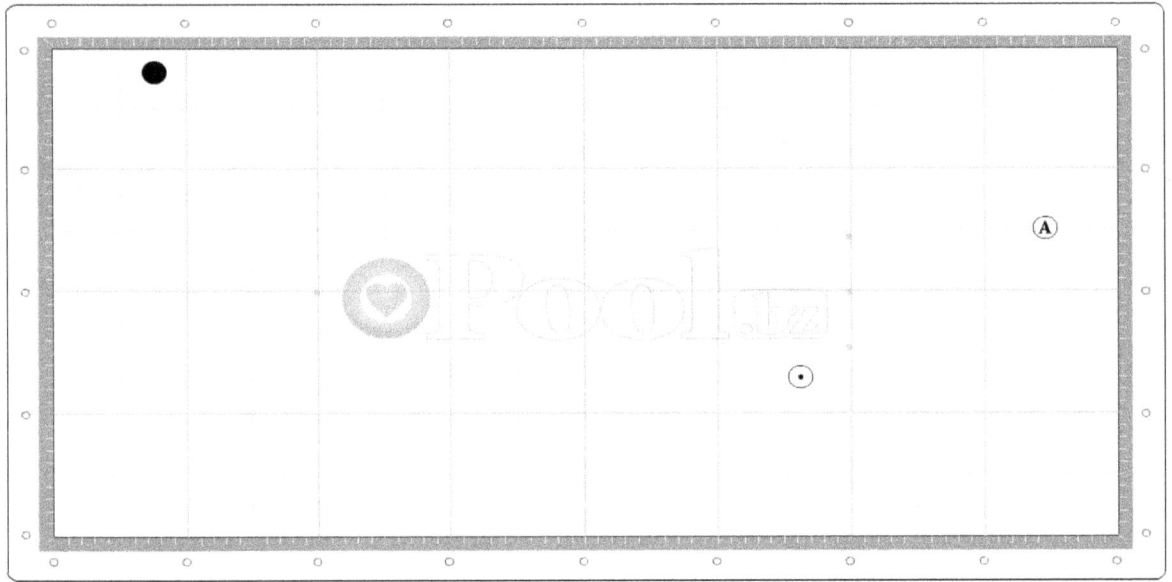

Anteckningar och idéer:

Skottmönster

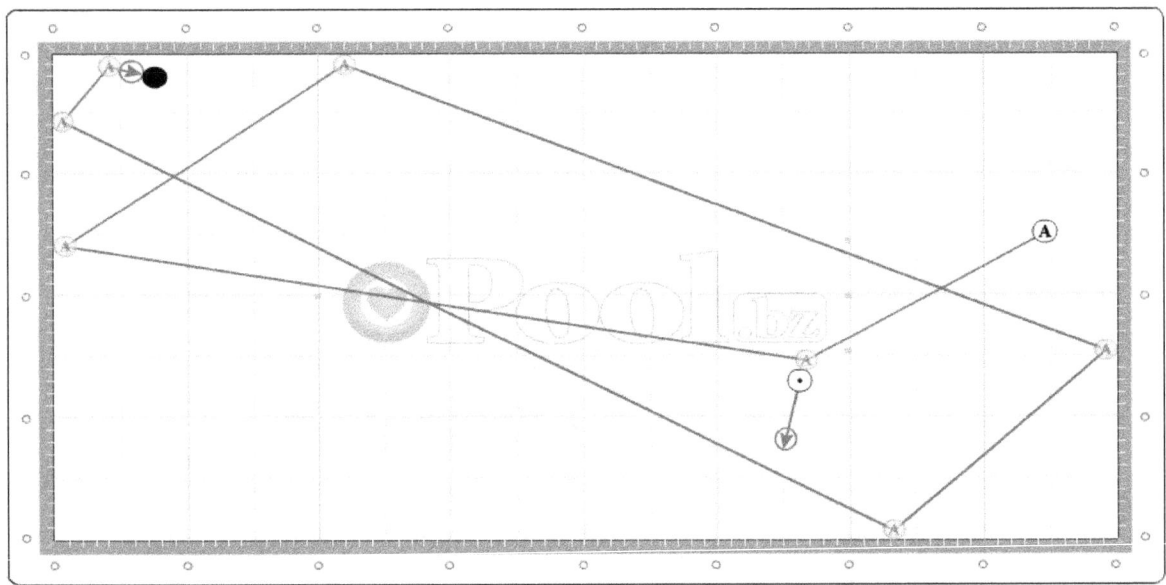

F: Grupp 2

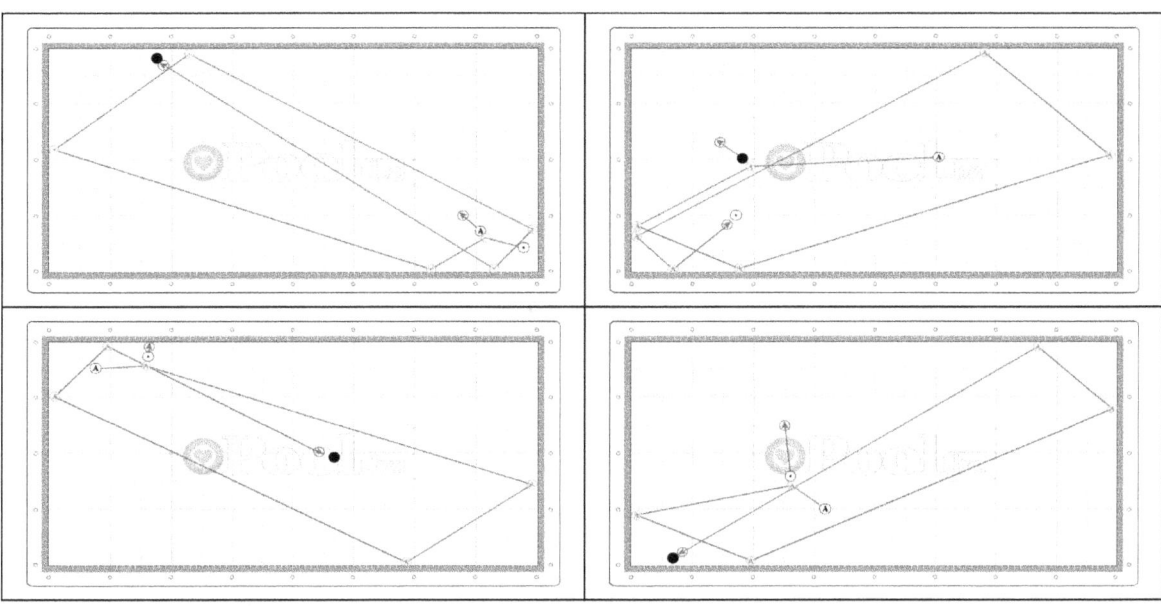

Analys:

F:2a. _____

F:2b. _____

F:2c. _____

F:2d. _____

F:2a – Inrätta

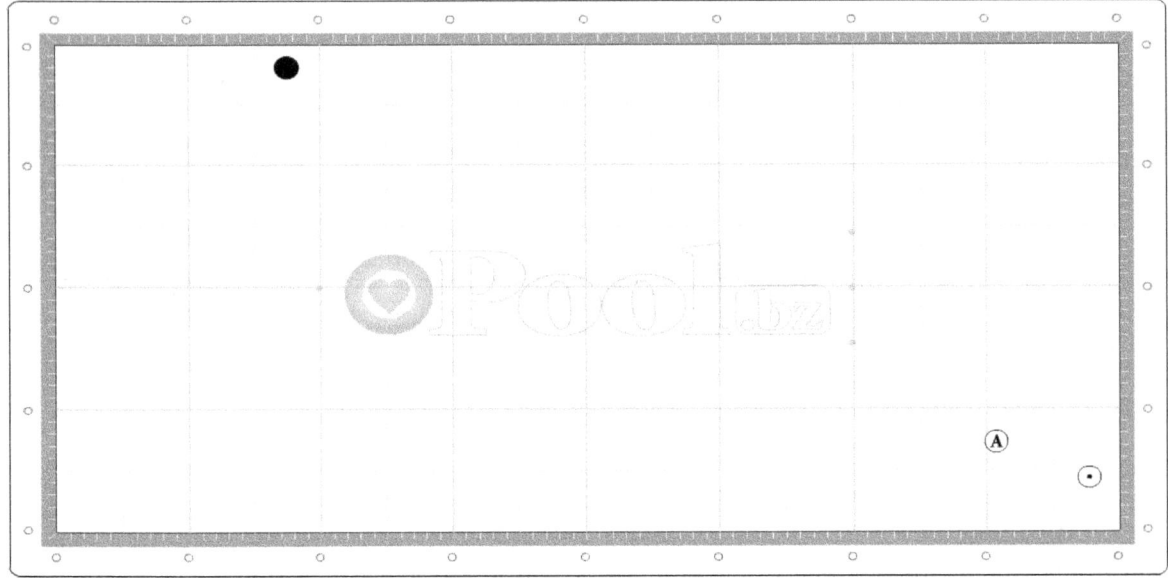

Anteckningar och idéer:

Skottmönster

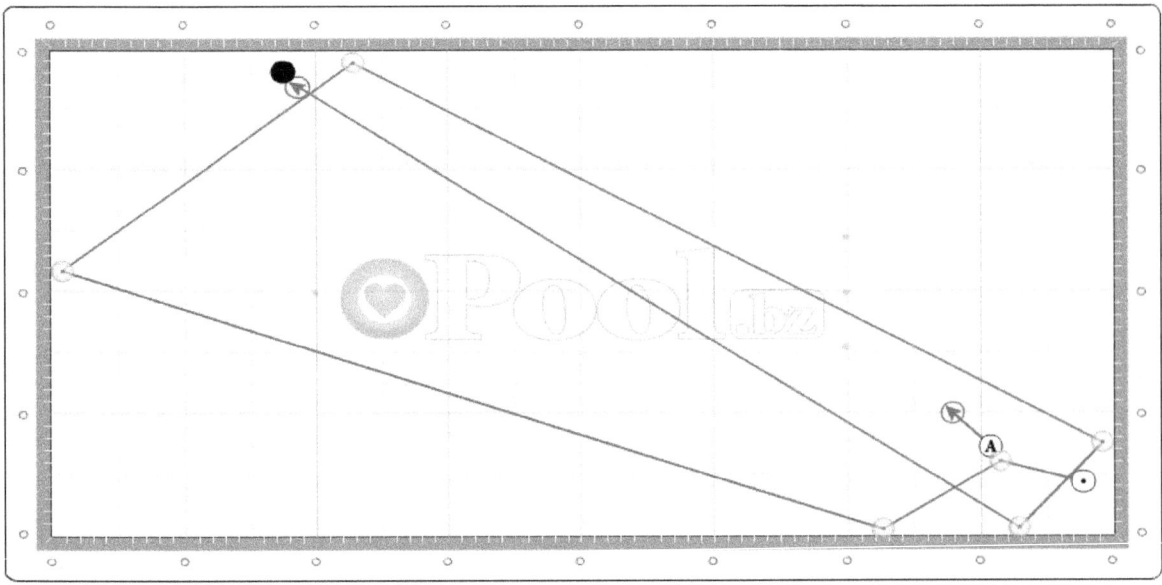

F:2b – Inrätta

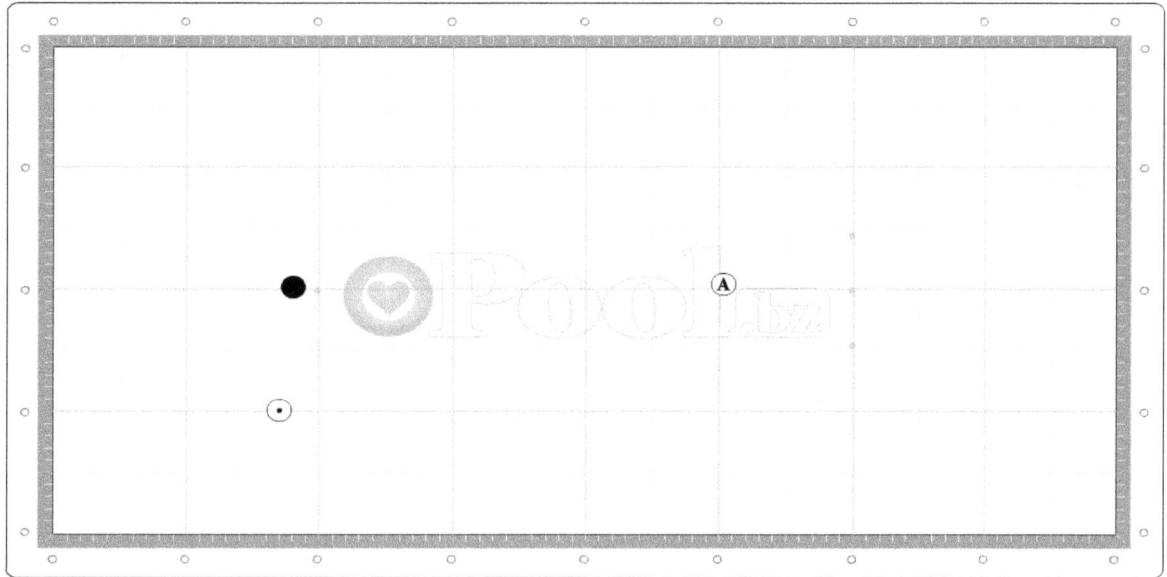

Anteckningar och idéer:

Skottmönster

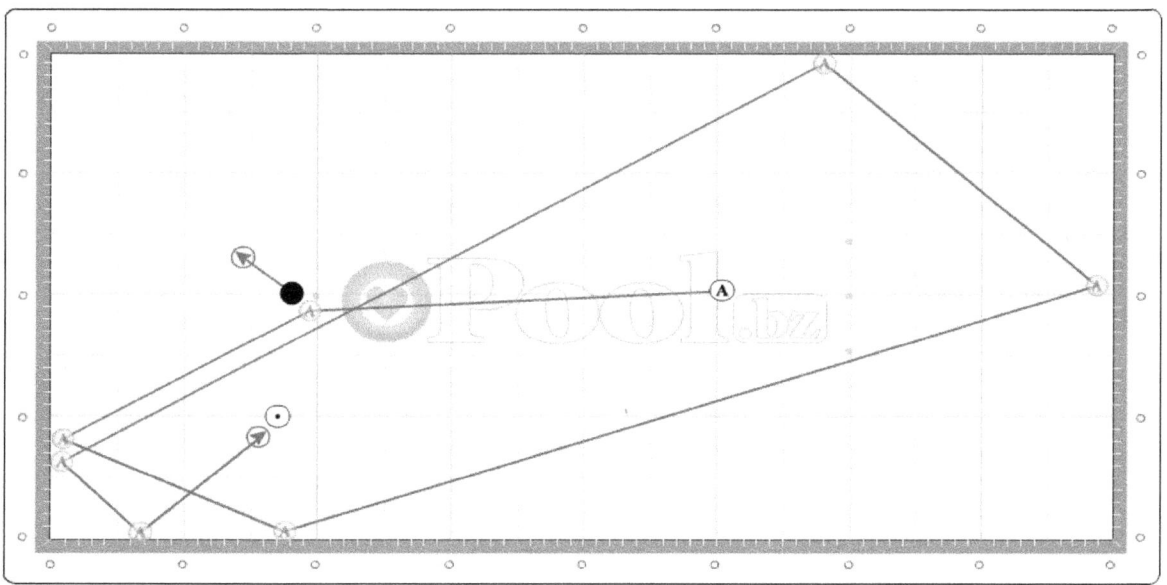

F:2c – Inrätta

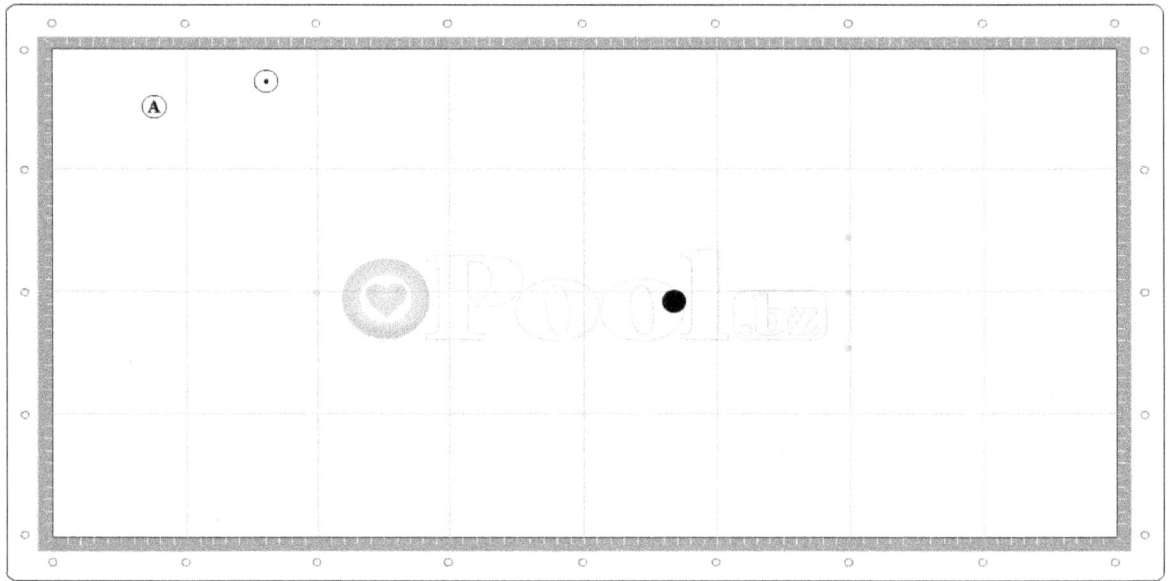

Anteckningar och idéer:

Skottmönster

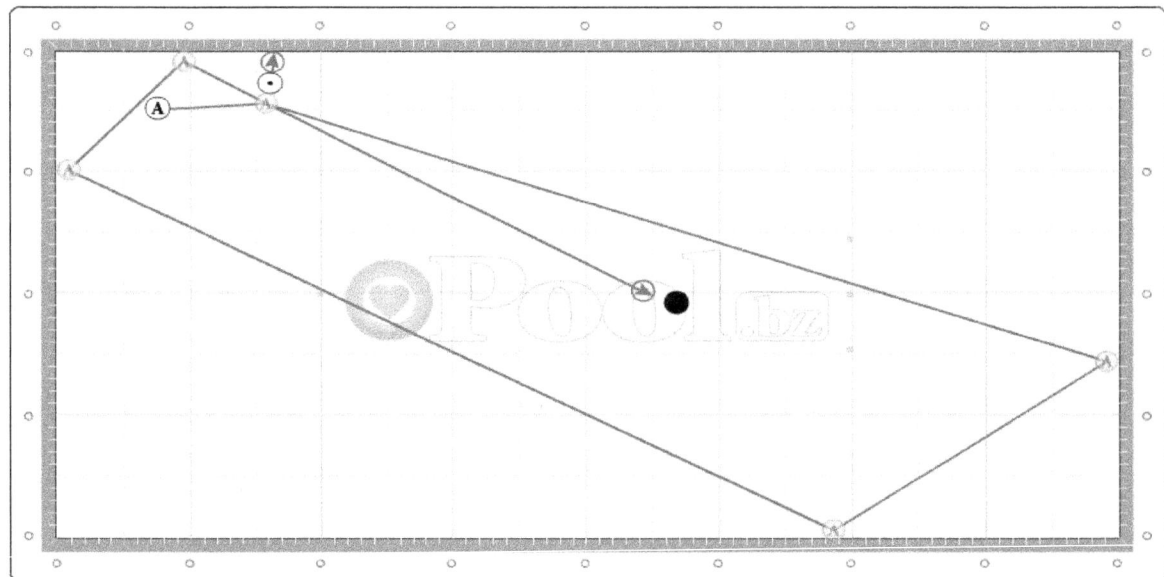

F:2d – Inrätta

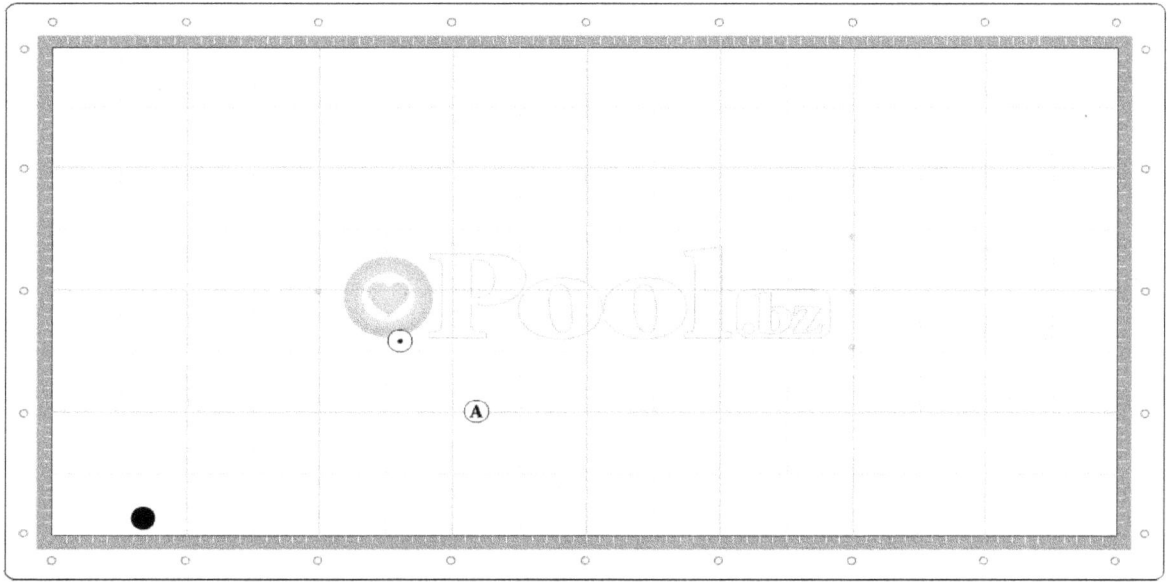

Anteckningar och idéer:

Skottmönster

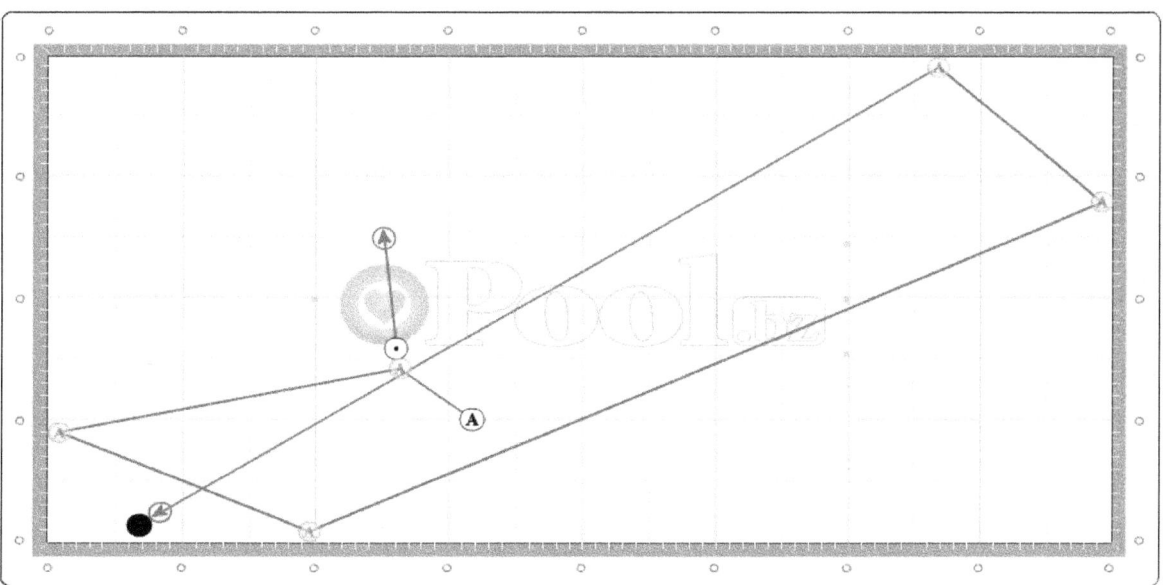

F: Grupp 3

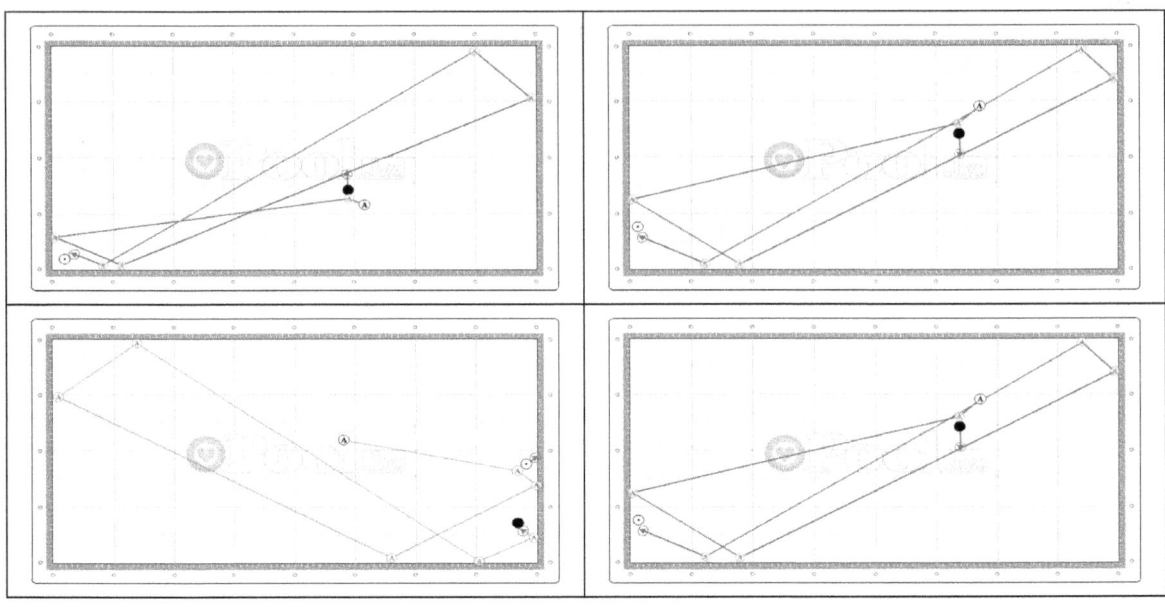

Analys:

F:3a. _____

F:3b. _____

F:3c. _____

F:3d. _____

f:3a – Inrätta

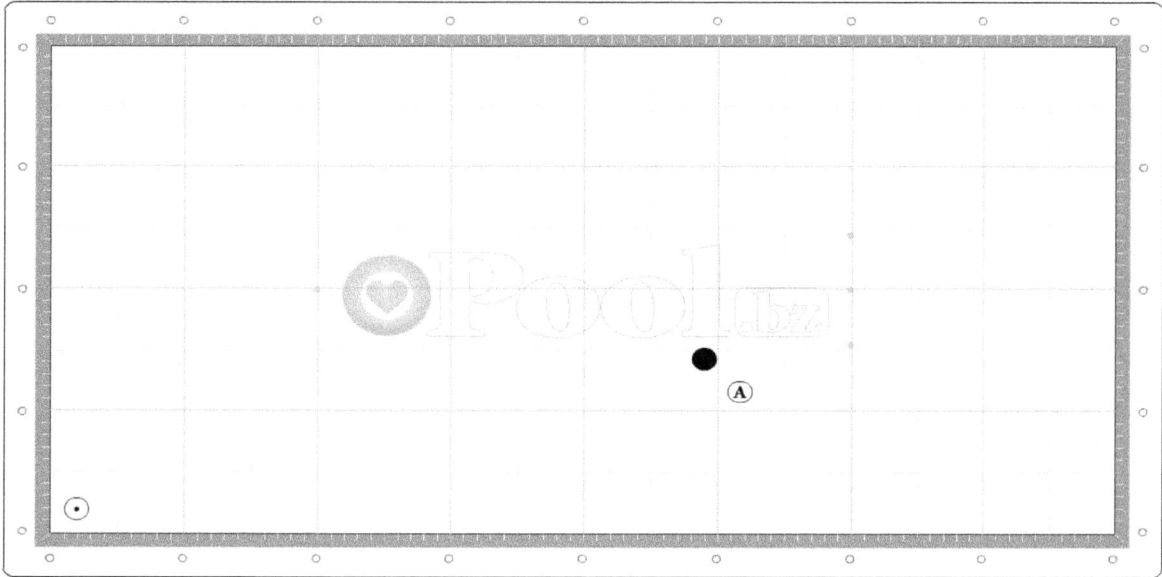

Anteckningar och idéer:

Skottmönster

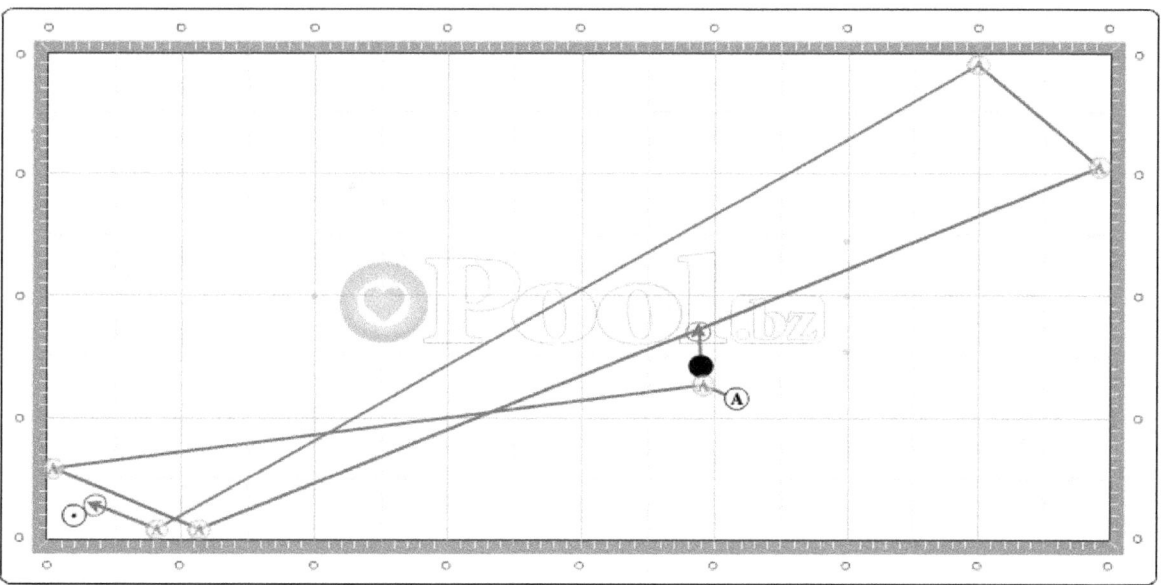

F31b – Inrätta

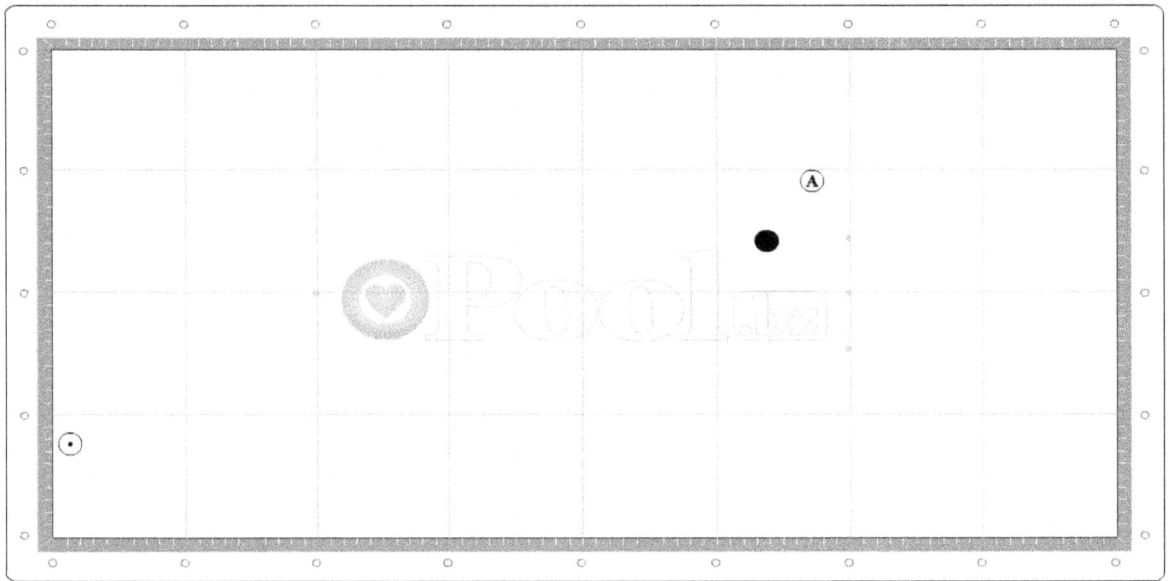

Anteckningar och idéer:

Skottmönster

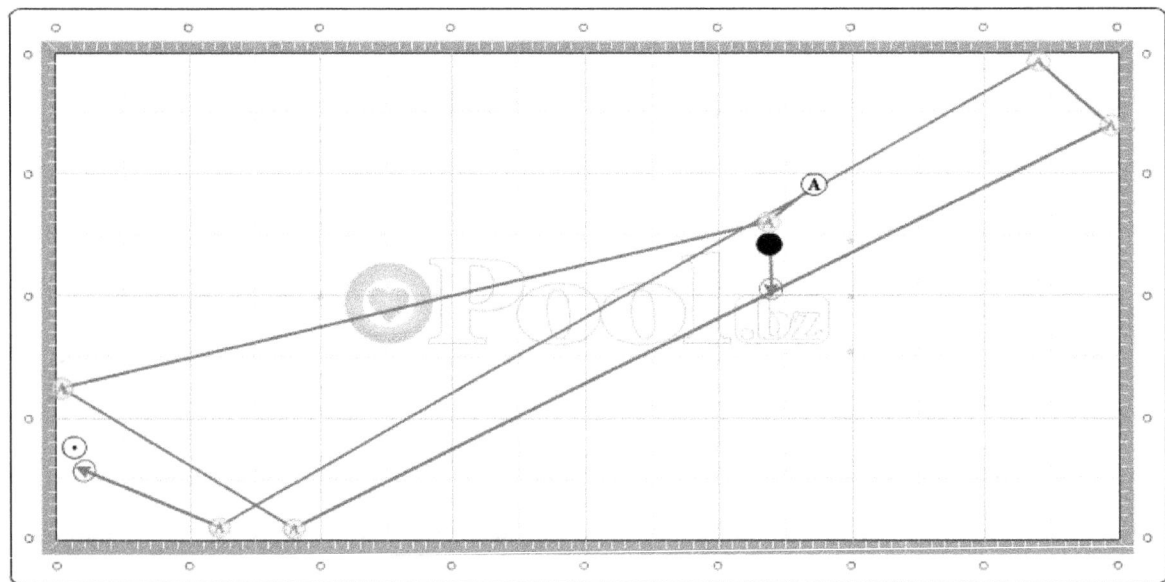

F:3c – Inrätta

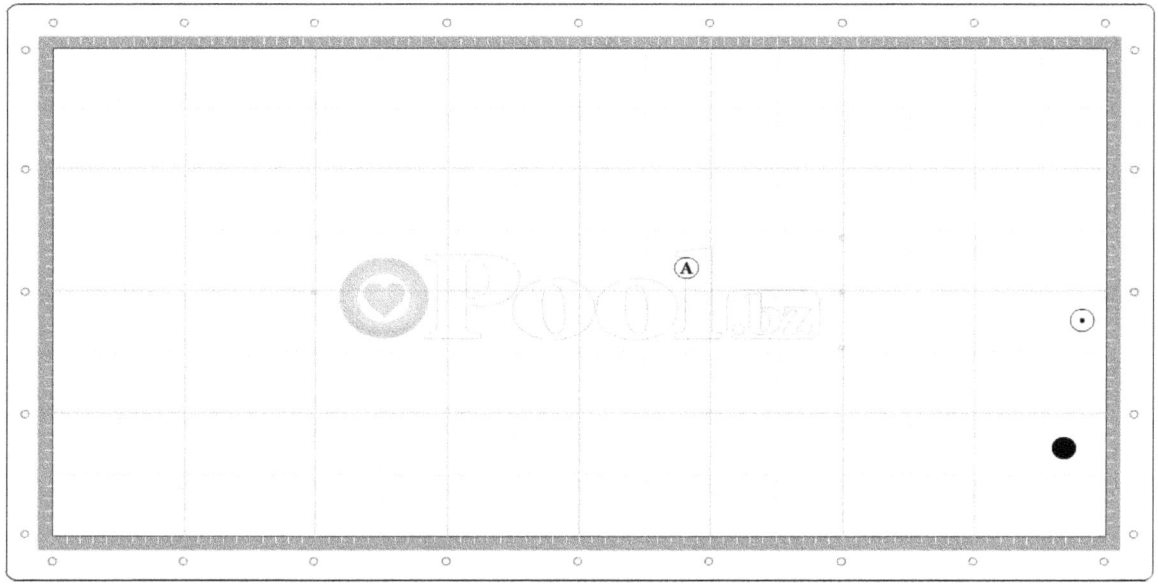

Anteckningar och idéer:

Skottmönster

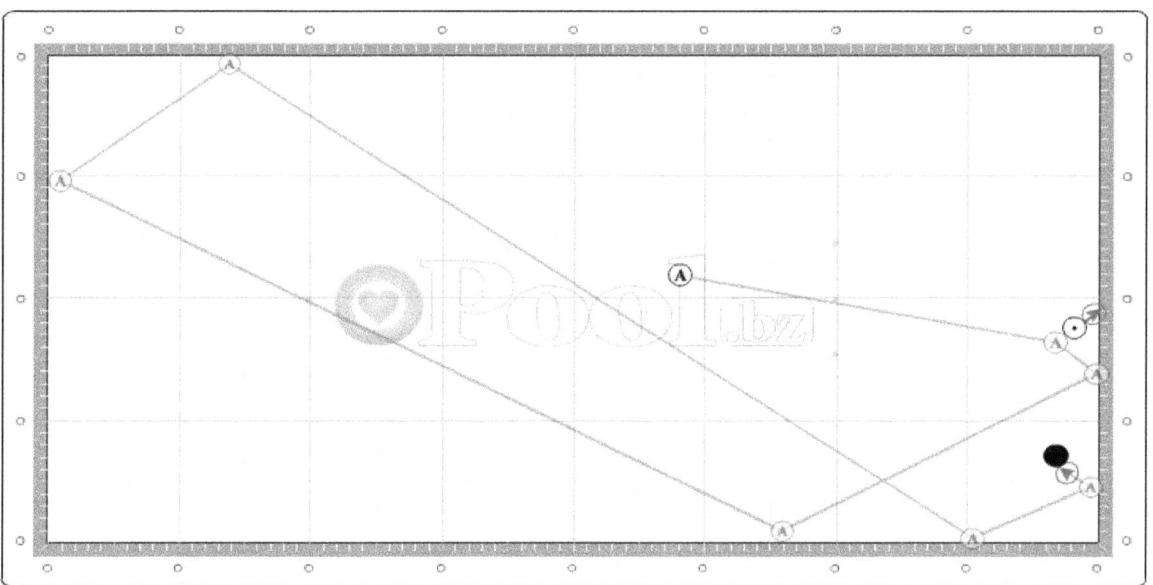

F:3d – Inrätta

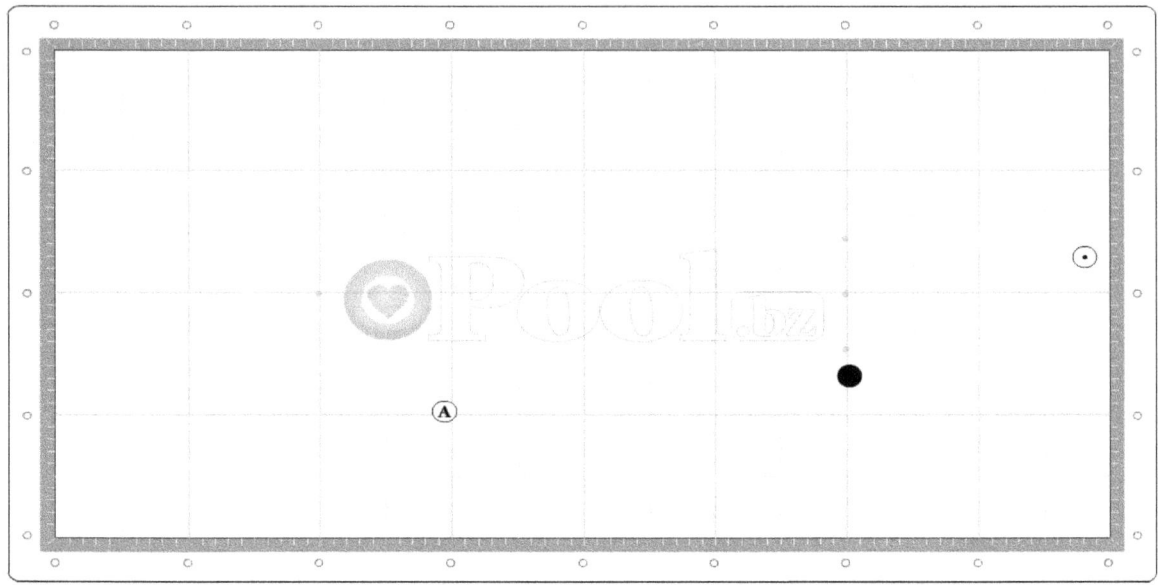

Anteckningar och idéer:

Skottmönster

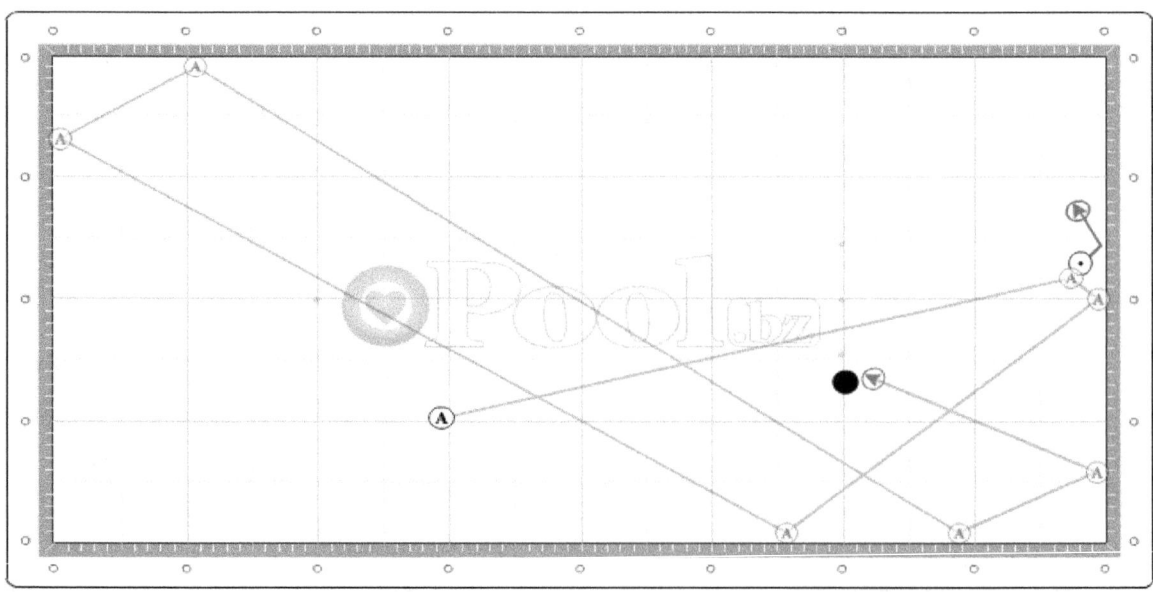